豪爽大气，海纳百川，百折不挠，奋力赶超。
——朔州精神

YINXIANG SHUOZHOU

主编●赵向东 蔚文彩

中央编译出版社
Central Compilation & Translation Press

图书在版编目（CIP）数据

印象朔州／赵向东，蔚文彩主编.—北京：中央编译出版社，2009.8
ISBN 978-7-80211-889-8

Ⅰ.印…　Ⅱ.①赵…②蔚…　Ⅲ.朔州市－概况　Ⅳ.K922.53

中国版本图书馆CIP数据核字（2009）第124444号

印象朔州

出　版　人：	和龑
责任编辑：	曲建文
责任印制：	尹珺
出版发行：	中央编译出版社
地　　址：	北京西单西斜街36号（100032）
电　　话：	（010）66509360(总编室)　　（010）66509353(编辑室)
	（010）66509364(发行部)　　（010）66509618(读者服务部)
网　　址：	www.cctpbook.com
经　　销：	全国新华书店
印　　刷：	北京新丰印刷厂
开　　本：	787毫米×1092毫米　1/16
字　　数：	455千字
印　　张：	20.5
版　　次：	2009年7月第1版第1次印刷
定　　价：	85.00元

本社常年法律顾问：北京大成律师事务所首席顾问律师　鲁哈达
凡有印装质量问题，本社负责调换。电话010-66509618

印象朔州

主　编：赵向东　蔚文彩

中央编译出版社
Central Compilation & Translation Press

1/ 序

2/ 精彩朔州

4/ 与市委书记对话
13/ 市长谈科学发展
21/ 塞外明珠　熠熠生辉
　　——朔州市经济社会发展纪实
29/ 朔城区：桑源古郡换新颜
34/ 平鲁区：紫河滔滔写华章
40/ 山阴县：雁门关外景色新
46/ 怀仁县：云中大地披锦绣
52/ 应　县：塔乡今日更风流
57/ 右玉县：塞上绿洲风光好
63/ 精彩链接
　　三十项城市建设重点工程

70/ 沧桑朔州

72/ 文明传承与背景解读
84/ 历史沿革与区域地理
89/ 峙峪遗址与马邑文化
90/ 沧桑链接
　　古今朔州考

92/ 形胜朔州

94/ 佛教古建
　　94/ 佛宫寺
　　95/ 崇福寺
　　95/ 净土寺
　　96/ 清凉寺
　　96/ 宝宁寺
　　96/ 化悲寺

目录 CINTENTS

97/ 边塞文化
    97/ 广武汉墓群
    98/ 旧广武辽城
    98/ 新广武城防
    98/ 广武内长城
    98/ 右玉外长城
    98/ 平鲁明长城
    98/ 金沙滩遗址
99/ 西口古道
    99/ 杀虎口
    100/ 杀虎堡
    100/ 云石堡
    101/ 破虎堡
    101/ 右卫城
    101/ 博物馆
102/ 生态风光
    102/ 苍头河生态走廊
    102/ 中陵湖水上乐园
    103/ 小南山森林公园
    103/ 南山滑雪基地
    104/ 神海湿地公园
    104/ 紫荆山生态景区
    104/ 儿女山生态景区
    105/ 金沙滩生态景区
    105/ 龙首山文化园区
    106/ 北固山生态景区
    106/ 乌龙山生态景区
    106/ 文昌塔文化公园

107/ 红色记忆
    107/ 李林烈士陵园
    107/ 塞北烈士陵园
108/ 产业文明
    108/ 平朔工业旅游区
    108/ 神头电厂工业旅游区
    108/ 古城集团现代农业旅游区
109/ 形胜链接
    109/ 两汉墓葬揭秘
    109/ 边塞沧桑
    109/ 崇福寺，寂寞的注释
    112/ 应县木塔之谜
    114/ 落日杀虎口
    116/ 情萦化悲岩
    117/ 烟云梵台清凉山

118/ 古韵朔州

120/ 古　城　边城暮雨雁飞低
121/ 古　树　独木成林荫后人
122/ 古　道　不见瘦马啸西风
123/ 古　村　萧瑟秋风今又是
124/ 古　桥　流水落花春去也
125/ 古　洞　神奇灵秀出乌龙
127/ 古戏台　马营河畔觅知音
129/ 古城墙　明月还过女墙来
131/ 古石塔　千佛悠思合璧梦
132/ 古社戏　踢鼓秧歌最传情
134/ 古民居　十二连城今犹在
135/ 古长城　踏遍青山人未老
136/ 古韵链接
　　　　　我的家乡

138/ 风情朔州

140/ 村名来历释义
143/ 构屋居家探究
152/ 为人处世礼仪
158/ 岁时节日趣谈
168/ 民间交往禁忌
172/ 出门行走习俗
178/ 祭祖上坟惯例
179/ 民间艺术集锦
　　179/ 大秧歌
　　182/ 右玉道情
　　182/ 耍孩儿
　　184/ 二人台
　　184/ 唢呐
　　185/ 踢鼓拉花
　　185/ 耍狮子
　　185/ 赶毛驴
　　186/ 鬼跌跤
　　186/ 跑旱船
　　186/ 龙灯
　　186/ 高跷
　　186/ 腰鼓

目录 CINTENTS

187/ 剪纸
187/ 刺绣
188/ 面塑
189/ 方言土语荟萃
　189/ 谚语
　198/ 歇后语
　204/ 土语
212/ 风情链接
　212/ 倒宝壶与说令子
　213/ 高跷也疯狂
　215/ 南辛庄"火器"
　216/ 捉蔫毛雀
　217/ 拨吊

218/ 人文朔州

220/ 豪爽大气存古风
　　——朔州人性格解析
223/ 雄浑清刚塞北音
　　——历代咏朔诗鉴赏
226/ 历史名人在朔州
　226/ 赵君毋恤吞代地
　227/ 李牧扼关守雁门
　230/ 蒙恬筑城兴马邑
　231/ 汉武御驾征朔漠
　236/ 卫青挥戈击匈奴
　237/ 昭君和亲出塞北
　238/ 杨业抗辽镇三关
　239/ 康熙西征驻右玉
　240/ 慈禧夜宿来圣店
　242/ 主席关前阅布告

242/ 陈毅广武度元宵
243/ 贺龙右玉谋战策
244/ 李林烽火击日寇
245/ 朔州历史多名人
　245/ 西汉才女班婕妤
　245/ 三国名将张文远
　246/ 北魏猛将厍狄干
　247/ 中华门神尉迟恭
　248/ 乱世枭雄李克用
　249/ 后唐皇帝李存勖
　250/ 一代辽相沙彦珣
　250/ 元初名将赵宝仁
　251/ 三朝帝师王家屏
　253/ 右卫骄子麻家将
　255/ 启超房师崔增瑞
256/ 人文链接
　256/ 雁鱼灯的秘密
　256/ 敕勒歌声动山川
　258/ 凭吊王家屏墓

260/ 游乐朔州

262/ 吃在朔州
262/ 美食街上美食多
- 262/ 平朔北路
- 263/ 古北街

263/ 中西荟萃风味全
- 264/ 中餐
- 264/ 西餐
- 265/ 海鲜
- 265/ 涮锅
- 266/ 烧烤
- 266/ 快餐

266/ 绿色特色总相宜
- 266/ 绿色餐饮
- 267/ 特色餐饮
- 267/ 夜市小吃

268/ 住在朔州
- 268/ 重点酒店介绍
- 269/ 特别推荐

271/ 行在朔州
- 271/ 行在周边
- 272/ 行在市内

276/ 游在朔州
276/ 基本线路游
- 276/ 市内游
- 278/ 西口游
- 280/ 周边游

281/ 特色自助游
- 281/ 桑干河源头科考
- 281/ 太平窑水库观鸟
- 282/ 薛家庄林地漫步
- 282/ 天筑狩猎场狩猎
- 282/ 东榆林水库垂钓
- 283/ 龙须沟基地越野

- 283/ 资讯景区点
- 284/ 点击旅行社
- 285/ 旅游小贴士

目录 CINTENTS

286/ 购在朔州
　286/ 商业街
　287/ 专卖店
　288/ 超　市
　288/ 商贸城
　289/ 汽车城
　290/ 加油站
　291/ 汽修厂
　291/ 文化城
　292/ 数码城
　294/ 书画城
　295/ 花鸟店
　295/ 建材城
　296/ 家俱城
　297/ 珠宝店
　297/ 土特产
　299/ 纪念品
300/ 娱在朔州
　300/ 娱乐街
　300/ 演歌厅
　301/ 健身房
　301/ 洗浴城
　301/ 足疗吧

　302/ 美发厅
　302/ 游泳馆
303/ 游乐链接
　303/ 苦菜
　303/ 荞麦
　305/ 荞瓜瓜
　306/ 地皮菜
　306/ 羊拐弯·凉莜面
　307/ 打猎的故事

310/ 朔州市常用便民服务电话
310/ 朔州市招商引资电话

311/ 后记

312/ 特别鸣谢
312/ 主要参考文献

印象朔州

序

  作为一座传统与现代交融的城市，朔州的气质是独特的，散发着清新淡逸的芬芳。

  作为一座具有现代品位的北方园林工业城市，建市二十年的朔州是年轻的，迸发着青春勃勃的活力。

  作为建市二十年的献礼，《印象朔州》将历史的深沉和丰厚，民俗的淳朴和悠久，当代朔州的成就与辉煌，用文字与图片汇编于一体，既介绍了朔州丰富的历史文化内涵，又增进了读者亲近朔州的情感，有着较强的知识性、可读性和资料性，读时心境愉悦，读后获益匪浅，是市情教育和爱国主义教育的好教材，令人怡然而欣然。所以，这本书的出版必将受到广大读者的欢迎，也必将进一步提升朔州市的知名度。

  塞外最宜居最宜发展的朔州市，诚邀国内外有识之士共创辉煌！

朔州市委书记　田喜荣
朔州市市　长　冯改朵
二〇〇九年六月

印 象 朔 州

鸟瞰朔州

精彩朔州

印象朔州

与市委书记对话

2009年3月7日，全国人大代表、山西省朔州市委书记田喜荣接受人民网和腾讯网联合访谈，就朔州科学发展等话题与网友进行交流，以下是访谈实录节选：

[主持人]：您到朔州市已经是第四个年头，对朔州人文、历史、经济方方面面有很深的了解。能不能先跟我们网友介绍一下，山西省朔州市究竟是一个怎样的城市？

[田喜荣]：山西省朔州市位于山西省西北部，也是山西省的西北大门。朔州市从1989年建市，到2009年建市整整20周年。朔州为什么要建市呢？是因为朔州境内建起了国内、甚至世界很有名的大企业，一个是平朔露天煤矿，现在是国内最大的露天煤矿，年产煤炭近亿吨。从全世界来看，一个煤矿在一个地方年产一亿吨煤炭，应该说也是最大的之一。同时，又有整个华北最大的火力电厂，即神头一电厂、二电厂，这两个电厂同处一个地方，总装机容量350万千瓦，使得朔州成为华北地区第一大火力发电厂集聚区。正是由于煤电大企业的存在，才成立了朔州市。

朔州市可以称为中国的"煤都"。全市有近两千平方公里的地底下都有煤，煤炭储藏量423亿吨。2008年，全市生产了1.2亿吨煤，销售大概1.3亿吨左右，因为还有周边地区的。产量和销量在全国名列第二，仅次于鄂尔多斯。

煤炭对经济的贡献在60%到70%之间。第二产业中，煤炭的比重占到了70%以上。所以，应该说采煤量、销煤量在全国地级市中名列前茅，称中国的"煤都"，名不虚传。

朔州是中国的"电都"。到2008年底为止，全市装机总容

全国人大代表、山西省朔州市委书记田喜荣

平朔露天煤矿

神头电厂

明禾陶瓷

量近470万千瓦,年发电量250亿度,按人均计,应该是全国第一,就单一的地市来说,在全国也处于名列前茅的优势。

朔州还是中国的"瓷都"。朔州的陶瓷生产历史可以追溯到四五千年之前,也就是说和景德镇陶瓷业的历史差不多。因为朔州地处汉民族和其他少数民族打仗的地方,所以没有形成官窑,所以在中国的历史典籍中就没有记载。据国家有关部门检验,朔州的瓷土品质95%以上都是优质瓷土。现在有100多条生产线,开足马力生产,可以年产13到14亿件产品。也就是说,每年可为全国人民每人生产一件瓷器。所以称为"瓷都"。

[主持人]:您提出了"朔州精神"。"朔州精神"的含义是什么?

[田喜荣]:朔州地处内长城之外,外长城之内,在历史上是少数民族和汉民族争战的地方、交流的地方、融汇的地方。一个城市肯定有区别于其他城市的特质,这个特质有人叫做文化,有人叫做灵魂,有人叫做特性,也有人叫做精神实质,或者核心价值。朔州人民由于多年的特殊的历

史原因,也形成了自己独特的性格或者品质。我们据此对朔州人的精神进行了提炼,即城市精神;"朔州精神"也就是"朔州城市精神"。这种精神是整个民族精神的一部分,是城市的灵魂。我们归纳了四句话,叫做"豪爽大气、海纳百川、百折不挠、奋力赶超"。

"豪爽大气",主要是朔州人的外在性格。由于朔州处于汉民族和少数民族交汇之处,所以朔州人既有汉民族的优秀品质,也吸收了很多少数民族的优秀品质,因此办事、处事、处人很豪爽、很大气。

"海纳百川", 长期以来,朔州处于历史上战乱最频繁的地方,这样外来文化很多。既有汉民族传统的管理和统治文化,也有少数民族由于战事送来的新的东西。通过历史的锤炼,使朔州人民能够接纳不同的文化、不同的生活方式、不同的生产方式。所以朔州到目前为止,老百姓的生产生活方式都是既有中原文化本质的东西,也有少数民族文化特色的东西,把二者中优秀的东西都吸收了。

"百折不挠",朔州地处内长城之外,少雨、

印象 朔州

广武内长城

干旱、寒冷、风沙肆虐，在这样一个地方能够生生不息几千年，没有一种精神是不行的。也可能这种精神其他地方也有，但是在朔州人民的身上体现得更多一点，更明显一点。

最后一点，朔州人民要百折不挠地奋力向前，这是一种积极向上的心态，不会因为地处干旱地区就气馁、消沉。现在，正是由于人民有这种精神，朔州的面貌才发生了翻天覆地的变化。大家以为"煤都"到处是黑的，实际上朔州目前的绿化面积已经达到23%，在全国也是领先的。特别是我市的右玉县由刚解放时的0.3%绿化面积，通过18任县委书记，一任接着一任干，现在绿化率占到整个国土面积的50%。这是一个奇迹，奇迹的产生缘于百折不挠的精神。全市林草面积已经占到42%，所以朔州到了夏天，像北欧一样美丽，欢迎主持人及各位记者、网友到朔州看看。

[主持人]：前一阵中央电视台一套黄金时间播出了一部电视剧叫《走西口》，很风靡，西口就在您那儿，不知道现在去那儿方便吗？

[田喜荣]：非常方便。通过国家大力加强基础设施建设，朔州的公路也是四通八达的。去北京是高速公路，去太原是高速公路，可以说公路、铁路密如蛛网。从北京到朔州旅游观光，大概一个上午就到了。在朔州除了西口生态好以外，其实有很多旅游景点，我们境内的长城有420公里，全国一个地级市里占有长城的数量是第一的。同时，边塞古军事旅游资源很丰富，境内有几百座古城堡，其中有三座城池现在是很完整的，我们正在和国家有关部门联系，想把其中一座城池改造成一个影视城。还有最大的古汉墓群，这是国家级文物，五平方公里范围内有数百座埋有汉代将士尸骨的坟墓，最高的一个坟墓超过三层楼房高。边塞旅游的资源非常丰富。

精彩朔州

沧桑古堡城门

  我们的工业旅游也很强。比如华北最大的火力发电厂，特别是平朔露天煤矿。歌中唱过有一位老人在中国南海边画了一个圈，实际上邓小平同志画的第一个圈画到了朔州。改革开放后中外合资企业的第一家在朔州，这个企业就是邓小平同志访问美国，和美国的哈默博士谈成的一笔生意，就是由西方石油公司总裁、有"红色资本家"之称的哈默博士到朔州开办的平朔露天煤矿。朔州的平朔露天煤矿用的是中华人民共和国建国以来外资0001号证书。所以说朔州是我国第一个改革开放的城市。

[主持人]：您怎样看待2009年的金融风暴、金融危机？

[田喜荣]：经济问题是对所有经济活动的统称。从2008年9月"两房"和雷曼公司倒闭或者叫破产以后，美国政府接收了"两房"，同时接收了雷曼公司的倒闭，随之在全世界掀起了一场

《走西口》剧照

印象朔州

平朔采矿

晋煤外运

金融危机或者叫金融海啸。美国的金融危机，实际上是经济危机的一种表现形式，是大的经济危机中的一种。这个危机已经不是美国本身的事情，而是波及到了全世界。

由于我们国家改革开放以来的30年建设，在经济方面有了长足的发展；但是中国的经济从一开始设计就是外向驱动型，我们建立的一系列加工企业、生产企业，除了供给国内以外，有50%以上是供给国外的。

现在，包括美国在内的整个世界发达国家的消费出现了危机，销售出现了危机，人们开始捂紧钱袋，或者没有钱了，消费不起了，严重影响了中国的出口。

由于国外消费品市场拉不动，中国过剩的生产能力将由国内的消费来承担。所以我们国家从一开始出现的经济危机就是生产过剩型的经济危机。这个过剩是相对的，不是绝对的。因为广大农民或者农村的消费者还是有消费欲望的，还没有满足。但是，这么大的产量，这么大的供给，需求却相对不足，将对中国下一步的经济发展造成严重的冲击和破坏。

[主持人]：这次金融危机对朔州这样一个新型的能源城市会造成影响吗？

[田喜荣]：会的。应该说造成的影响很大，并且已经显现出来。刚才说由于供给过剩，生产能力过剩，包括加工企业、生产企业的生产过剩，必然传导到经济的最上游——原材料、能源供应。朔州的经济正是建立能源供应基础之上的。因为我们的煤电份额在整个经济二产的总量要占到80%以上。

从2008年12月份开始，发电企业不能满负荷工作，发电减少，意味着加工企业用电的减少，意味着我们煤炭的销售疲软。煤炭销售不出去，造成整个经济增长乏力。

[主持人]：面对这种情况，您怎么去应对？有没有一些方法？

[田喜荣]：从2008年10月起，我们开始认真研究、研判国际金融危机的恶化给我们国家造成什么影响，给我们朔州造成什么影响。我们采取了一些措施。危机造成了原材料价格的下降，包括水泥、钢材等其他原材料下降，我们想利用这个时期进行产业升级改造，对原来粗放型的或者安全设施不牢靠的、非机械化采煤的企业进行技术改造，提高产业的机械化程度，改进生产方式，确保安全。这是一个方面。

第二个方面，我们紧紧抓住销售这个牛鼻子，争取使朔州的煤炭销售不至于滑坡太多。我们提出的口号就是维护旧市场，开拓新市场，人人肩上有担子，奖励销售，保证朔州的煤炭能够正常销售，或者是下降得不至于太多。

第三，我们紧紧抓住其他企业，特别是能源企业，积极安置返乡农民工，为他们提供就业机会。同时，政府出台了一系列措施，支持我们的农业、特别是畜牧业发展，为返乡农民提供就业的可能性。

另外还拿出几千个公共就业岗位供返乡农民工选择。比如植树造林、环保、卫生，需要一些新的工人来做。这样的话，使返乡农民工也不至于因为其他地方没活干就闲下来了。

从拉动内需上来看，一方面我们对农村九年制学生完全实行义务教育，现在朔州的九年制学生只是出一点口粮钱，其他各种学杂费、住宿费全免，市政府和县区政府各负担50%；对朔州市境内6万多名寄宿制学校的学生给予每天1个鸡蛋或者1袋牛奶的免费供应。这样使农民不至于在教育上支出太多，有钱花到别的地方去。

同时我们按照中央的部署，对城市居民和农村居民实行全覆盖的医疗保险。这也是解决他们有钱不敢花问题的一个方面。

我们还对朔州市境内65岁以上的农民每人

农村街头

每月补贴30元人民币，这也是为了解决老年人的后顾之忧，同时，也有利于贯彻计划生育政策，有利于减轻他们儿女的负担，使农村的消费进一步扩大。

第四，全市2008年冬天以来的供煤和供热，个人出的这部分仍然是按照上一年度的水平来出；煤价提高以后，供热价格提高，煤炭涨价的部分由政府来负担，等于为老百姓减轻了一些负担。

通过这样几个方面，通过政府来补贴农民的生活，努力去促进一些消费。这就是我们目前采取的措施。

[主持人]：我这里有资料显示，由于您这些措施的积极应对，2008年朔州取得多项全省第一的成绩。

[田喜荣]：应该说朔州这些年有了比较长足

朔州街道

印 象 朔 州

李林中学新校园

的发展，特别是 2008 年，尽管遇到了比较严重的困难，但仍然取得了比较好的成绩。2008 年，我们全市的 GDP 达到了 422 亿元，人均 27000 元人民币，增幅是 11.1%，超过全国平均数和山西省的平均数。人均收入城市居民达到 1.4 万元，农村居民达到 4700 多元，基本接近于全国平均水平，在山西省名列前茅。

特别是固定资产投资，2008 年完成 220 亿元，同比增长了 51.4%，这个增速在全省第一。与此同时，我们的粮食产量达到了 7.65 亿公斤，人均突破了 500 公斤，在全省也是第一。这个数字在全国也比较领先。

2008 年，我市高考二本达线率在全省第四名，这也是朔州历史上没有的。全省在朔州市一年内开了 11 个现场会，总结和推广朔州的一些做法和经验。新华社的国内动态频道登了我们四次经验，内参登了我们 1 次。进入 2008 年后半年以来，我们应对经济危机的措施比较得力，取得了比较好的成绩。财政收入突破 100 亿元。人均财政 7000 元人民币，在全国也是比较高的。

[主持人]：昨天也有嘉宾过来，我们请他解读危机的时候，他是这么讲的，危机可能要一分为二地去看，一方面是危险，还有一方面就是机遇。您觉得危机对朔州来说更多的是什么呢？

[田喜荣]：这位嘉宾讲的是有道理的，有困难就逼得人们去想战胜困难的办法。战胜困难了，取得成绩了，就抓住机遇了。应该说，现在全国人民都是这样做的。我们朔州市根据党中央、国务院和省委、省政府的安排，除了采取前面所说的应对危机的一些办法以外，还积极按照中央的政策扩大内需，现在已经争取到了国家和省的重点工程项

校车

精彩朔州

目270多个，总投资大概在500亿元人民币左右。2009年，这些工程已经有一部分开工，有一些正在准备开工。如果应对得好，筹措得力，工作到位的话，2009年我们将完成300亿元到350亿元的固定资产投资，平均到朔州一个县就是50亿元人民币的固定资产投资。这个任务我们没有问题，肯定能完成。

[主持人]：我个人还想代表很多年轻的大学生朋友提个问题，因为刚刚您也提到就业问题，但是考虑的是农民工就业。目前对于大学生就业，好象也是一个非常成问题的事情。不知道您如何看待大学生就业这样一件事？

[田喜荣]：我在朔州当市长期间，就很关注大学生就业。2007、2008两年，我们朔州市直接安排大学生2000多名，对大部分朔州本地考出去回来又无业可就的，我们以各种方式，让他们进入公安机关或有关事业单位，改变他们的命运，给他们提供工作。2009年按照国家公布的数字，将有590万大学生毕业。过去历年积累下来的大概还有二三百万大学生没有充分就业，或者就业不充分。有可供借鉴的经验是，一些国家现在正在采取国家拿钱补助，保进大学生就业的办法，比如一个大学生，在经济不充分发达，或者经济有困难的情况下，一个月补助800块钱、700块钱，然后让这些大学生带上这点补助到工厂实习，到事业单位去实习，就是为了掌握一技之长。在经济萧条的时候，他们是实习生。实习两年或者三年，他们不仅已经掌握了理论知识，而且掌握了实际操作能力；这样的话，经济好起来以后，企业就好雇佣他们了。这是解决大学生就业比较可行的一个办法，如果说中央、省、市、县一块开门，大家拾柴火焰高，团结起来就能共同度过难关。总之，我们地方政府会积极采取措施，来推进保证大学生就业。

[主持人]：对于2009年朔州市的发展，您目前有哪些规划？

[田喜荣]：结合我们朔州实际，把党中央、国务院关于科学发展的政策、方针、精神落实到具体工作中。第一，紧紧抓住机遇，应对金融危机，使我们现在已经争取到的270多个项目尽快开工、尽快发展。第二，对我们原来的基础设施进行改造，提升自动化和安全生产水平。第三，我们还

尉迟恭广场

11

印象 朔州

市内商场

想在这种危机中承接一些东部地区退下来或者转产的企业,帮助这些企业在我们那里安家落户。因为产业有一个梯度转移的问题,山西省处于中部地区,朔州也属于中部不发达的地区。人员的工资还很低,应该说还有比较优势。我们的空间、水、空气的承载能力还可以,还能接收一部分。

第四,紧缩政府开支,多把钱发给老百姓。现在朔州采用赠送的方式,把财政的钱通过各项工程或工作转移给农民。举一个例子,就是通过绿化把钱转移到农民手中,怎么转移呢?一是实行小范围的退耕还林,一亩地给老百姓170块钱,把土地征收回来种树;二是给每个老百姓送苗;三是让老百姓挖坑种树,然后浇灌树木,每年十个亿可以转移到老百姓手里。我们80万农民,一个人可以拿到1000多块钱。朔州挖完煤以后,生态不好了,我们通过种树来修复,同时又把一些社会财富通过这种劳动转移给农民,使他们能够安居乐业。

[主持人]:谢谢田书记在百忙之中抽出时间来到人民网,让我们看到了一个生机勃勃的朔州,也祝愿朔州在您的带领下能够越来越好!

朔州市开发路

精彩 朔州

市长谈科学发展

神头电厂

山西省朔州市市长冯改朵

一、建市以来，特别是近几年来，全市经济社会发展取得了巨大成就，我们在科学发展的轨道上已经迈出了坚实的步伐。

经济发展速度持续加快，综合经济实力不断增强。2008年，全市地区生产总值达到420.4亿元，是建市初的23.8倍，平均年递增11.5%；而且增长速度越来越快，增幅逐年前移，2006、2007连续两年居全省第二，2008年跃居全省第一。经济总量一年一个新台阶，2002年突破100亿元，2006年突破200亿元，2007年突破300亿元，2008年突破400亿元，绝对额排名从全省的第十一位前移到第九位。财政总收入2008年首次突破百亿元大关，达到102亿元，是建市初的67.7倍，平均年递增24.8%；增长速度也同样是越来越快，近几年基本上是平均两年左右翻一番，2002年突破10亿元，2004年突破20亿元，2006年突破50亿元，2008年突破百亿元。2006、2007连续两年增幅居全省第一，绝对额排名从全省第十一位前移到第八位。同时，2008年全市固定资产投资、工业增加值增幅也居全省第一。

产业结构调整加速推进，发展后劲不断增强。煤炭工业整体素质大为提高。地方煤矿矿井数量由2002年的

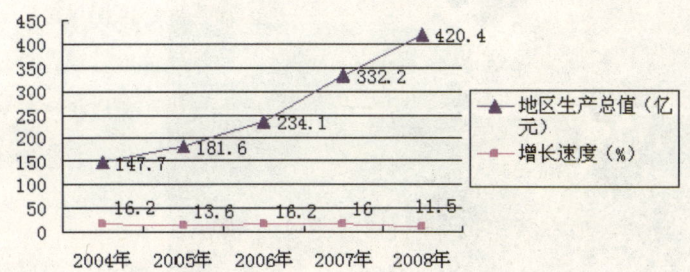

13

印象朔州

346座减少到135座，单井规模由15万吨提高到45万吨，60万吨以上大型矿井占到矿井总数的三分之二以上。全市煤炭生产能力达到1.25亿吨，全省首屈一指。90座单独保留矿井全部铺开了采煤方法改革，60座煤矿实现了壁式开采，20座煤矿实现了机械化综采，进度全省第一，综采矿井资源回采率由30%左右提高到75%左右，煤炭洗选能力达到亿吨以上。电力工业进一步发展壮大，电力装机容量达到463万千瓦，比2002年增加221万千瓦。新兴产业加快发育成长。陶瓷、乳品、医药、新型材料等发展势头良好，煤电冶、煤建材、煤化工等循环经济产业链条正在形成，仅2008年就新上投资亿元以上非煤非电项目36个。服务业从2008年开始形成发展高潮，一年新上项目160个，完成投资73.3亿元，占全社会固定资产投资的近三分之一，服务业增加值在地区生产总值中的比重提高1.5个百分点。农业内部结构不断优化。玉米、马铃薯、小杂粮、葫麻、甜菜、瓜菜六大种植基地面积不断扩大，粮食生产连续四年刷新历史记录。以奶牛养殖为主的畜牧业成为全省一强。奶牛存栏达到14.44万头，形成全国农区较大的奶牛养殖基地和全省肥羔羊生产基地，"半农半牧"的农业生产格局已基本形成。农业产业化水平不断提高。全市具有一定规模的农业产业化组织和龙头企业达到217家，有5家企业进入全省产业化龙头企业行列。古城集团、雅士利应县公司、中粮集团应县糖厂、右玉六味斋等，已成为全省农副产品加工的重点骨干企业。

基础设施建设高潮迭起，经济社会发展的硬件基础不断改善。城市建设大规模推进。先后新建改建了州北街、安泰街、开发北路等10余条主干街道，道路总长度由建市初的21公里增加到240公里；完成了七里河公园、体育广场等一批城市公共建筑。特别是2008年，共投资25亿元，铺开了包括西环路、友谊街、振武街、大运路市区段改造及图书馆、博物馆、体育馆、新闻大楼、艺术中心等城市道路和城市公共建筑在内的30项重点工程，不仅形成158平方公里的城市大框架，城市功能也更趋完善。城市供热普及率已由建市初的14%提高到75%，供水普及率由18%提高到100%，中心市区气化率达到71%。城市建成区绿化覆盖率达到43.3%，人均公共绿地达8.85平方米，初步形成"一半森林一半城"、"城在林中、林在城中"的格局，被评为省级园林城市。各县区旧城改造力度空前，总计完成投资近30亿元。公路建

古城乳业奶牛场

精彩朔州

体育广场

设持续推进。仅近五年，就完成公路建设投资近30亿元，先后完成了平朔一级公路、东环路、南环路、神电运煤通道等一批重点公路建设工程，全市公路通车里程由建市初的1263公里增加到8784公里，其中近三年就增加3730多公里；公路密度达到每百平方公里82.9公里，每万人平均拥有公路达到57.8公里，位居全省前列。村通水泥（油）路自2003年以来每年以1000公里以上速度推进，全市村通水泥（油）路率达到87.2%。

资源环境保护力度不断加大，生态文明建设取得明显成效。大力实施了蓝天碧水工程，拆除了市区大部分燃煤锅炉，彻底铲除了300多座小白灰窑，完成了30多家陶瓷企业的煤气烧成改造。狠抓了污染减排，6家燃煤电厂全部安装了脱硫除尘设施，建成了5家污水处理厂，308家企业全面完成达标排放治理，关停污染企业111家。市区空气质量二级以上天数由2004年的199天逐年增加到318天。节能降耗工作日渐引起重视，2008年万元地区生产总值综合能耗

下降5.7%，万元工业增加值综合能耗下降14%，节能降耗工作名列全省第一。造林绿化进程不断加快。近五年来，共实施国家和省级重点造林项目12个，完成造林绿化197.5万亩，平均每年造林近40万亩，全市累计造林绿化面积达到471.7万亩，占到国土面积的29.6%。2004和2007年全省林业工作会议先后两次在我市召开；2008年国家林业局把我市作为联系点，并向全国推广我市经验。

各项社会事业全面发展，民生问题得到进一步改善。教育事业加快发展。认真落实农村义务教育经费保障机制，全面落实了"两免一补"政策。大力改善了基础教育条件，先后新改扩建农村寄宿制学校100所，2008年又在每个县城周边建设1所高标准寄宿制初中，在每个乡镇建设一所高标准寄宿制小学，目前已有54所投入使用。同时全面启动了寄宿制学校营养餐工程，为30所学校配备了校车。在市区建成了市四小和城区七中。积极推动高等教育发展，职业技术学院建成使用，师范专科学校开工建设，能源大

国旗广场

15

印象朔州

学正紧锣密鼓推进。大力发展卫生事业。积极推进医疗救治体系、公共卫生服务体系建设，建成了市中心医院、急救中心、疾控中心和五个县区的传染病区、疾控中心。在全市六县区全面推开了新型农村合作医疗制度，启动了城镇基本医疗保险制度，在全省首批实现了城乡居民基本医疗保险全覆盖。大力推进城乡卫生体系建设，县乡村三级医疗卫生机构达标率达到73.6%，建成25个社区卫生服务机构。大力实施就业再就业工程，积极加强保障体系建设。国家出台的十二项救助制度在我市全部建立。65岁以上农村居民生活补贴制度在六县区全部推开，使我市成为全国首家全面实行老农生活补贴制度的地级市。经济适用住房和廉租住房年年超额完成省下达任务。城乡居民收入稳定较快增加。2008年全市城镇居民人均可支配收入达到13997元，高出全省平均水平878元，增长18.8%，增幅居全省第三。农民人均纯收入4732元，高出全省平均水平635元，增长14.1%，增速居全省第四。

二、对照科学发展观的要求，我们还存在着特别明显的差距，真正实现全市经济社会科学发展的道路还很漫长。

一是产业结构单一畸重与经济持续健康发展目标的不协调。煤炭产业一业独大的格局并未发生明显改变，特别是在煤炭市场持续旺盛、煤炭工业持续快速发展的情况下，各新兴产业的发育成长尽管在不断加速，但在整个产业构成中的比例仍然没有明显提高，一业独大的局面不仅没有明显改观，甚至还在继续加重。这种

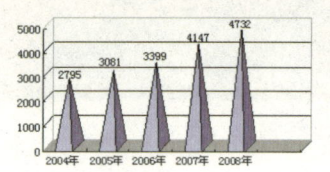

单一畸重的产业格局，极易形成一业兴旺则全局火热、一业疲软则全局波动的局面。

二是经济较快发展与社会事业发展相对滞后的不协调。由于我市是在一个县城的基础上起步发展的，建市时间也比较短，加之建市初期资金短缺等多种因素，我市的社会事业发展可以说是先天不足，欠帐较多。近几年来，我们虽然在社会事业发展上投入了大量的财力物力，奋起追赶，但总体上仍然呈现经济发展与社会事业发展"一条腿长、一条腿短"的局面，与省内其他城市的差距也十分明显。

三是城乡之间经济社会发展状况及居民收入水平的不协调。城乡二元特征明显，两者之间无论是经济社会发展的硬件设施和软件建设，

冯改朵市长做客人民网

精彩朔州

还是居民收入水平，都有明显反差。

四是资源节约、环境保护与经济快速发展之间的不协调。得天独厚的资源条件，为我市经济的快速发展奠定了坚实的基础，但过重的产业结构、科技含量较低的产品结构及与之伴生的粗放生产方式，

七里河

也使我们在实现经济快速发展的同时，付出了较多的资源环境代价。

五是人民群众生活水平与日益增长的物质文化需求之间的不协调。居民收入增长还远远低于经济增长。建市以来，全市地区生产总值增长23.8倍，财政总收入增长67.7倍，而城镇居民人均可支配收入只增长了10倍，农民人均纯收入只增长了9.6倍。特别是就业再就业和社会保障方面还存在较大差距。说明我们在以人为本、着力解决人民生产生活问题上，还有大量工作要做。

三、坚持以科学发展观为指导，着力解决突出问题，推动全市经济社会又好又快发展。

（一）以重大骨干项目为抓手，强化基础设施建设，优化发展环境。

实现科学发展，贯彻中央宏观调控政策，必须把握机遇，危中求机，以争项目、上项目为主抓手，确保经济平稳较快增长。这些项目以基础设施建设为主，还兼顾产业结构调整，包括一座机场、两条铁路、三条高速公路、七条干线公路、一大水利工程、一大生态治理工程、两所大学、三个循环经济项目、八大调产项目，以及多项城市建设工程。

在争取到项目后，还要继续在资金上做文章。首先，要利用国家放宽信贷的政策，千方百计争取银行贷款。第二，要进一步加大招商引资力度，吸引更多的外来资金，通过引进大公司、大集团，推动重大项目建设。第三，要积极创新金融机制，激活金融市场。要进一步加强中小企业信用担保体系建设，通过政府增加资本金、吸纳企业资本等方式，壮大担保实力，扩大担保范围，拓宽中小企业融资渠道。要加快工作进度，尽快成立起几家民间信贷机构。同时，要力争有一到两家新的金融机构进驻，活跃金融市场。

（二）以调整产业结构和加强生态建设为重点，推进经济结构调整和经济发展方式转变，推动全市经济全面协调可持续发展。

做好煤炭这篇大文章。第一，加快推进机械化升级改造，提高现代化水平。坚决取消炮采，全部建设机械化矿井。计划投资30亿元，全力推进36座矿井的机械化升级改造。力争到2009

17

印 象 朔 州

通讯服务中心

年底，全市综采矿井达到56座，真正形成以百万吨大型矿井为主的生产格局。第二，积极推进煤矿兼并重组，提高产业集中度。鼓励支持国有大型煤炭企业和地方骨干煤炭企业采取并购、协议转让、参股控股等方式，集中连片整合中小煤矿，坚决关闭30万吨以下小型矿井，发展煤炭旗舰企业，实现规模经营，彻底扭转煤炭企业多小散乱的落后局面。第三，加快大型洗选设施建设，提高煤炭洁净化水平。计划投资32亿元，新建8座300——500万吨的洗煤厂，进一步提高煤炭洗选能力，真正实现应洗尽洗。电力工业方面，按照输煤与输电并举的思路，加快电厂建设。除在建项目外，我们还有6个电厂已经拿到路条，这些电厂全部建成后，我市的电力装机容量将达到800万千瓦。

产业结构调整不仅是改造提升工业，还要大力发展服务业，优化三次产业结构。大力发展以旅游业为主的服务业，以服务为主的第三产业。以节能减排和植树造林为抓手，全面加强生态文明建设。通过节能降耗、治污减排和植树造林三管齐下，加快转变粗放的发展方式，加快实施生态修复，走出一条规模化、集约化、内涵式、可持续发展的路子，从而也使我们的家园天更蓝、

安太堡露天煤矿

精彩朔州

水更清、地更绿，真正把朔州建设成塞外最宜居城市。

（三）以特色产业为抓手，以新农村建设为载体，推动农业农村经济稳定发展。

第一，采取扎实有效的政策措施，保护奶业稳定健康发展。要通过逐步提高养殖集中度，实现规模化养殖、现代化管理，从根本上增强产业素质和抗风险能力。积极引导农民发展奶牛合作社，实行乳品企业和农民合作，加快发展奶牛养殖小区，实行统一饲养，统一挤奶，统一销售，统一管理。努力保住乳品业这个主导产业，保住生态畜牧基地这块响亮的牌子，保住农民增收致富的这条路子。

第二，继续落实粮食直补、甜菜补贴、大棚补贴等各项强农惠农政策，保持玉米、马铃薯、小杂粮、蔬菜、葫麻、甜菜六大优势作物的良好发展势头。

第三，大力推进农田水利基本建设。抓住国家扩大内需和上马引黄北干工程的有利时机，大力加强农田水利基本建设。尽快完成规划的10万亩盐碱地综合开发工程和海子湾、东石湖、耿庄、大梁水库等一批重点工程，促进全市农业生产条件的明显改善。

第四，扎实推进新农村建设。按照省委、省政府的统一部署，突出抓好"五个全覆盖"。市级财政拿出1个亿，有关部门和各县区按照规划要求，扎实推进各项工作，确保按时完成任务。逐步完善农村投入机制。在确保各级财政资金向农村倾斜的基础上，引导各类资金投向农村。按照工业反哺农业、城市支持农村的方针，进一步完善"以煤补农、以矿带村、一企一村"的帮扶机制，探索建立以煤补农专项基金。鼓励煤炭企业以结对帮扶、经办非煤项目、吸纳农村劳动

朔城区峙庄标准化肉羊养殖小区

力、兴办社会公益事业等方式支持农村发展。

（四）以改善民生为出发点，加快发展各项社会事业，促进经济社会统筹发展。

一是把教育切实摆在优先发展的战略地位。大力发展中小学教育，继续在中心乡镇加强高标准寄宿制小学和初中建设，使农村学生能够全部进入寄宿制学校就读。城市范围内，各级政府要大投入，同时鼓励社会力量参与，加快建设中小学校，尽快解决班容量太大的问题。高等教育方面，加快朔州师专和山西能源学院建设。二是大力发展医疗卫生事业。争取在两年内全部改扩建六县区县级医院，健全城市社区和农村卫生室。三是千方百计扩大就业。特别要完善面向所有困难群众的就业援助制度，及时帮助零就业家庭解决就业困难，积极做好高校毕业生就业工作。四是进一步完善社会保障体系。加大公共财政投入力度，着力推进"四个提高"，即提高城镇居民医保覆盖率和待遇，提高企业退休人员基本养老金水平，提高新型农村合作医疗参合率和财政补助标准，提高城乡居民最低生活保障标准。五是抓好住房安居工程。抓好经济适用房和廉租住房建设，大面积推进城市居民棚户区改造。采取货币补贴和实物配租相结合的方式，着力解决城市低收入家庭住房困难

印象 朔州

朔州市人民政府

问题。继续实施农村危房改造，尽最大努力解决农村困难群众住房问题。

（五）以安全生产专项整治为主线，全面强化安全工作，努力促进安全生产形势明显好转。

坚持把安全发展作为全市经济社会转型发展、和谐发展的基本前提和基础，不断强化"抓经济发展是政绩，抓安全生产也是政绩"的理念，始终把安全生产摆在一切经济社会工作的首要位置，始终绷紧安全生产这根弦，认真贯彻"安全第一、预防为主、综合治理"的方针，把安全生产工作纳入重要议事日程，定期分析安全生产形势，针对存在的问题创造性地开展工作。

按照省委、省政府的安排部署，以专项整治为主线，以八项制度为手段，以煤矿安全为重点，立足于治大隐患，防

大事故，进一步强化组织、制度、措施、纪律、体制五个保证，加强领导，加大工作力度，以更大的决心、更有力的措施、更务实的作风，把安全生产的各项要求落到实处，努力实现全市安全生产形势明显好转。

贯彻落实科学发展观是一项长期的、艰巨的重大战略任务。我们要树立机遇意识，用积极超前的辩证思维准确地把握未来的发展大势，克服无所作为的消极心理，防止一味地等待观望，错过调整转型发展的时机。对危机听而不闻是麻痹，对机遇视而不见是愚蠢，当下看清危机并不难，难的是把握危机之中蕴藏着巨大的机遇。朔州人杰地灵，历史文化源远流长，矿产资源得天独厚，经济基础比较厚实，各项社会事业加快进步。我们一定要充分发挥资源优势、区位优势、产业的承接优势、后发赶超优势、转型跨越优势，不失时机地走在全省科学发展的前列。

联顺玺达煤业综采作业面

精彩 朔州

高速公路市区入口

塞外明珠　熠熠生辉
——朔州市经济社会发展纪实

张辽塑像

来到朔州，就会惊异地发现，这里从城市到农村，正在发生着深刻的变化：农村像城市，城市像园林；农村人往城里走，城里人往农村去，来来往往，形成一派城乡一体化的新格局；国内新兴行业大亨争相到此落户；产业结构从单一化变成多元化，那些旧的传统产业已被一座座科技含量高的现代化企业所代替；当年雁门关外"野人家"，现已成为发展经济的风水宝地；从这里输往秦皇岛港口的煤炭，供给京津唐的电力相当可观，深加工的农副产品，越来越受到国际市场青睐。

朔州市是晋陕蒙交界区域的一座新兴能源工业和生态畜牧城市，1989年建市，经过建市二十年的艰苦奋斗，经济社会发展取得长足的进步。特别是进入"十一五"时期，市委、市政府坚持改革开放，推动科学发展，促进社会和谐，全市经济社会跨入科学发展的快车道，实现了好中求快、又好又快发展。主要经济指标增长幅度和一些重大工作走在全省的前列。以2008

21

印象 朔州

年为例,地区生产总值比上年增长11%,增幅居全省第三位;经济总量是"十五"末的1.83倍;全市人均GTP从全省第四位跃居到第二位,财政收入和一般预算收入比上年增长53.05%和61.26%,2008年在大事多的情况下,各项经济指标称得上全线飘红,财政总收入首破百亿关。各项指标均大大超过前两年,称得上三年三大步。

朔州之变的实质原因,田喜荣书记认为,说基础,道飘红,想长远,是源于党的十七大精神的贯彻落实,是彰显多做打基础利长远的事的客观规律,是从精神到物质,推动经济可持续发展的生动体现。这就是我们朔州这几年凭借科学发展观获得的最大财富。

田喜荣书记对朔州之变的这番论述,也是朔州市领导班子成员和广大干部群众的共识。市长冯改朵说:我在朔州工作年头长,耳闻目睹朔州由弱到强的变化,切身感受最深;城市在变,越来越现代,农村在变,越来越富裕,全是因为人的思想观念在变,作风在变。如今多做打基础利长远事的干部吃香,为个人升迁而搞劳民伤财的人必遭老百姓谴责,搞急功近利、追逐名利不按经济规律办事的人也定会遭到唾弃。好在市委抓党风抓得紧,好在市政府抓行政执法抓得紧,多做打基础利长远的事才得以比较顺当。

县区党政领导,对"四个一定"的论述给人印象很深,这就是面临当前的新形势与新任务,一定要不为已有成绩而自满,一定要不为既有经验所束缚,一定要不为现有的工作模式和格局所限,一定要为"保增长,调结构,促改革,重民生,抓稳定"不懈努力。只有这样,党风、政风和社会风气才能得以好转,各级党组织的创造力、凝聚力和战斗力才能进一步增强;只有这样,才能形成讲团结、顾大局、谋发展、干事业的良好局面。

在全面建设小康社会征程中,加快实现发展的目标,是立足朔州现实基础、发展潜力和历史要求奋力赶超的目标。2008年年初,省十一届人大会议召开期间,省领导在参加朔州代表

平鲁西易小区

团讨论时,对朔州提出了优先发展、带头发展、争做科学发展"排头兵"的希望和要求,与会的朔州市人大代表和政协委员一致表示,一定要以先人一步、快人一拍、胜人一筹的姿态,在全省率先发展的大潮中领先发展。

花卉广场

第一,尽快补齐科技进步创新能力短板。

三年来,朔州市坚持教育为先,用于教育投资每年5个亿,在这里人们已经意识到,尽快补齐科技进步和创新能力这块"短板"迫在眉睫,加强高等教育势在必行。他们通过政府倡导、企业承办、产学研相结合的办法,支持一批重点企业建设与其产业成长紧密相连的高新技术研发中心。2006年底批准成立朔州市职业技术学院,投资1个亿,学生业已开学,目前拥有3000人左右;2007年已经批准建

印象朔州

凤凰城镇寄宿制小学

立朔州高等师院专科学校，占地550亩，总投资3.7亿，人数5000人左右；2008年，开始筹办山西能源学院，准备于2012年招收12000人，投资5个亿。这三座院校的建立，朔州市人才匮乏的现状可望大为缓解，制约经济发展的"短板"可望有所充实。全市从小学、初中、高中到大学、职业学院，努力形成立体化、全方位、成套式的教育体系。

如今的朔州，已把全市所有的高中集中到县城，把全市所有的初中集中到县城及周边地区，还在每个乡镇建起一所能容纳3000名农民子弟的学校，这是既利长远又便民的一大举措，也是把二农当成重中之重的教育工程，此举极受欢迎、倍受拥护。全市69个乡镇，每个乡镇建高标准寄宿制小学，已全部完工，50%已投入使用。2008年11月初，全省在这里召开寄宿制小学建设现场大会后，朔州把山庄窝铺的小学全部撤销，让农村小学生全部实现"寄宿"。这些寄宿制小学，设有安全、生活、卫生、拆洗、炊事等各项保姆式服务，保证农村孩子享受现代化新型教育。

平鲁区建立的教师激励机制引起社会极大关注。比如农村小学任教10年以上的骨干教师，住房纳入城区经济适用房购买对象。初中中考成绩达全市平均水平的学校，奖励学校20万元，每超过一个百分点，递奖1万元，学校所得奖金全部用于奖励教师。区政府规定，凡华东师大、北师大等名校的优秀毕业生、研究生来平鲁任教，免费提供一套120平方米的住房，工作三年后，考核优秀且继续留任的，房屋所有权归其所有。在岗新评出的名师，每月享受200元生活津贴。上新台阶者还可以保送著名师大深造。家有梧桐凤凰来，慕名来此筑巢的人蜂拥而至。

第二，把生态畜牧建设当做利长远大事来抓。

全市平原、丘陵、山区面积各占三分之一。气候凉爽，是畜牧发展特别是奶牛养殖的优势区域；历

正在写生的学生

精彩朔州

史上又是一个农牧结合比较紧密的地区，广大农民祖祖辈辈有浓厚的养殖情结；饲草饲料资源也比较丰富，每年可种植玉米180多万亩，年可生产各类牲畜食用秸秆18亿公斤以上，发展畜牧业特别是草食畜有得天独厚的条件。乳品业在全省形成一强，全市农民纯收入三分之一来自奶业。市委书记田喜荣在全市干部大会上大声疾呼：奶业发展关系到朔州市长远利益，小看不得，大意不得，疏忽不得！市里由此给奶业奶农注进两亿元资金，用于放心奶生产。走进朔州四县两区的农村，随处可见一座座蓝顶饲养园，非常引人注目，农民称它为"牛别墅"。在这里已普遍实行人畜分离，关系到科学养殖的良种繁育、防疫检疫，饲草饲料也相当齐备。田喜荣书记饶有兴趣地讲了一件有趣的事：人喜新厌旧，牛喜蓝厌红，红顶远不如蓝顶产奶量大，奶农从实践中悟出蓝色催奶的道理，纷纷把红顶改成蓝顶，奶的产量自然扶摇直上。从发现到纠正，不难看出市委书记工作深入的程度。如今全市拥有机械化挤奶站427座，90%以上的奶牛实现了机械化挤奶。据统计，全市农民每年依靠养奶牛的收入在8亿元以上，占畜牧业总收入的45%。生态建设是朔州农业的另一特色。这三年，朔州筹资10亿元用于造林，还严格实施"挖一吨煤栽一颗树"的死规定，又发动全民植树造林，三年植树造林30万亩，雁门关外处处显露出绿色生机，在这里绿色已深深扎根于人们心中。目前，全市林木绿化率20.88%，加上天然草地及近年来退耕还草、人工种草，全市林草面积占国土总面积的42.63%。

在"多做打基础利长远的事"当中，应县人的"智商"给人印象很深。这个欠发达的无煤小县招商引资很"日能"，注重立足自身的资源优

广武林牧区

势，注重环境的承受力，注重项目的可持续发展，他们一改以往"挑到篮子就是菜"的做法，变招商为选商。从应县近几年所上项目来看，中粮朔州糖业、雅士利乳业、龙首山文化园、宏田绿园等等，都是围绕农业、旅游产业做文章。这么做，污染小、前景广、市场大，可谓功在当代，利在千秋。

右玉县把改善生态环境作为谋划人民福祉、促进地方经济发展的基础工程，一代接一代自强不息，一任接一任持之以恒，森林覆盖率由一九四九年不足0.3%到今天已超过50%，硬是把一块"不毛之地"变成了生态文明的秀美山川，把人类不能生存改写成宜居宜发展，绿色的底蕴显出巨大潜力。许多投资商不约而同地瞄准了这片绿色。百年老店六味斋的老板这样描述为什么要来右玉的理由："一是因为右玉纯粹的绿色无污染原料基地和环境；二是全县像爱护树木那样爱护投资企业。"但也不是什么样的企业都能来。河北一家客商携资3000万，来谈制革项目，由于污水问题被右玉人婉言谢绝。内蒙古一家投资商多次找上门，想在右玉建一座年产5万吨的水泥厂，也被拒绝。理由只有一个，绿色是右玉的立县之本、强县之基，决不能舍本逐末。这句话同样是他们继续绿化的理由。

印象朔州

平朔露天采矿区

第三,实现长处做强短处补长结构调优。

朔州经济发展的优势是煤炭、电力,不足的是结构畸重单一。要想走出煤电能源基地创新发展、安全发展、环保发展道路,必须扬长避短,既依靠煤电资源又不依赖煤电资源,把长处做强、短处补长、结构调优。市委、市政府提出"稳一产、强二产、抓三产"的结构调整、产业优化升级的思路,集中精力,强力推进,着力构建具有朔州特色的能源创新发展、安全发展、环保发展产业体系,在"新型"上做文章,进一步把煤炭工业做强做大、做精做细、做到极致,做出产业结构优势、科技创新优势、资源环境优势和经济效益优势,并力争在全国同级城市做到最大。一方面把全市205座地方煤矿整合压减到135座,另一方面,依靠中煤、同煤、鲁能、中电、金海洋等14个大企业、大集团,采取收购、兼并、联营、参股等形式,重组、改造地方煤矿23座,能力都达到年产60万吨以上,基本形成大矿稳定产量、调控产能、保障效益的格局。2008年,单独保留的91座地方煤矿矿井建设项目,有50座经批准铺开建设。其中,有8座建成试运行,2座建成投产,建设进度在全省名列第一。从强化煤炭生产安全基础、提高安全保障能力、抓好本质安全入手,全面铺开了矿井机械采煤方法改造,有65座地方煤矿已经完成改造任务,占矿井总数的48%,呈现出中型大、综采矿井多的特点。完成采煤方法改革的煤矿,采区回采率由以往的30%左右提高到75%以上,每年节约资源1400万吨,有安全保障的生产能力达到90%以上。从2005年起,凡是实行了采煤方法改革的煤矿,无一发生三人以上的重特大事故。同时,投入1亿多元,全市煤矿全部建起瓦斯监测监控、产量监控、井下人员考勤定位系统;视频监控系统完成70%的建设任务,一批科技型、数字型矿山正在崛起。尤为值得一提的是朔州市建成全省一流的多功能煤矿安全综合监控中心,将瓦斯、产量、考勤、视频四个监控系统整合为一个平台,改善了监管手段,提高了监管能力。扎实有效地打响煤炭升级改造的"第三战役",进一步加大煤炭企业兼并重组和资源整合力度,基本淘汰年产30万吨以下矿井。从2008年起,全市煤炭企业将实现四个70%:生产煤炭改造率达到70%;煤炭回采率达到70%;地方煤矿生产企业挂靠大集团、大企业达到70%;改革平

金海洋输煤专线

精彩 朔州

风力发电

煤方式上采企业达到70%。在市政府的强力推动下，这些目标正稳步实现。在此基础上，立足节省运力、减少污染、提高增值水平，变地下输煤为空中输电，以上数量、上环保、上节能为重点，进一步加快发展壮大电力产业。

在朔州，有平朔露天矿、神头发电厂、金海洋集团、刘家口工业园区在循环经济上大做文章，形成四大产业链，全市煤电经济的链条得到了高技术的支撑，而成为朔州市实施资源可持续发展的一个亮点。金海洋集团投资兴建一条亚洲最长的超远程带式输煤专线，用皮带将原煤从矿山全封闭输送到山下，这不仅让公司附近的村民免受煤尘、噪音污染，每年还可节约运费1亿多元，书写了煤炭深加工的循环发展篇章。

第四，把浓情溶于民力促社会和谐稳定。

朔州市委、市政府领导认为，和谐发展的重要性，不亚于转型发展和安全发展，没有一个稳定和谐的社会环境，一切无从谈起。他们召开各类专题会，从社会现状、思想认识，从存在的突出问题到干部的精神状态，做了深入细致的动态分析和常态研究，得出的答案是：随着朔州市经济的飞速发展，负面影响也随之而来，上访事件、各类案件时有发生，决不能"一好遮百丑"，把引发的矛盾掩盖起来。各级领导要以满腔热忱，认真倾听群众的呼声。对涉及群众切身利益的问题，要做到有访必接、有访必问、有访必答。对此，市委书记田喜荣又有一比：解决群众上访问题要如同"大禹治水"，只能用"疏"的办法，不能用"堵"的办法。"堵"不能化解矛盾，只有"疏"的办法才能从源头上解决问题。要把被动受理"上访"变成主动"下访"，也只有转变工作作风"沉"下去，才能使信访工作形成良性循环。为此，他们别开生面地开展了超市式接待上访群众活动，在社会上引起强烈反响。

这一次活动由四大班子领导坐阵，17个政

印象朔州

府职能部门参与,共接待上访群众1000余人,受理案件331件。其中包括劳动保障、涉法涉诉、土地纠纷、房屋拆迁、干部作风、企业改制等15个方面。当场答复解决的22案;批转有关县区、部门限时解决的191案;对没有正当诉求理由的经过说服教育,息诉罢访的18案。

活动中面对来访群众,四大班子领导耐心细致地倾听来访群众的诉求,热情询问、细致记录、一丝不苟地作批示。朔城区小平易乡上访户王军向市长冯改朵反映,村里占用他的耕地挪作他用,致使无法种田。她明确告诉王军,任何人无权非法侵占他人耕地,并嘱咐王军回去就撒种耕播,同时责成朔城区负责人妥善处理。听到市长的答复,王军多日来的阴云一扫而空。许多上访群众激动地说,这种超市式接待上访群众活动形式很好,书记、市长和我们面对面,推心置腹地交流和沟通,让我们很感动,心通了,气顺了,就得多谋发展的事啊!老百姓的深情理解,也促使各级领导为民多办好事。在全面实行各项保险制度的基础上,2008年六县区全部实行了65岁以上农村居民生活补贴制度;5月份又启动了全市城镇居民基本医疗保险,实现了城乡居民医疗保险全覆盖。用于企事业单位职工养老保险金的补贴,用于涉法涉诉救助,用于特困群体的帮扶,一一到位。现代中心城市框架的延伸,群众居住环境的优化,进城入村的便捷交通,城乡文化设施的完善,也一一实现。

在朔州,人们说得最多的一句话是"一任接着一任干,一张蓝图绘到底",就像圣火传递那样,要"交"得顺心,让人"接"得称心。这一班人工作起来得心应手,在很大程度上取决于领导层自身建设的提高。各级领导同广大干部群众拧成一股劲,是源于"三浓"的驱动,一是认真学习的空气很浓,二是求真务实的风气很浓,三是探索科学发展规律的氛围很浓。

正是这"三浓"的旺盛热情与孜孜以求,什么事能干什么事不能干,什么项目能上什么项目不能上,招什么商引什么资,分得非常清楚。从市县区到乡镇村,人人心里都有一杆秤,这就是体现科学发展的精神,利于长远利益的事就猛干,利于民生、惠农利农的事就大干,利于造福儿孙后代的事多干。朔州人激情满怀,精神振奋,斗志昂扬,正在按照科学发展观的要求,为建成"两宜"城市的宏伟目标而战,为建设"和谐朔州、绿色朔州、文明朔州"而战。

七里河大桥

精彩朔州

朔城区：桑源古郡换新颜

城市建设

神头泉汩汩而出，造就了滔滔的桑干河，奔流不息，直入大海；巍巍紫金山，天造地化，神工鬼斧，扼守雁门，傲视朔漠。这就是美丽富饶的朔州市朔城区。

朔城区位于山西省北部，是朔州市委、市政府所在地，是朔州市的政治、经济、文化中心。朔城区历史悠久，早在2.8万年前的旧石器时代晚期，"峙峪人"就在此栖居生息。朔城区古称马邑，后经历史沿革，先后称朔州、朔县，1989年随朔州市成立始称朔城区。全区总面积1793平方公里，辖9乡2镇4个办事处、301个行政村，总人口38.8万，其中农业人口25万。

朔城区矿产资源丰富。煤炭储量已探明为195亿吨，占山西全省煤炭储量近十分之一。电力资源充足。华北地区最大的火力发电厂神头一电厂、二电厂和中国大唐公司两台60万千瓦机组，年发电容量已达350万千瓦时，名列县区第一。

2008年，全区地区生产总值完成100亿元，财政总收入10.68亿元，城镇居民人均可支配收入13358元，农民人均纯收入5226元；完成工业总产值123亿元，实现利税9.5亿元。同时，随着招商引资力度的不断加强，以晋能、中煤、同煤、香港中建为代表的10多家大集团、大企业落户朔城区，初步形成多元化的产业格局。

城市建设方面，2008年总投资15亿元，全面铺开了20多项重点工程，拆迁面积近90万平方米，是朔城区历史上投入资

印象 朔州

金最多、铺开项目最广、建设规模最大的一年。

农业农村方面，粮食总产达4.77亿斤，连续五年跨入"全国200个(全省4个)粮食生产先进县（区）"行列，被国家农业部授予"全国粮食生产先进县（区）"称号。

林业方面，通道绿化等八大生态工程成效显著，林草覆盖率达到45%，连续六年代表山西省接受了国家林业部等六部委的检查验收。58个新农村重点村建设任务基本完成，推出了峙峪、峙庄、西街、小坝等一批先进典型。

随着财力增加，全区新增财力大力向民生倾斜。2008年全区教育支出2亿元，完成15所1.5万平方米的农村中小学危房改造，配套完善了5所农村寄宿制学校，装备了213所"农远"项目学校。顺利通过了省"科教兴区"验收，获得"山西省科教兴区先进区"称号。社会保障资金投入5737万元，城乡居民最低生活保障、农村五保户供养实现了应保尽保。进一步完善了城乡特困群众医疗救助、贫困家庭子女上学救助等12项制度，社会救助覆盖面进一步扩大，救助标准进一步提高。农民健康工程顺利推进，在全省率先启动了农村65岁以上老人生活补贴制度，农村新型合作医疗参合率达到83.5%。其他各项社会事业也得到了健康发展。

坚持科学发展　打造宜居城市

朔城区全面落实科学发展观，紧紧围绕市委、市政府提出的建设"两宜"城市和国家级园林城市这一目标，凸显区位优势，全力做强做活"城"字这篇大文章。

在广泛征求群众意见的基础上，结合城区实际，确立了"改造老城、拓展新城、拉大框架、提升品位"的建设思路。对于老城改造，区委、区政府有着明确的建设思路，一是以人为本，确实改善旧城居民的生活环境。二是承沿历史，凸显文化品位，高标准规划设计。文脉传承是一个城市的灵魂。朔城区对一类保护的对象，像文庙、县衙、南北城墙等全部予以保留修复；对一类以下的保护对象，根据情况，有取有舍；对部

城南恢河治理——恢河生辉

朔城区农村高标准示范学校

晋能朔州铝硅合金厂

分特色民居建筑，进行异地集中建设保护。同时，因地制宜，恢复重建一些历史人文景观，以崇福寺为中心，建设尉迟恭祠堂，建设历史博物馆、牌楼、文昌阁等，把老城深厚的历史文化充分挖掘出来。在整体规划风格上，突出特点，把仿古建筑与现代城市管理模式有机结合，把历史文化风貌与现代城市功能有机结合，按照规划，一期工程打通和拓宽南北大街，建设环城马路，配套建设一些公共设施，比如社区医院、学校、老干部活动中心等，同时配套完善水、暖、电、气、通讯等基础设施，完善城市功能，使交通、环境等各个方面从根本上得到大的改观。

按照市区的统一规划部署，改造工程2008年5月正式启动，一期工程主要涉及南大街、庙前广场，总共拆迁340亩，拆迁建筑面积将近30万平方米，涉及拆迁户1096户。

2009年，朔城区铺开的另一项重点工程就是古城墙公园的建设。历史上的朔州古城墙是北齐天保八年（公元557年）和元末明初的建筑。城墙平面呈正方形，南北长1100米，东西宽1050米，是我省现存较早的古城墙。1996年，山西省人民政府公布其为第三批省级重点文物，2001年划定了其保护范围和建设控制地带。整个古城墙公园环城墙四周建设，占地总面积421亩，约28.06公顷，建设周期二至三年。2009年，计划完成建设面积约54350平方米，其中东段建设长度约700米，面积45201平方米；西北角建设面积9149平方米。主要完成东门广场、筑城养马广场、雁鱼灯广场、大秧歌广场和西北角的景点建设，绿地率达到56.5%。

城市道路建设是城市发展的基础。朔城区提出环线贯通的城市框架发展目标，重点开通西环路，打通北新街，南延开发路，西延鄯阳街、古北街和北新街，拓宽大运路市区段，改造迎宾路、建设路、八小路、南垣街；完成迎宾路、开发南路沿线两侧、南城墙南侧、古北街西段南侧等4线7片拆迁改造任务。开发南路雁门街炭素厂道路改造工程，长700米，宽50米，总面积35000平方米，总投资500万元。建设路改造工程，长1800米，宽40米，总面积72000平方米，总投资1300万元，这些工程已经竣工。鄯阳大街西延线工程，二级路向西，总长3.3公里，道路红线45米，总投资3200万元。古北大街西延线工程，二级路向西，总长1.2公里，宽40米，总投资1300万元。南垣街（开发南路—大运路）改造工程，长1800米，宽40米，总面积72000平方米，总投资1300万元。这些主干道的开工建设，标志着朔城区拓展新城的框架已经建成，城区的城市主控区由原来的9平方公里，拓展到现在的20平方公里，为下一步新城发展打下基

印 象 朔 州

飞腾

础。建设宜居城市，首先要改善群众居住条件和环境，朔城区在加快老城改造的同时，投资进行棚户区改造，为改善原锅炉厂旧家属院住房的居住环境，解决低收入家庭的住房困难问题，从2007年开始，朔城区对该区原棚户房、危旧房进行全面改造，新建了鄯阳住宅小区，该小区占地2公顷，共建设住宅楼2.8万平方米，总投资2300万元。2008年，朔城区加大城市绿化投入，投资1000多万元，全面展开主干街道绿化工程，共栽植各类乔灌木14万株，全区城市人均公共绿地面积由2006年的3.5平方米增长到目前的5.3平方米。同时，投资800万元，新增金沙园、雁门街、州南街三座供热站，并改造一座供热站和马邑南路、南垣街供热主管网，使供热面积达到658.36万平方米。

依托地域优势　发展现代服务业

近几年，随着城市的不断拓展，为朔城区发展服务业创造了得天独厚的条件。朔城区委、区政府审时度势，认为要想把服务业培育成新型支柱产业，就要突破餐饮、住宿、娱乐等传统服务业，结合本地实际，重点围绕支柱产业，培植配套服务业，形成高增长、强带动、广就业的新型服务业体系。

2007年开始建设的豪德贸易广场就是个很好的例子。这个由香港豪德集团总投资5亿元，首期占地300多亩的项目，目标就是要建成晋北地区规模最大的现代物流中心。在市、区两级政府的关心扶持下，豪德贸易广场建设进展顺利。该项目开工建设的1700套商铺全面封顶，一期店铺已经售完。这个项目的建设，将使全市的服

鄯阳西街

西山生态建设

务业格局得到进一步的优化和提升，对拉动相关产业、解决就业有着重要意义。同时，朔城区紧紧抓住这个市场龙头，结合大运路市区段改造工程，在沿线新建和完善农机、建材、木材、钢材、回收、蔬菜等七个大型专业市场，形成规模大、档次高、功能全的物流业集群。

围绕两山两路三河　进行生态治理

"如今在城区，白裙子也能穿好几天了。"这得益于朔城区围绕两山(西山、南山)两路(高速路、西环路)三河(七里河、恢河、桑干河)进行的生态治理。

据了解，朔城区除了启动实施国家京津风沙源治理工程33万亩、省级六大工程0.5万亩、市级七里河上游绿化工程1万亩外，还开工建设城西环城绿化工程，涉及2乡7村，面积1.08万亩，栽树88万株；南河湾水上生态公园绿化，设计植树6万余株，建草坪3.5万平方米；朔城区一中高标准园林式新校区，栽植各种乔灌树木1.5万株，建草坪5万平方米；西山绿色通道绿化工程，全长50公里，两侧各栽13行针阔叶树，计划植树17.7万株；张蔡庄乡西大片造林5900亩；工业园区栽植大规格绿化美化树3000余株。

立足以人为本　加大教育投入

上世纪八十年代，朔城区只有三所城镇中学、四所城镇小学，农村学校设施陈旧、危房严重。发展到目前，全区现有各级各类学校266所，其中普通高中1所，完全中学4所，职业高中2所，初级中学32所，小学223所。从2005年开始，朔城区利用三年时间，投入9435.46万元，全面铺开农村危房学校改造工程，新建教学楼、实验楼、学生宿舍楼92011平方米，维修学校203所，面积59136平方米，全区D级危房改造工作全部完成。2008年以来，朔城区继续关注农村学校建设，开工建设14所农村寄宿制学校，大部分已投入使用，一中新校区、青少年活动中心建设进展顺利，农村义务教育阶段学生的学杂费和教科书费全部免除；农村寄宿生校车接送工程和营养餐工程已经启动，惠及全区8110名寄宿制学生，补助标准为每生每天1元，补助资金97.3万元全部落实到位。同时，义务教育学校标准化建设工程全面启动，城乡教育实现了协调发展。

朔州体育广场

印象朔州

平鲁区：紫河滔滔写华章

鸟瞰紫晨广场

平鲁区位于晋西北古长城脚下，北与内蒙古相接，西南与忻州市的偏关、神池毗邻，南依朔城区，东靠山阴县，东北连右玉。全区国土总面积2314平方公里，总人口20.3万，其中农业人口15.5万，设2镇11乡、352个行政村。平鲁曾经是全省乃至全国出了名的穷县，由于自然条件的制约，农业十年九旱，广种薄收；工业基础薄弱，发展缓慢。1978年，农民人均分配收入20.1元，经济排队全省倒数第一；1980年底，生产队和农民共欠国家债务811万元，人均63元。

建市20年，弹指一挥间。平鲁区国民经济和社会事业取得了令人瞩目的成就，人民群众生活发生了翻天覆地的变化。2001年全区财政收入首次突破亿元大关，2002年翻番。进入"十一五"以来，平鲁区委、区政府立足于得天独厚的资源优势，针对发展中存在的城乡差别、贫富悬殊、社会事业发展滞后、生态环境不断恶化等社会问题，按照科学发展观的要求，确立了坚持"四个优先"、实施"三大战略"、建设和谐平鲁的战略思路，逐步把平鲁建成以煤炭工业为主体，新型工业和高科技产业为支撑的核心工业区，建成半农半牧、城乡一体的生态畜牧经济区，建成功能完备、辐射力强、带动力大的塞外最宜居最宜发展城市。2008年地区生产总值完成127亿元（含露矿），增长18%；规模以上工业增加值为96亿元（含露矿），增长22%。财政总收入达到10.2亿元，增长43.6%。城镇居民人均可支配收入达到10223

精彩朔州

元,增长19%;农民人均纯收入达到3430元,增长20%。全区经济社会走上又好又快的发展轨道。

如今,漫步平鲁,满眼绿意,沁人心脾。城内街道整齐划一,路旁垂柳婆娑相缀,居民小区高楼林立,街心公园蝴蝶翩跹,一个有活力、有实力、有魅力的新平鲁正呈现在世人面前。

城建篇:能源新城展英姿

近年来,伴随着经济社会的跨越式发展,平鲁区城建投入逐年加大,基础设施日益完善。在投资8亿元建成南坪新城的基础上,2006年又投资2.6亿元新建了李林中学和区医院。同时以打造三大靓丽景观(南山文化公园、城墙景观、溪泉河水街),改造二条城市主干道(胜利路、建设路),改善公益事业(李林中学、五小、新医院、劳动力市场、公安指挥中心、艺术中心、博物馆)为主线,投资13亿元铺开各项建设工程30多项,建筑面积130多万平方米。供水普及率达到93.89%,燃气和污水处理从无到有,普及率分别达到71.57%和56.91%。城镇主要发展指标接近全国平均水平,超越全市平均水平。

人居环境大为改善,居民生活质量显著提高。从2005年开始,平鲁区按照改造与新建并举、完善与提升结合的思路,铺开了有史以来投资最强、规模最大、造福群众最多的旧城改造和新城建设两大工程。旧城改造总投资20亿元,改造面积3.35平方公里,拆迁面积80万平方米,动迁机关企业26家、住户8000多户,涉及人口3.2万人。这项工程实施以来,一期工程已完成拆迁3000多户、将近40万平方米,动迁人口1万人,开工建设面积100多万平方米,建成面积60万平方米,一批拆迁户已喜迁新居。同时以环城林带、万亩生态林绿化为重点,在城区周围见缝插针地建设小型蓄水库,形成带、网、片、点连接,"林水环绕"、生态效益与经济效益相结合的绿色生态屏障。城市空气质量二级或二级以上天气达到286天。一座以"三横六纵"城市主干道为骨架,以南北中三大板块功能性建筑为主体,以环城万亩生态园区和南北两大森林公园为景观的生态园林工业城市正在形成。

交通篇:路连民心奏欢歌

平鲁区交通事业取得了长足发展,公路等级、公路里程实现了由低到高、由少到多的转变,通村公路、通村客车也从无到有,全区形成了干支相连、四通八达的公路网络。

上世纪90年代,平鲁区响应省委、省政府的筑路号召,认真贯彻执行朔州市"八五"、"九五"公路建设计划,完成国道109线平鲁城至花板段14.5公里及平万线平鲁过境段31公里二级油路改造任务,完成全市扶贫公路平鲁境内下木角至白兰沟段60公里的路基改造工程和丁泉

乡村公路四通八达

35

印 象 朔 州

南山公园石碑

线泉子坡至黑家窑段7公里、韩涧线卢家窑段3公里公路改造任务；完成国道109线郑家营至泉子坡段11公里二级油路改造任务和董元公路平鲁境内31公里的建设任务。与此同时推开了县乡公路改造工程，先后完成了店下公路双碾至下乃河段13.5公里、丁泉线21公里、朔只线另山至下木角段5公里、凤平线郑家营至阻虎11公里、骆西线11公里、回平线杨树坡至回回沟4公里的县乡公路改造任务。路畅换得山乡变，一条条亮丽如画的高标准公路就这样在全民奋战中一步步变为现实。

2000年以来，该区认真贯彻落实市"十五"、"十一五"公路建设规划，乘全省"村村通"建设的东风，全力实施村村通油（水泥）路工程，累计完成村村通工程550公里。同时认真组织实施省、市公路建设计划项目，先后完成国债项目凤平线铺上至双碾段20.9公里、韩涧线李西沟至卢家窑段10公里三级油路改造任务，完成以工代赈项目，下面高至花圪坨段8公里三级水泥路，完成开行贷款县乡公路改造工程，榆平线17公里、陶平线7公里、回平线23公里、凤平线铺上至双碾段21公里，完成车购税补助建设的通达通畅工程66.4公里。目前，平鲁区境内公路通车里程1472.6公里，公路密度为63.6公里／百平方

紫河花园小区

公里，其中一级公路21.6公里，二级公路186公里，三级公路259公里，四级公路1006公里。

教育篇：阳光普照山村里

近年来，平鲁区委、区政府始终把教育放在优先发展的战略地位，各级政府努力增加对教育的投入。高中教育方面，2008年投资近2亿元，在县城建成了李林中学新校园，为在全市率先实现普及高中教育奠定了基础。初中教育方面，将三中迁入李林中学旧校址，通过改建和维修，建成了全区规模最大的高标准寄宿制初中。同时全部撤销了乡镇初中，将农村初中生全部并入三中，在全市率先实现了农村初中生全部到县城就读。小学教育方面，将原三中与五小校园进行了整合改造，建设县城规模最大的高标准寄宿制小学，有效缓解县城小学班容量大的问题。在农村，以发展乡镇寄宿制小学为重点，进一步巩固提高基础教育，投资5000多万元，在每个乡镇建一所高标准的"保姆式、营养式、园林式、封闭式、娱乐式"寄宿制小学，配套I类教学设施，建有符合国家标准的阅览室、图书室、计算机教室、多媒体教室、语音室，撤销农村其他学校和教学点。大刀阔斧地整合了教育资源，实现了规模办学，使农村与城市的学生享受到同等的优质教育，教育公平的阳光洒向山庄窝铺。

教育保障机制逐步完善。近年来，平鲁教育发生了翻天覆地的变化，建立了完备的国民教育体系，使不同年龄段、不同层次的人的教育需求得到满足。小学入学率为99%。从2005年春季起，率先进入义务教育。城乡中小学生全部享受"两免一补"政策，所有义务教育阶段学生的教材和作业本全部免费提供，寄宿生全部给予生活补助。从2002年开始实行贫困大学生和优秀大学生资助和奖励制度，6年来共资助244名贫困大学生，资助资金达257.9万元。为保证集中办学的有效运行，方便学生上学，区里还出台了很多人性化的政策，鼓励家长搬迁到乡镇申请住房，享受移民搬迁优惠政策，搬迁后退耕还林、林草间作的土地享受退耕还林补助。

教育教学质量稳步提升。全区义务教育阶段小学、初中入学率、巩固率等主要指标均超过省定标准，高考本科达线人数大幅度增加，2008年李林中学高考本科达线301人，比上年增加109人，增长率56.8%。达线率和达线绝对人数

李林中学高级塑胶操场

均居全市第三。职业中学对口升学考试本专科达线218人，升学率达51%。

富民篇：塞上农家笑开颜

农民居住环境大大改善。为了改变生存条件恶劣、自然灾害频发的现状，平鲁区委、区政府结合当前开展的新农村建设，按照城镇化发展思路，从2005年开始全面启动了"一城十镇百村"战略。即把原来的13个乡镇352个行政

印象朔州

村,通过移民搬迁,逐步进行整合优化,最终形成以井坪为中心城区、区域辐射性较强的十个乡镇为中心集镇、林牧产业支撑的100个新村为框架的新农村建设格局。近年来,先后投入新农村建设资金达3亿多元,先后新建了白堂、高石庄、双碾、下水头、向阳堡、凤凰城等10个集镇,建成各类搬迁窑房10万平方米;配套建成了派出所、卫生院、体育广场、便民连锁店、文化活动室、高标准寄宿制小学;实现了路、水、电、有线电视、沼气池的配套。与此同时,该区采取一名区领导、一个区直单位、一名村官、一座煤矿包一个村的"四包一"组织保障办法,投资8000万元,对规划在百村范围内条件较好的37个村进行大规模的"三化"整治,使乡镇面貌焕然一新,极大地改善了农民的生活环境和生存质量。

农民人均收入逐步提高。为了确保农民搬得出、富起来,平鲁区委、区政府紧紧结合该区实际,着力推进农业结构战略性调整,在发展规模化种植的基础上,全面实施以生态畜牧为主的半农半牧产业化发展战略,推动优势主导产业上规模、上质量、增效益,不断夯实农村的经济基础。政府出台政策加以扶持,鼓励和引导农民有效利用退耕还林、移民搬迁留下来的村庄旧址,建设围栏式股份制牧场和标准化养殖小区。每个牧场政府补贴50万元资金,全区建成标准化养殖小区20个,配备150立方米的青储窖130个。全区羊饲养量达到47万只,奶牛饲养量达到3000头,畜牧业已成为平鲁区带动农民增收的又一大主导产业。同时通过以20万亩马铃薯基地、20万亩胡麻基地、10万亩荞麦基地、5万亩饲草基地、千亩蔬菜基地为主的规模化种植,逐步引导形成具有平鲁特色的"一乡一业、一村一品"的种植业发展格局,促进了农民增收。总投资4.7亿元的牧草加工、皮革加工、马铃薯淀粉及粉丝加工、荞麦系列食品加工、小杂粮加工、亚麻籽综合加工等6个"两区"开发项目拉长了产业链条,为实现农业持续发展、农民持续增收奠定了坚实的基础。

生态篇:满目苍翠映紫河

面对因生态环境恶劣给全区经济社会发展造成巨大不利影响这一切肤之痛,平鲁区委、区政府响亮地提出了"生态优先"的口号,把优化生态环境、建设生态环境当作区域经济发展的基础工程和农民脱贫致富的重要工作来抓。在生态治理过程中,该区把生态脆弱区域、公路沿线、城镇周边移民搬迁作为生态建设的主战场,按照因地制宜、适地适树原则,分类指导、分区治理,先后完成了西北部四个乡镇百

平鲁区安太堡新农村建设一角

38

精彩朔州

公里 30 万亩生态综合治理区和通道绿化、森林公园、环城绿化、村镇绿化等一系列重点工程。在生态治理上以山系流域为单元将山水田林路统一规划，梁峁坡沟滩综合治理，集中连片，规模开发，提升生态建设的总体水平，形成了"百里一条线、十点连一面"的治理格局。从 2005 年开始，退耕还林以"一城十镇百村"周边地带为主，累计退耕还林 40 万亩，退耕还草 25 万亩，形成了点上绿化成果、线上绿化成荫、面上绿化成林、城镇园林化格局。林木覆盖率达到 25%，全区的生态环境得到明显改善。2007 年被省政府评为全省"造林绿化先进县"。

2008 年以来，平鲁区委、区政府把造林绿化工作作为实现"两宜"目标的突破口和主要举措来抓，自加压力，奋力赶超，采取区财政主导建绿，煤矿企业以煤补绿，乡镇筹资属地增绿的投资机制，斥资 1.8 亿元，完成通道绿化、交通沿线荒山绿化、环城绿化和城镇绿化、矿区周边荒山绿化、新农村和周边荒山绿化。同时，区委、

红山荞麦名扬天下

区政府还拿出 50 万元专项资金对全区造林绿化先进单位及个人给予奖励。全区完成通道绿化 20 条 300 公里，沿线荒山造林 4 万亩，村庄绿化 40 个，矿区绿化 2000 亩，环城绿化 3000 亩，旅游景区绿化 4000 亩，移民搬迁村退耕还林还草 8 万亩，栽植各类大苗 400 万株，创下了规模最大、投资最多、推进最快、效益最好的历史记录。涌现出一批如平朔一级路、平右路通道绿化工程、大西梁万亩生态园区环城绿化工程、棋盘山万亩生态示范林工程、109 国道二道梁出省口绿化工程等精品工程。

二道梁生态园

印象朔州

山阴县城鸟瞰

山阴县：雁门关外景色新

　　山阴县地处山西省北部，东邻应县，南毗代县，西交朔城、平鲁二区，北与左云、右玉、怀仁接壤，地处内长城雁门关外。因位于佛宿山北，故名山阴。全县辖3镇10乡，256个行政村，22.8万人，其中乡村人口13.3万人，城镇化率41.64%，版图面积1651平方公里，耕地79.68万亩。

　　近年来山阴县以务实举措谋求突破，加快推进转型发展、安全发展、和谐发展、全面发展、率先发展的步伐，2008年，全县地区生产总值完成73亿元，同比2007年增长13.97%。财政总收入达到18.1亿元，同比增长33.1%。工业总产值增速、服务业增加值增速、财政收入总量三项指标位居全市第一，从2002年全县财政收入首次突破亿元大关后，7年时间增长了17倍。农民人均纯收入5995.9元，城镇居民人均可支配收入13889.4元，分别增长19.8和19.9个百分点。粮食总产3.09亿斤，增长1.98%，成为全省粮食生产重点县。在省政府组织的全省县级经济社会综合发展指数评价中，山阴排名第7位；在第六届全国县域经济基

广武旧城

精彩朔州

本竞争力评价中，山阴成为全国县域经济基本竞争力提升速度最快的百强县之一。

一、依托资源优势，全力做强五大特色经济板块。

山阴县是晋北的煤炭大县、乳品大县。近几年，紧紧围绕"晋北争第一、全省进十强"的目标，大力实施了结构调整、开放引进战略，大打生态畜牧经济区建设攻坚战，煤炭、乳品"一黑""一白"两大标志性产业进步，做强做大煤炭、乳品、冶化三大主导产业与农副产品加工、旅游两大后续潜力产业，促进了经济的快速发展，使山阴成为全省结构调整、生态畜牧及农民增收等方面的典型，进入全省经济强县、全市发展排头兵的行列。

首先，做强煤炭业。紧紧围绕建设"煤炭大县"的目标，结合国家能源产业政策，在做大煤炭产业规模，抓销售、上采改、治隐患上下大功夫，进行了煤炭资源的有效整合。2008年，全县销售原煤2007.8万吨，实现税收9.76亿元，占到财政总收入的53.9%。全县采改投入12.14亿元，实现综采煤矿6座，正在安装综采煤矿12座，综采矿井占到46%。

其次，稳住乳品业。山阴还是个乳品大县，全县奶牛养殖已经有了30多年的历史，奶农奶牛养殖经验非常丰富，也形成

金海洋输煤专线

古城乳业养殖基地

印象 朔州

金海洋洗煤场

了相当的规模效益。目前奶牛存栏达到7.4万头，全国排名第十四位，鲜奶产量达到23万吨以上，丰富的鲜奶资源成为大力发展乳品加工业的有力支撑。山阴县被评定为全国乳品加工示范基地县和全国牛奶生产强县。已建成人畜分离奶牛养殖小区23个。"三鹿奶粉事件"发生后，县委、县政府快速处置，一方面加强奶源市场监管，整顿奶业秩序；另一方面拨出988万元补贴奶牛养殖户，减少了奶农损失；财政借资3000万元，帮助古城集团恢复生产，同时积极开展"新品放心奶进万家"活动，把事件冲击力降到最低，较好地保护了奶牛养殖业和乳品业。全县乳品销售恢复到原来的70%以上。

第三，抓好冶化业。冶化业狠抓节能降耗、挖潜改造，突破困境，实现逆转。2008年全县生产硅锰合金6.2万吨、电石2.4万吨、合成氨4.2万吨、甲醇3482.6吨，实现税收4149万元，增长55.6%。特别是县政府积极帮扶金源化肥公司解决资金困难，在晋北地区同行业大多停产的情况下，率先恢复生产，抢占了商机，赢得了市场，企业走出了困境。同时，全县完成了新科10万吨盐碱地专用肥、年产105万吨的三大节能环保活性石灰生产线，新上了瑞丰化工16万吨复合肥生产线、天龙玻璃96万平方米玻璃生产线等，增强了发展后劲。

第四，培育加工业。努力培育农副产品加工业，已经形成了乳、肉、菜、粮、草、酒、纺等七大类农副产品加工企业，门类齐全，集群发展，几乎全县主要农产品都可以进行生产加工，形成了良性循环的农产品产业链，结束了农民"提篮叫卖"的历史，带动了农民增收。玉龙土特产公司8万吨优质杂粮精加项目、日顺昌农牧公司清真肉食加工项目、金银花25万平方米机织地毯项目、昆鹏酒业5000吨生产线四大项目即将投产，朔州新科甜玉米高粱秸秆加工20万吨燃料乙醇项目列入国家投资名录，进展顺利。这些项目促进了农副产品转化增值，拉动了农民增收。

第五，发展旅游业。山阴旅游文化资源丰

广武内长城

富，保存有比较完整的298座全国最大的广武汉墓群、古辽城及明长城等，与翠微山自然景观有机相融，极具开发价值。广武边塞文化旅游区开发全面启动，完成了登长城公路、汉墓博物馆、广场、广武石牌楼的主体工程，正在建设汉墓群围栏、游客接待中心、停车场，成功举办了山西长城全景万米长卷摄影启动仪式，开局良好，商机无限。

现代化挤奶站

二、稳步推进新农村建设，在改善农民的人居环境上大做文章。

全县大打生态建设总体仗，围绕新农村建设，采取拆旧建绿、见缝插绿、空地栽绿、破硬植绿等办法，在县城建起了儿童公园、世纪大道广场、西山森林公园等标准的集绿化、健身、娱乐于一体的休闲广场；在农村建起了永静城、河曲堡、东庄、八里庄等一批绿色文明家园，全县上下形成了生态建设与新农村建设同步发展的格局。

县委、县政府对在建的新农村建设进行了高起点的规划和布局，"四化"工作全部完成。在资金使用上，根据当地的实际情况，拓宽筹资渠道，采取"县补一点、乡出一点、人力资源筹一点、矿企帮一点、村民集一点"的"五点制"统筹资金，形成全社会关心支持新农村建设的良好氛围。13个乡镇都高标准打造了自己的示范村。全县部分村还修建了集文化、休闲于一体的村庄公园达20个，"户户通"工程完成477810平方米，主街道亮化安装路灯1200盏，村庄绿化完成290450株，文化室、村级卫生所、便民连锁店、农民健身场所、标准化小学、基层党组织活动阵地全部建成，各村的人居环境大为改善。

生态农业是生态建设的重要组成部分。奶牛养殖是全县的一大支柱产业。在奶牛养殖大村古城镇胡瞳村，群众用秸秆饲养奶牛，白花花的牛奶为群众换回了钞票，群众利用牛粪发展沼气，沼渣沼液又用作肥料。生态农业使该村群众过上了幸福生活。

山阴县把"沼气工程"建设作为建设社会主义新农村的一项重要内容，并把沼气建设列入干部考核机制中，科学规划、政策扶持、加强管理、整体推进，大力实施沼气富民工程，全县累

山阴风光

广武汉墓群

计完成沼气建设2150户,取得了良好的经济效益、生态效益和社会效益,实现了农户、生态、经济三赢的良好格局。

为了彻底改变多年来人畜混居的状况,山阴县大力开展了人畜分离奶牛示范养殖区建设工程。全县共建成高标准人畜分离奶牛养殖示范小区六处,分别在古城镇芦岭村、马营庄乡八里庄村、南辛寨村、后所乡南万庄村、南辛庄村和北周庄镇永静城村。6处小区总投资850万元,县财政配套资金150万元,建牛舍32栋12690平方米,奶站6栋2600平方米,管理房7栋1928平方米,青贮窖11个11360立方米,并均已建起围墙、实施封闭式管理,小区"三通"即通水、通电、通路。同时建有兽医室、配种室、病牛隔离室等,每个小区可入园奶农20户,奶牛300头以上。同时新建480个青贮窖,完成秸秆青贮7.2万方,总投资240万元,县财政配套资金100万元。这种养牛专业合作社园区形式很好,可以将人畜分离,不仅改善人居环境,而且还逐步扩大养殖规模,提高养殖水平,向产业化方向发展。

三、大力发展社会事业,着力保障和改善民生,解决群众的热点难点问题。

发展社会事业,关注民生问题是山阴县委、县政府实现社会和谐的又一实招。县城供水、农村饮水、城市建设、医疗统筹和救助实事都与老百姓切身利益密切相关,成了该县惠民的主体工程。全县各类社会保险参保人数达到8.86万人,2008年征缴基金1.03亿元,累计滚存结余基金1.55亿元。全年为1.38万人发放城市低保1920万元,为1.3万人发放农村低保797.3万元,为1.9万名65周岁以上农村居民发放生活补助348.6万元,五保户应保尽保,农村特困群众得到了大病救助。加大财政补贴、宏观统筹协调力度,保障了冬季供暖民用煤不涨价。财政投资665万元,新建、改扩建12所乡镇卫生院,10所竣工验收,40个村卫生所达标。15.1万名农民参加了新型农村合作医疗,参合率85.5%。深入开展"进万户门、解万家难、暖万人心"活动,慰问困难户2935户1.98万人,发放慰问金、慰问物资合计100多万元。

多年来,县城供水严重不足,日用水量10000多吨,而供水能力仅3000多吨,居民饮水难、用水难成一大社会问题。县委、县政府把解决群众吃水难列入为民办的实事之一。

化工厂

一是启动了南山引水工程。南山引水工程是山阴县有史以来投资最多、规模最大的一项公益事业。工程以县域南部翠微山脚下水峪口沟露泉水为水源，修建截潜流工程将径流汇聚，主干线途经后所、薛圐圙、安荣、岱岳等四个乡10个行政村和农牧场地界，通过输水管道并加压送往下游各用水单位和村庄。工程预计总投资约9500万元，县财政投资3200万元。全部工程分两期实施，第一期主要完成输水工程，利用秋季农民庄稼收割以后地块闲置的有利时机突击完成输水管路的铺设；二期工程，启动水源工程和入户工程。目前二期工程已近尾声。工程竣工后，预计日供水能力达到1.5万吨，不仅可以解决县城用水紧张状况，而且可以保证5个乡镇，30个村庄，25300口人，10800头大畜喝上符合国家饮用卫生标准的安全水。

山阴风光

二是农村安全饮水工程。全县共新打机井8眼，新修蓄水池4座，管理房108平方米，管线开挖37.8公里，铺设管线37.6公里，阀门井128眼，配套水泵8套，低压线1.44公里。实现自来水入户1500户，共解决1.6万口人，3200头大畜的饮水问题，工程总投资621万元，其中中央资金225万元，省级配套资金128万元，市级配套资金30万元，县级配套资金61万元，乡村群众自筹177万元。

"进万户门、解万家难、暖万人心"活动在全县如火如荼地展开，如股股暖流涌入寻常百姓家中。山阴县四大班子领导分15组深入全县13个乡镇和2个管委会，县直机关、厂矿、企事业单位组织了257个工作队深入农村第一线，及时地把党和政府的温暖送到了广大农民群众中。

山阴牌楼

印象朔州

怀仁县：云中大地披锦绣

怀仁县地处雁门关外，大同盆地中部，是朔州市的东北大门。全县三分山、七分川，总面积1230平方公里，辖10个乡镇，162个行政村，总人口30万，其中在县城居住的人口15万。

近年来，怀仁县委、县政府坚持以科学发展观为指导，团结带领全县广大党员干部群众，解放思想，与时俱进，抢抓机遇，奋力拼搏，开创了全县经济社会又好又快发展的新局面，在加快构建富裕文明、和谐稳定、功能齐全、环境优美新怀仁的道路上迈出了坚实的步伐。从2000年开始，该县各项主要经济指标一直保持着持续增长的态势。到2004年，财政总收入猛增一个亿，达到3.02亿元；2005年实现翻番，达到6.3亿元；2006年地区生产总值完成57.3亿元，财政总收入突破10亿元大关，经济和社会发展综合指数在全省119个县（市）中进入前十名，连续两年跨入中国中部百强县和环渤海循环经济竞争力百强县行列。

2008年该县地区生产总值完成88亿元，同比增长11.3%；财政总收入17.8亿元，同比增长35%；一般预算收入5.3亿元，同比增长35%；城镇居民人均可支配收入14322元，同比增长21%；农民人均纯收入6509元，同比增长16.6%；社会消费品零售总额28亿元，同比增长20.7%；全社会固定资产投资40亿元，同比增长16.8%，一个对外开放、协调发展、全面繁荣的新怀仁正站在新的历史起点上，昂首阔步，开始了厚积薄发、加速崛起的新征程……

引擎带动大发展

工业强，经济才强；工业强，发展才有希望。近几年来，怀仁县委、县政府按照"工业强县"的战略部署，审时度势定方针，

精彩朔州

怀仁县城鸟瞰

深谋远虑作决策，吹响了向新型工业化进军的嘹亮号角。

近两年来，怀仁县把工业发展的着力点放在项目的引进和建设上，紧密结合县情实际，对外抓引进，向内抓聚集，不断加大项目建设力度，并从中寻求产业结构的优化配置。在这条主旋律的引导下，联顺玺达集团公司300万吨洗煤厂、天津津生有限公司2万吨大列、芦子沟煤业有限公司120万吨矿井改扩建、峙峰山煤业有限公司120万吨矿井改扩建、出口煤站万吨大列延伸、城北110千伏变电站、兆亿陶瓷有限公司一期工程、佳和陶瓷厂、玉龙化工有限公司甲基肼和三嗪环生产线、同星抗生素有限公司一期土霉素生产线等一系列紧紧把握市场投资导向的大项目纷纷建成，为该县工业发展注入了新的活力。

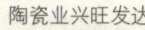

陶瓷业兴旺发达

怀仁县是朔同地区的煤炭大县，煤炭工业对全县工业的良好运行起着至关重要的作用。通过一系列大项目的开工建设，该县煤炭资源整合工作也取得了重大进展。通过整合，全县的煤矿数量由36座整合为12座，关井率达到68.4%，煤炭资源回收率攀升到了75%，安全生产水平也有了显著提高。其中以芦子沟煤矿、峙峰山煤矿的效果最为突出，这两座煤矿分别由年产

47

印象朔州

30万吨和45万吨提高到了年产120万吨。项目建设带动的产业优化，有效推动了工业生产的快速增长，也为该县工业可持续发展提供了强大动力。

在实施"工业强县"战略中，怀仁县以市场需求为导向，积极组织和引导传统工业企业引进先进适用技术，加快技术改造步伐，大力开发新产品，优化产品结构，提升现有企业的整体水平，不断增强企业的创新能力和市场竞争力，取得了良好效果。怀仁县利达公司面对砖瓦企业生产成本高、市场需求疲软的现状，利用煤矸石研制成功市场上流行的山东红砖，效益可观。同时，按照国家2009年要对实心粘土砖生产进行淘汰的规定，利达公司又在现有设备基础上开发出了可替代实心粘土砖的新产品，此举对引导该县砖瓦行业可持续发展起到了良好的示范作用，这也成为该县工业企业技术创新的一个缩影。

锦绣大地唱丰歌

用工业理念谋划农业，培育特色农业是怀仁县委、县政府一贯坚持的农业方针。从2005年开始，他们一方面加强农村基础设施和公共事业建设，夯实农业基础，增强农业生产能力；一方面针对各村实际，按照"一村一品"的规划，

南小寨育肥羊养殖园

大力培育农村特色产业。现在，在怀仁县境内，像南小寨、尚希庄、边店、何家堡等一大批各具特色的育肥羊屠宰加工村、无公害蔬菜村、暖棚养猪村、反季蔬菜村、煤炭物流村、药材村正逐步形成。全县162个行政村，70%都形成了一个特色鲜明的主导产业，80%的农户都有一项增收致富的发展项目，初步形成了机械加工、特色农业、物流运营等各具特色的经济板块。

在发展特色农业的同时，该县还启动建设了现代农业园区综合区域示范工程，沿大运二级公路，以金沙滩、新家园、何家堡为中心，辐射30个村庄3.6万农村人口。他们通过整合各涉农部门项目和资金，每年投资1亿元左右，将这一区域建成田林路、井渠电、棚圈气相配套，种养加、产供销一体化的示范区，从而提高了基地规模效益。2009年，投资6500万元培育建设的现代农业综合园区共新建各类大棚1062个，人畜分离小区11个，配套青贮窖380个，有效地带动了农业增效、农民增收。

谈起农民专业合作社，怀仁县云中镇秦城村村民张世诚的脸上写满幸福，"如今，我们合作社的名声可不小了，不仅方便了乡亲，也富裕了社员！"自2007年《农民专业合作社法》实施以来，怀仁县委、县政府通过强力扶持和规范运作，使全县的农民专业合作社蓬勃发展，农民组织化程度不断提高。农业合作经营的实践方式大大提高了农户抵御市场风险的能力，同时也为当地农业增效、农民增收提供了强大的动力。这其中，以怀仁县赵麻寨村"集体牵头、两地合作、群众受益"的创新实践模式最为典型。这个村集体调出300多亩土地入股，依托蔬菜专业合作社从山东寿光聘请回多名技术人员，以技术入股，按指导年限分红，合作社社员参与生

精彩 朔州

怀仁县云馨苑住宅小区一角

产按投入分红，有效地把村集体、合作社、农民、技术人员四个方面的资源进行了优化组合，较好地解决了园区建设土地、资金、技术、市场等现实问题，实现了四方共赢。

该县登记在册的农民专业合作社共有181户，包括种植业、畜牧业等多种行业，有力的促进了农村经济健康、可持续发展。

靓丽新城入画来

自从怀仁县迎宾广场竣工后，家住四化南路的退休职工王英梅无处锻炼身体的苦恼就迎刃而解。城建工作的不断推进、城市功能的日臻完善，让像王英梅一样的怀仁居民切实感受到了城市建设带来舒适与便利。

几年来，怀仁县以"西改东移、北控南扩"为发展重点，高起点规划，高标准建设，高效能管理，不断创新城建理念，改善人居环境。近10年，怀仁县城市建设累计投资近50亿元，新增城市绿化面积200多万平方米，新增道路面积180多万平方米，新增住宅面积260多万平方米。昔日默默无闻的塞外小城，逐渐成为人居、创业、投资的热土。

市民需求是城市建设的方向。住房，是居民生活的必备要素，也是城市建设的根本所在，要打造靓丽新城就必须首先满足居民最基本的生活需求。该县实施了有史以来面积最大、难度最

现代化农业

印象 朔州

怀仁金沙滩生态旅游区

大、进度最快的云州东街旧城拆迁改造工程,总拆迁面积1318万平方米,涉及拆迁居民1856户,并将旧城改造之初的"拆墙透绿、见缝插绿"引深为"留地造绿、规划造绿",将山、水、城、林资源有机组合,形成了草皮、草花、松柏、杨柳组成的梯次绿化格局。

基础设施是城市发展的基础。怀仁县把加快城市基础设施建设作为拉动经济发展的中心环节来抓,以水、电、路、绿、亮为重点,快速推进基础设施建设,城市综合承载功能明显增强。2004年以来,怀仁县斥资29.7亿元,先后开通了长征路、北环路、南环路等城市骨干道路。以东环路、长征路等为主的纵线建设和以南二环路、北环路等为主的横线建设已经成为怀仁城市交通的最靓点,这些骨干道路都是双向8车道的高标准路面,如一条条彩虹,使怀仁和环渤海经济圈的联系更加紧密。现在,从怀仁出发,驱车前往大同只用15分钟,到首都北京和省城太原也用不了3小时车程。不仅如此,县城内30余条支线的改扩建工程也相继完成,使城市通车总里程达74.3公里,基本形成了旧城改造区和云东新区城市主体框架的城市交通网络。县城建成区面积由18.1平方公里逐步扩大到50平方公里,人居环境和招商环境得到极大改善。

随着城市道路建设的逐步完善,城市绿化也在同步跟进。完成了总里程达65.4公里的绿化美化任务,栽植各种花草树木75万余株,种植各种草花10万平方米,直接新增城市绿化面积达24.5万平方米,城市绿化覆盖率达到35.34%,绿地率达到29.95%,人均公共绿地面积达6.05平方米。

百舸争流千帆发

自2004年该县制定和实施了产业结构调整"155414"工程以来,服务业就被作为一项战略任务列入其中。经过多年不懈的努力,该县服务业水平得到了全面提升。在做强做大传统服务业方面,这个县的煤炭集运销售已形成较为完整的产业规模,建成设施完备的大型发煤站18座,年发运能力达6000万吨,一跃成为山西北部煤炭运销的中心枢纽。

在延伸主导产业带动服务业的同时,商贸流通和物流业也增长强劲,截止到2008年年底,该县共有商贸流通企业750户,个体工商户6257户;拥有大型商场8家,各类大中型专业批发市场18个。旅游业方面,怀仁县重点开发建设的清凉山生态旅游区、金沙滩生态旅游区、永宁寺佛教文化旅游区和两狼山生态旅游区等旅游景点,成为拉动县域经济增长的支柱产业之一。交通运输上,他们建成了铁路公路联运,网络四通八达的运输体系。新建农村公路280公里,实现了100%行政村通油路(水泥路)和100%行政村通客运班车。商贸物流方面,该县因地制宜,以煤炭、陶瓷、成品油、建材及特色农副产品为重点,高标准地建设了一批辐射周边的专业化、综合化批发市场。在信息化建设方面,全县有线电视光缆主干线达到40公里,有线电视用户15000户。数字化光缆网络已覆盖县城、部分乡镇的机关、企事业单位和住宅小区。在全县服务业产值不断增长同时,区域分工逐渐强化,其空间分布也逐渐明晰。新华路、新建路、迎宾街等一批服务业相对聚集的区域,专业市场和特色区街建设成为该县城市建设上一道靓丽的风景。

在发展农村服务业上,该县加快了公共服务设施向农村延伸的步伐,新农村建设试点村和重点推进村都建起了文化科技活动室和农民健身场地,建起了卫生所、标准化小学、便民超市和农家连锁店。农民的教育、医疗、卫生、保险等有了初步保障。与此同时,服务业的社会功能也在不断增强,不仅吸纳了新增就业人口,而且还承接了从一、二产业转移出来的就业需求。服务业从业人员占全部从业人员的比重达35%。服务性产品实现了多样化,公共服务范围进一步扩大。

拓展城市空间 丰富城市内涵

文化节邀四海宾朋齐聚怀仁共谋发展

应县塔前街

应县：塔乡今日更风流

应县地处塞外高原，是朔州市的东大门。全县一分山，二分川，国土总面积1708平方公里，辖12个乡镇、298个行政村，总人口30万人。这里历史积淀丰厚，人文荟萃，英才辈出，是一块充满希望的热土。

工业强县迈开步伐

应县是传统的农业大县、工业小县，历史上工业基础薄弱，产品比较单一。2004年，县委、县政府审时度势，科学决策，因地制宜地提出"推进五大创业工程，实现全面振兴目标"的总体思路，从而吹响了向工业强县迈进的号角。

应县县城东是食品工业区，主要有梨花春酿酒集团、中粮集团、雅士利乳业、玉雄淀粉、祥龙啤酒有限公司；县城东南配套30多家蔬菜加工企业；县城南部主要集中陶瓷和水泥生产企业；城北依托在建火车站，建设集矿产品精深加工区科技型工业区和行政综合服务区为一体的新型工业园区。合理布局为工业经济的发展奠定了坚实的基础。

为充实工业园区内涵，应县整合县内各种资源，大张旗鼓地走"招商兴工、工业兴县"这步棋，在全县上下大力营造亲商、安商、富商的良好氛围，倡导"人人是形象，人人是环境"的理念，健全了招商引资网络和服务平台。在招商引资过程中，设立了"绿色门槛"准入制，落实环保第一审批权，坚决把住企业准入关，防止了能耗高、污染重的企业进入，优先引进能

精彩朔州

耗小、排污少和精深加工的循环经济工业项目。近年来，全球500强企业中粮集团和乳业巨头雅士利等一大批优势企业落户应县，总投资达70多亿元。

中粮糖业和雅士利已正常运营。原料和基地建设渐趋完善，传统优势企业梨花春集团的新产品研发佳讯频传，礼品酒、保健酒、旅游纪念酒已经上市，陶瓷企业着力引进人才、技术，开发出了骨质瓷和旅游工艺品，实现了上档升级；12个蔬菜交易市场，年吞吐能力达7亿公斤，38座预冷库，26家蔬菜脱水加工厂，贮存保鲜加工能力达20万吨，仅蔬菜加工一项，使全县5万多农户走上了以菜生财之路，全县围绕蔬菜兴起500多家餐饮、住宿、包装、中介、运输等三产企业，转移农村劳动力2.4万人。形成了农业、工业相互促进的良性循环经济发展新格局。

旧城改造深得民心

应县县城历史悠久，文化底蕴特别深厚。然而随着时代的变迁、时间的推移，木塔脚下，残垣断壁，污水横流，县城居民的生活环境每况愈下，古老城镇的文化内涵荡然无存，不仅影响对外形象，更影响经济发展。

县委、县政府一班人通过深入调查社情民意，决定从旧城改造入手，彻底改善木塔的周边环境，打造雁门关外人居环境最优城镇。

仅仅用了13个月时间，应县旧城改造完成涉及拆迁规划面积17.23万平方米，和谐拆迁了房屋9115间，并建起了121幢辽金风情的建筑、14个温馨宜人的住宅小区。祖祖辈辈居住在低矮破旧小平房的居民全部搬入宽敞明亮、设施齐备的新楼房。

旧城改造后，基础设施随之完善，完成城市道路建设和改造工程12条33公里，形成东西南北7纵5横城市主干道，其中一条宽40米的迎宾路以靓丽的身姿将四方宾客迎到了举世无双的释迦塔下。目前，回迁居民已实现集体供暖、天然气进户，享受到了水电、通讯、互联网等各种服务，城市绿化率达到23.4%，污水处理项目和无害化垃圾处理工程已正常运营，旧城改造区已经形成了一个规划科学、功能齐备的花园新城，逐渐成为人居、创业、投资、旅游的热土。商业文化氛围日益浓厚，商业文化功能不断提升，全县商业、饮食、文化、旅游等第三产业迅猛发展。

2007年10月，应县又启动了旧城改造二期工程，涉及拆迁户216户776人，拆迁面积31102平方米。目前，主建筑释迦塔文物馆土建工程已经竣工。文物馆为国家一类建筑，同时也是国内

梨花春酿酒集团

印象朔州

目前建设的最大的宫殿式建筑。其主要功能是保存和展出释迦塔内出土的珍贵文物，它取宫阙殿宇之恢宏气势，彰显唐辽建筑之雍荣风韵，与楼阁式的释迦塔交相辉映，构成了佛教至尊圣地和驰名旅游观光目的地。

2007年3月，中共中央政治局常委、全国政协主席贾庆林来应县考察调研，认为应县的旧城改造经验值得总结和推广。从2008到现在，来应县取经的省内外团队达50多个。

现代农业魅力无穷

应县是传统的农业大县，是全国523个商品粮生产基地之一，全县现有耕地110万亩，主要农作物有蔬菜、玉米、甜菜等。

近年来，应县充分挖掘潜在的农业优势，从大农业的格局出发，初步形成了粮食、蔬菜、甜菜、奶牛、牧草、林果

县城一角

六大特色产业基地。在发展模式上则注重以城镇化带动农村，以产业化提升农业，以知识化培训农民。调整优化农业结构，大力发展现代农业，使应县的农业增长方式由单纯依靠种养转移到提高资源利用率上来。玉米是应县的主要粮食作物，该县结合玉米优势基地县项目实施，大力发展专用型玉米，重点发展高蛋白饲料玉米、加工型高淀粉玉米和冷贮礼品型鲜糯玉米。现在全县的45万亩玉米已实现了围绕养殖业、加工业、鲜食型方向生产的转移。蔬菜产业是应县农民收入的当家产业，目前，应县的胡萝卜、青椒、架豆、马铃薯等品种已获得国家质量认证，"应州绿"蔬菜已成为客户的抢手货，远销26个省市。围绕优势服务，做强基地，做活市场，做大龙头，做深加工，分级包装和精深加工，实现了蔬菜的产业化经营和品牌效益。应县已成为晋北地区最大的蔬菜生产基地，建成了华北地区最大的蔬菜产地批发交易市场。

农业工业化也是应县发展的新突破。在发展奶牛养殖、蔬菜、甜菜种植上，着手引导农民扩大生产规模，提升科技含量，更新品种，提高种养效益。通过创新推动产业发展经营模式，积极发展农业专业合作社，建立贸工农一体化、产加销一条龙的产业体系。

与此同时，应县积极争取国家农业综合开发项目和土地开发整理项目。投资2264.8万元，完成了大临河乡、镇子梁乡、下马峪乡的农业综合开发工程；投资900万元完成了1.7万亩中低产田

应县木塔

希望的田野

改造工程；投资570万元，完成1.26万亩高效节水工程和1.5万亩牧草地水利配套工程；投资182.4万元，完成2506.9亩土地开发整理项目，进一步改善了农业生产条件。2008年，全县农村经济总收入达到24.75亿元，比上年增加9.19%，农民人均纯收入3946元，比上年增19.28%。

新农村建设生机勃发

近年来，借助改革开放这股春风，应县县委、县政府紧紧围绕"生产发展、生活宽裕、乡村文明、村容整洁、管理民主"的"二十字"方针，不断夯实农村基础设施，提倡文明乡村新风尚，健全乡村民主管理机制。如今，希望的种子已经绽放出幸福的花朵，农村也随之展开了靓丽的画卷。

一首新民谣道出了个中的沧桑巨变：新农村来气象新，干群同念致富经；家家都有致富路，特色产业富一村。新农村来环境新，户户房前杨柳荫；出门都是水泥路，干净整洁人精神。新农村来除陋习，不再随处扔垃圾；衣服不在门前晾，柴草屋后放整齐。新农村来习惯新，沼气用起很方便；煮饭点灯烧热水，改厨改厕贴瓷砖……通过这首民谣，我们可以看到应县近年来在新农村建设上巨大的作为。全县累计投入2亿多元，实施水泥路工程460公里，建设沼气池1500个，新增安全饮水户3000户，改房150间，改厕1300个，新增公共绿地300万平方米，清理垃圾污泥5100余吨，新建小康住宅5000余间，整修残墙断壁4300平方米，安装路灯980盏，粉刷墙面13万平方米，统一配备铁制垃圾箱800个。同时，应县还与省移动公司合作，投资6000多万元，实现一线三网进村200个，农村信息化工作走在了全国前列。

为了给新农村建设提供人才和智力支持，培育新型农民及致富领头雁是当务之急。近年来，应县先后实施了文化素质提升工程。通过加快农村科技文化阵地建设，大力开展多种形式的科技文化培训活动，全县80%的农民接受了无公害蔬菜种植、丰产玉米、奶牛养殖等专业知识培训，造就了一批"土"专家、"田"秀才，有力地推动了农业产业化和"一村一品"的快速发展。实施经营素质提升工程。通过加快发展农村

印象 朔州

新型合作经济组织，提高组织化程度，拓展产加销渠道，最大限度地缩短农户与市场的距离，使农民尽可能多地得到实惠。全县现已累计发展农村合作经济组织（协会）210个，经纪人队伍达到了1000人，发展会员8800人，带动基地农户19900户。实施健康素质提升工程。全县新型农村合作医疗参合率达92%，新建了11所乡镇卫生院，配备了340个村级卫生所。两年投资3000多万元新建农村寄宿制小学26所。2009年又重点完成了投资1800万元的席家堡集中供水工程，农村人员基本实现了饮水安全。实施道德素质提升工程。在全县持久地开展了创建"文明镇"、"文明村"、"五好文明家庭"、"文明信用农户"、"计生新农家"等系列活动和多种形式的"破陋习、树新风"活动，弘扬良好的社会公德和家庭美德，倡导健康文明的生活方式，全县65%的村庄进入了县以上文明村行列，85%的农户达到了星级文明户的标准。在2009年刚刚结束的全国文明乡镇评选活动中，南河种镇被省文明办推荐为全国文明乡镇。实施法律素质提升工程。普及法律知识，加强依法行政，民主管

生态文明

理，健全村民自治机制，完善村务公开制度，下功夫解决了一大批群众普遍关心的热点难点问题。让群众有了知情权、参与权、选择权、监督权和决策权，维护了农村的稳定和谐。

数字应县：1978年，应县的农村经济总收入是3350.6万元，农民人均纯收入135元，财政收入480.7万元，国内生产总值5411.07万元，城镇居民收入246元，工业总产值2060.42万元。到2008年，这几项主要指标分别是：农村经济总收入24亿元，农民人均纯收入3804元，财政收入1.6亿元，国内生产总值18.2亿元，城镇居民收入8064元，工业总产值12亿元。增长幅度至少在25倍以上。

荣誉应县：近年来，应县先后获得了"全国粮食生产百佳县"、"全国造林绿化先进县"、"全国党建工作先进县"、"山西省粮食生产先进县"、山西省农建"禹王杯"等50多个省级以上荣誉。

应县古建一条街

精彩朔州

右玉县：塞上绿洲风光好

生态右玉

右玉县地处山西省西北部，晋蒙交界之处，有塞上绿洲之称，是国家级生态示范区、全国绿化模范县、山西省生态建设红旗县。就是这个仅有10.8万人口的偏远、贫穷、艰苦的国定贫困县，朔州建市以来，发生了翻天覆地的变化，特别是近年来，随着新型煤电能源、绿色生态畜牧、特色生态旅游三大基地建设不断深入推进，右玉县魅力四射、声名鹊起。城市建设日新月异，人居环境日益改善，人民生活水平节节攀升，可持续发展增长速度位居全省第一……

工业拓出新天地

建市20年来，是右玉工业经济高速度发展的20年。从过去的榨油、酿醋、造酒等小打小闹的手工作坊到如今的国际国内知名的大企业大集团扎堆而来；从过去的单一片面到近年来的大而全；从过去的地面地下工业双弱到如今的勃勃生机。20年来，工业就象一台大功率的引擎牵引着右玉这艘航船驶向远方。2008年，全县工业企业总产值93707万元，同比增长38.7%；工业增加值41895万元，增长21%；全县工业企业实现利税27438万元，增长了113%。

按照"培育优势产业、壮大骨干企业、建设重大项目"的思路，依托丰富的矿产、风能、农副产品等特色资源优势，推

57

印 象 朔 州

绿色右玉

进深度开发,做长产业链,提高产品附加值,优化产业布局,提升产业水平,形成产业优势,全县在发展优势产业和骨干企业上取得了突破。

同煤集团、北京能源总公司、省乡镇煤运公司等一些大企业、大集团,通过收购、兼并、重组等手段,整合原来的小煤矿,努力向现代化大型矿井方向迈进,煤炭年开采量达500多万吨。

右玉县小五台4.125万千瓦风力发电厂,5台高68米、风轮直径64米的机组一次性成功并网发电,这标志着山西省实现了风力发电零的突破。引进的汇源、六味斋、中大科技等省内外知名企业,带动了全县小杂粮、油料、畜产品进行精细加工和深度开发。山西汇源饮料集团公司在右玉独资建设上市公司,将实现右玉上市公司零的突破。近几年,右玉县主动出击,在"西洽会"、"沪洽会"等各种经贸洽谈会上收获颇

精彩朔州

丰，全县累计引进实施了42个工业项目，总投资达到150多亿元，相当于建国以来全县工业项目技改扩建投资的总和。其中投资5000万元的项目有26个，建成投产的项目有17个，在建、新开工、拟建的项目有30个。开工建设了同煤铁丰铁路运煤专线、北京能源投资集团公司2×30万千瓦煤矸石电厂、大同到呼市高速公路右卫段、海子湾水库等四大翻身项目，建成以精煤、洗煤、电力输出为主的新型能源基地。在项目建设的强力支撑拉动下，全县的工业发展开始进入总量增长和规模扩张并举的新阶段。

生态畜牧潜力足

右玉人民在历届县委、县政府的组织带领下，大力改善生态环境。自1978年右玉县被列入了"三北"防护林建设重点县后，全县育林面积达150多万亩，森林覆盖率达到50%，成为全

印象朔州

苍头河吊桥

国闻名的"塞上绿洲"。

依托良好的生态环境，积极鼓励农民种草养畜，走以牧为主、农林牧协调发展的道路，使得右玉县走上了"生态畜牧立县"的发展道路，畜牧业得到了空前的发展。1990年全县牲畜存栏大牲畜达2.8万头、羊10万只、猪1.2万口，随着改革开放的深入，市场经济的拉动，畜牧业在右玉县开始作为发展农村经济的一支主导产业，成为政府工作的主抓方向。1998年，右玉县建起了全省最大的集活羊交易、屠宰加工、畜产品销售为一体的畜产品专业市场——玉羊市场，并在此基础上组建起了玉羊畜产实业有限公司。1999年底，全县养羊达35万只，畜牧业在农村经济的发展格局中已是"三分天下有其一"，畜牧业的收入占到农民收入的四成以上。进入新世纪，"舍饲圈养、围栏轮牧、划区散养"成为右玉传统林牧业向现代林牧业跨越的"三大发展模式"，"退耕还林还草还牧、农民进城、牲畜进圈、林草进田"的"一退三还三进"战略措施，使右玉构起了"绿化带、生态园、风景线、示范片、种苗圃"相结合的生态网络，农村经济基本实现了"四个一半"的崭新格局，即林地面积占国土面积的一半，种草面积占到耕地面积的一半，畜牧业收入占到农民人均收入的一半，生态畜牧产值占到全县国内生产总值的一半。

全县按照"普遍养羊、重点养牛、兼顾其他"的思路，全县实施了"退耕还草、舍饲圈养、检疫免疫、良种繁育、服务体系建设"六大兴牧工程。每年种植多年生牧草5万亩，当年生牧草15

南山森林公园

60

万亩。大力实施了"百万羔羊育肥工程",依托宏宇牧业种羊繁育基地,共铺开人工授精改良示范点5个,完成优种羊繁育2万只,改良本地绵羊达10万只。2008年底,全县羊的饲养量达到66万只,共建起16个圈养羊示范村,养羊大户高达600多个。利用世行贷款、黄牛改良技术、奶牛冷配技术,还大力发展了奶牛养殖产业,2008年底,全县奶牛饲养量达11400头,大牲畜饲养量达4.9万头,右玉的生态畜牧经济形成了"企业外拓市场内促种养,农民依托企业持续增收"的良性发展态势。

农村建设天地新

新农村建设过程中,右玉县按照"城镇依托、工矿带动、移民搬迁、村庄合并、旧村改造、旅游开发"六种新农村建设模式,着力推进"一乡一业、一村一品"的产业化格局。特别是注重在基础设施建设上下功夫,对试点村和清理整治村,实行了高标准、高质量实地规化设计,实施了"四清四改四化"工程,同时,对现有供水工程进行了大力改造,利用境内的小泉小水,加大了集中连片供水工程建设。以沼气作为农村新能源,县乡连动,出台优惠政策,为每户农户补贴资金1200多元,把沼气建设与舍饲圈养、改厕改水等基础设施建设有机结合起来。沼气的使用,让农村昔日脏乱差的面貌得到了彻底改变。沼气让村民变富了、让农家变美了、让厨房变卫生了,全县已建成沼气池1250多座。开展了以生态建设为主抓手的"四化"建设,实施了营林种草、景区景点道路绿化、项目造林、流域治理、镇村绿化、苗圃建设、围栏封育八大生态建设环保工程,引进了30多个品种50多万株名优树种及花草,绿化村庄,点缀广场,美化公园,形成了村村有特色、乡乡各不同的新农村建设

风格。在道路交通建设方面,已完成村村通水泥路800多公里。"四网"建设成就显著,在董半川新建了11万伏变电站,启动实施了"村村通无线电话"工程,新建了基站10座,增加了有线电视的覆盖面,全县形成了乡乡有电脑、村村通电话电视的"三电"合一喜人格局。随着社会主义新农村建设步伐的逐步加快,全县农民正在享受着现代生活的气息。

满园奇葩竞相开

右玉县的文化事业随着县域经济的快速发展也有了长足的进步。

不断挖掘积淀深厚的历史文化,大力繁荣文艺事业。出版了《杀虎口与中国北部边疆》一书,创办了文学季刊《西口文艺》,制作了画册《玉蕴西口》和电视专题片《荒原绣绿》,完成了电视剧《西口长歌》、《重返杀虎口》的拍摄。

成功举办了迎重阳中老年文体健身观摩活动、社区文化艺术节,筹建起了百人规模的昭君出塞锣鼓队。以"农民演、演农民"为活动内容的"农民文艺汇演"、"农村文体活动竞赛"已成为了右玉农民闲时活动的重头戏。

全县健全了文化网络,完成了10个乡镇的文化站和30个村文化室、文化大院的建设,配套完善了电视、电脑、DVD等乡村文化设施;投

农民生活

印象朔州

资800万元，建起建筑面积达5000平方米的县宣传文化活动中心。整合县乡图书资源，在全县建起了50个"流动图书馆（室）"，有50%的村庄建成了规范化"流动书室（屋）"，实行图书流动共享。并将文化基础设施纳入城乡建设规划，实施了县城、镇村和企业"三位一体"文化设施建设工程。建成了广电中心大楼，节目录播实现了数字化；投入巨资，建起了占地2.8万平方米的南街体育广场。众多的文化设施促进了全县人民丰富多彩的文化生活。

关注民生促和谐

右玉县的医疗卫生、教育及社会保障事业均实现了长足的进步，逐渐走上了蓬勃发展的道路。

从构建社会保障体系入手，推进社会各项公益事业协调发展，不断扩大城乡低保、养老、医疗、失业等社会保险覆盖面。30年间，全县共投入各项社会保障基金近亿元，使1500多户3200多名城镇居民、3269户近5000名农村特困人口得到最低生活保障。2009年又解决了近1000户困难群众的住房问题。对连续工作10年或累计工作15年的离任农村支部书记，列入农村低保对象。实施了对全县65岁以上的农村老人给予每人每天1元补助。

在医疗卫生方面，全面启动实施了农村新型合作医疗和农村医疗救助制度，启动实施了城市医疗救助工作，使未参加城镇职工基本医疗保险的城市低保人员和其他特殊困难群众均列入医疗救助范围。全县农村新型合作医疗参合率达到85.3%，覆盖率达到100%，为参合农民补偿医疗费260多万元，让全县8万多农民再不为看病发愁。为了切实提升全县的医疗硬件水平，又启动实施了右玉县医院住院大楼新建工程；完成了3所中心乡镇卫生院和25所村级医疗卫生室达标建设，并配备了150万元医疗设备。医疗硬件水平的提升，真正使全县人民的生命健康得到了更好的保障。

在教育方面，随着教育投入力度的加大，基础设施不断夯实。以高中教育为"龙头"，全面推进教育综合改革，努力增强教育发展的内在活力，加强教育教学管理，不断引深改革成果。同时，增加了全县学前教育、职业教育、教师培训、扫盲教育等方面的投入。全县不断完善教育体制机制建设，建立起党政议教制度，实施了教育目标责任制，完善了教育督导评估制度，积极推行校长聘任制和提名组阁制、教师全员聘任制、教职工结构工资制。多项长效机制的完善，极大地加快了全县的教育发展步伐。

希望与未来

精彩链接
三十项城市建设重点工程

　　2007年以来，朔州市委、市政府坚持以科学发展观为指导，围绕建设塞外最宜居、最宜发展城市的目标，先后铺开了30项城市建设重点工程。这些工程估算投资近50亿元，都是与人民群众的生产、生活密切相关的民生工程。随着这些工程的实施，城市形象、城市品位、城市功能将得到大的提升，"两宜"城市建设迈出了实质性的步伐。

　　一、朔州市博物馆位于大运路东侧，振华西街北侧，市委西区西南部。建筑造型以圆为主，隐喻历史车轮滚滚向前，同时与东侧的图书馆形成方圆呼应关系。主要功能是展示朔州历史文化及建市以来的发展历程，将成为收藏、展示、研究、咨询服务中心和对外文化交流的窗口。总建筑面积1.59万平方米，地上三层，局部地下一层，建筑高度22.20米。

　　二、朔州宾馆位于大运路东，安泰街南，市委西区西北部。建设标准为五星级酒店，酒店主楼外观为全玻璃幕墙，立面弧线象征风帆，隐喻一帆风顺的含义。建筑总面积约6.4万平方米。占地3.3公顷，26层，高度98.6米，设停车位300个，客房数438间，床位数632个。

　　三、朔州市新闻大楼位于安泰街南侧，市委西区东北部。建筑设计方案提取"叠层"、"信息"以及"大院"的概念，力图在诠释朔州地域文化

博物馆

的同时，体现媒体建筑的时代特征。建筑总面积3.3万平方米，占地3.1公顷。建筑高度82.7米，地上20层，地下2层。

　　四、朔州市文化艺术中心位于开发北路东侧，花卉广场北侧，七里河水库南侧，原儿童公园的扇行地块内。毗邻七里河公园，与七里河大桥相应成辉，地理位置十分优越，为朔州市的重要标志性建筑，该工程占地面积为52120平方米，总建筑面积30200平方米，建筑高度19.2米，层数为三层，局部设一层地下室，顶部及屋顶构架为钢结构，剧场现规模为中型乙等，电影院规模为小型丙类。

　　按功能划分有展厅、健身房、乒乓球房、网吧、超市、形体训练厅、老年活动厅、影视厅、剧场等，是集会展、商务、影剧演出和文化艺术培训于一体的综合性建筑。

新闻大楼

印象朔州

安泰街景观绿化工程

五、安泰街景观绿化工程位于市区北部，东起平朔生活区西门，西至大运路，分别与开发路，顺义路，大运路相交。安泰街景观绿化工程主要建设内容有：绿化、园路、景观照明等。全线长约1.3公里，该项目在考虑街道景观的统一整体性的同时，创造绿色生态走廊，具有良好的社会及环境效益，有助于进一步提升城市形象。

六、城市道路改造工程，为进一步拉开城市框架，提升城市整体形象，缓解城市交通压力，优化城市路网结构，市委、市政府从2007年以来，先后对9条城市道路进行了改造，这9条道路工程分别是顺义路，开发北路，民福西街西延、振武街、友谊街、民福西街、振华西街、市府街、鄱阳街西延工程。大运路市区段北起下团堡乡飞翔水泥厂，南至恢河公铁立交桥，全长8.94公里，按照高标准规划、高质量建设的要求，将建设成为一条贯通南北、承东启西、集商业、物流、贸易、仓储、休闲娱乐为主要功能的具有现代风格的城市主干道。道路宽度50米，其中：机动车道28米，为双向八车道，绿化带5米，非机动车道7米，人行道10米。供水、供热、供气和通信线路全部地沟埋设。这项道路工程的建设，对于完善城市功能，拉开城市框架，缓解市内交通，提升城市形象，拉动经济发展，将产生重要作用。

七、朔州市城市规划展馆被列为朔州市城市建设重点工程之一，选址在安泰街北侧，占地15亩，建筑总面积5500平方米。城市规划展馆作为城市的一项基础设施，建成运行后，不仅可以展示城市的现状和未来，更重要的通过这个窗口，可不断提高广大市民热爱城市，关心城市，监督和执行城市规划的自觉性和主动性。

八、朔州市公安大楼、交警大楼、消防大楼、强制戒毒所、民警训练基地等五个项目，是朔州市委、市政府2007年确定的十大城建重点工程之一，该工程位于朔州市安泰街北，顺义路西，

公安技侦大楼

总占地面积73500平方米，总建设面积65000平方米，总投资约1.5亿元。工程建成投入使用后，将使朔州市市级公安机关的基础设施得到根本改善，为保一方平安和构建和谐社会发挥重要作用。

九、朔州古城墙公园位于开发南路东侧，是北齐天保八年（公元557年）和元末明初的建筑。

古城墙公园工程

城墙平面呈正方形,南北长1100米,东西宽1050米,是我省现存较早的古城墙。项目规模为北起东门,东倚开发南路,南临南垣街,西至东南城角处,内临城墙,外接环城路。占地面积4.8公顷,其中,绿化用地3.6公顷。道路广场用地1.15公顷,园林建筑用地0.05公顷。2008年完成第一期东段区域的建设,面积45201平方米。

十、朔州豪德光彩贸易广场是香港豪德集团投资兴建的第13个大型综合性商贸物流园区,豪德集团实力雄厚,在商贸物流园区的建设上,有着15年的成功经验,先后开发、运营了赣州、吉安、宜春、景德镇、抚州、驻马店、信阳、开封、包头、潍坊、朝阳(在建)、运城(在建)等豪德贸易广场,创造了大型商贸物流园区从开发建设到经营管理的成套运作模式。朔州豪德光彩贸易广场位于朔州市大运路以西,古北西街延伸段以南,规划占地约1000亩,前期开发占地约300亩,投资约5亿元人民币,建筑面积约20万平方米,内有商铺1700套,设高级酒店、电子交易中心、电子监控中心、物流配送中心、商品展示中心、客运站、货运站、货运停车场、大型仓储区、高档居住社区等完善的配套服务设施;主要经营五金机电、建材、装饰材料、家具厨具、油漆化工、涂料、百货日化、文体用品、副食品、服装鞋帽、床上用品、通讯数码产品、土产日杂、工农业生产资料、农副产品等。该项目建成后,将形成集商品交易、物流配送、生活服务、休闲娱乐为一体的晋西北地区最大的商品物流集散中心,已列入"全国光彩事业重点项目"。

十一、恢河公园是改善城南市容市貌,提高城市品位,带动周边地区经济发展,建设美丽和谐新市区的一项民生工程。工程总投资9813万元,全长2.1公里,治理总面积1500亩,内有三座蓄水坝,形成水面600余亩,其中主体工程由北京科实园林工程设计所设计,绝对化铺装及景观面积5万平方米。内有凉亭6处,亲水平台1座,休闲广场5个。

十二、朔州火车站站房改造工程着重体现了朔州浓厚的"厚商、辽金文化"特色,在建筑

朔州火车站站房改造工程

的檐口及窗户中应用了长城文化的建筑元素,在色彩选择上运用了传统的红色,把山西传统的红窗花、红柜子抽象地体现在了建筑中。站房主体为两层,总建筑面积为8127平方米(改造前为1700平方米)。

朔州火车站迎宾广场占地面积为30500平方米,项目总投资3983万元。由北京市园林科

朔州豪德光彩贸易广场

学研究所规划设计,整个广场集城市门户、交通疏导、文化传播、迎宾游览为一体,以中轴对称形式,建设内容有中心景观广场、候车休闲广场、宾客休憩区、生态停车场,可为进出的旅客及广大市民提供一个优美的休憩、游览和开展各项公共活动的休闲场所。

十三、朔州旧城改造工程,总面积1平方公里。随着市区北部建设高速发展,处于市区南部的老城,在环境、交通、商业等各方面发展滞后。为此,市、区两级决定围绕"建设塞外最宜居最宜发展城市"目标,全面启动旧城改造工程,传承历史文化,提高城市品位。改造工程的总体规划充分体现了历史、生态、人文、发展四大理念,建设集商业、居住、旅游、休闲为一体的城市功能区和历史文化风貌区。按照"修旧如旧"和保护性开发的基本要求,对文庙、南门、城墙等一类保护对象,全部予以保留修复;对一类以下的部分特色民居建筑,有取有舍,进行异地集中建设保护。以崇福寺为中心,恢复重建尉迟恭祠堂、历史博物馆、牌楼、文昌阁等历史人文景观。建设高档的商业建设和中式民居四合院,融会六县区商务会馆,繁荣朔州经济、文化、商贸。此外,建设环城马道和社区医院、学校等,进一步完善城市功能。

人民公园

按照统一规划、合理布局、综合开发、配套建设、分期实施的方针,全部工程计划利用三年时间分三期基本改造完成。自2008年5月工程全面铺开以来,已完成南大街、庙前广场,以及其他零星地段拆迁面积30万平方米。涉及拆迁户1114户、拆迁单位40多家。改造工程已经全面铺开。

十四、人民公园占地27.85公顷,包括栽植、铺植、小品、花坛、园路、喷泉、绿化、停车场等内容,绿地率75.3%,总投资7940万元,是群众休闲活动的理想场所。图书馆、博物馆、行政中心、新闻大楼、五星级宾馆分布其间,总占地56公顷,形成一个兼具行政、文化、服务功能的中心区域。

十五、山西能源学院。以太原电力高等专科学院为基础创建山西能源学院,既可以突出能源特色,优化学科,缩短建设周期,又可以为山西能源大省的经济、社会发展以及朔州地方经济的产业升级提供强有力的人才支持和人力资源保障。山西能源学院以本科层次人才需求和确保质量为目标,科学规划办学规模,计划设置4个学科门类,15个一级学科,24个本科专业,2009年开工,三年建成,到2015年,在校生达到10000至12000人。建筑总面积36万平方米。

山西能源学院

十六、神电运煤通道是省市重点工程项目之一，是解决神电运煤交通瓶颈、开发平鲁煤田、朔西煤田煤炭资源、优化城市交通环境、扩展城市发展空间的一项重要工程，总长16.36公里，起于油坊头村东（南环路与大忻线交叉处），跨恢河向西，经南磨、野狐涧村，穿越厦阁折向北，经照什八庄、下团堡村西至马营堡后又向东，从上团堡村北经过，跨七里河与大忻线相交，与北环路（平朔一级公路）相接，路线总体是门字型走向。全线采用一级公路标准，路面宽24.5米，共有大桥3座630米，中桥3座145米，路面类型为沥青混凝土，总投资1.8亿元。

十七、朔州市垃圾处理厂位于朔城区下团堡乡田家窑村西的天然冲沟内，日处理生活垃圾350吨，服务年限21年、工程概算7533万元。建设内容为生产垃圾收集系统（包括垃圾收运系统）、垃圾填埋场工程（包括土方、防渗、渗沥液导排、气体导气、环境监测系统、渗沥液调节池、水井、分区土坝等设施及填埋设备），生产管理设施（包括综合楼、锅炉房、车库、机修间及其他附属设施）及相应的配套设施（包括厂外道路、输电线路等工程）。

十八、七里河湿地公园位于小村与北邢家河南之间的七里河河道，总占地约640亩，均为河道用地。其中，绿化用地436亩，道路广场用地63亩，建筑用地12亩，水域面积129亩。总投资概算为7726.2万元，该公园以生态湿地保护、河道治理为主，兼有旅游休闲以及娱乐活动的城市湿地公园，具有水源涵养、生态环境保护、商务休闲、科普教育等多重功能。

十九、市区供热扩容改造。市区供热设施多建于建市初期，随着城市的不断发展，供热面积不断扩大，现有供热能力严重不足。为此，市委、市政府决定对现有供热设施进行扩容、改造。项目包括：七里河以南片区热源改造、安泰热源站扩容、德苑热源站扩容、马邑热源站扩容、新建大运路供热工程及火车站换热站、滨河换热站、安泰堡小区换热站、盛世家园小区换热站、北关小康新村换热站、海关换热站。同时还将对原有供热管线进行大规模改造。

市区供热扩容改造

二十、朔州市海关大楼是市委、市政府确定的重点工程之一。选址在民福东街南侧，占地面

七里河湿地公园

印象朔州

朔州海关大楼

积 8566 平方米，建筑面积 7800 平方米。朔州海关大楼的建设，是市委、市政府落实转型发展、安全发展、和谐发展、全面发展和扩大对外开放，推动全市外向型经济再上新水平的重大举措，对塑造朔州形象、改善投资环境、促进招商引资、加快资源型城市转型发展具有重要意义。

二十一、朔州师范专科学校于 2007 年 6 月经省政府、省教育厅正式批准，按高等专科院校规模进行筹建。建设项目占地 551.98 亩，总建筑面积约 13.8 万平方米，其中教学主楼 74150 平方米，图书馆 11399 平方米，艺术中心 9035 平方米，学生公寓 32000 平方米，餐厅 11840 平方米，培训中心及电大教学楼 9100 平方米，工程概算总投资 4.26 亿元。

二十二、城西供水工程是市委、市政府确定的 2009 年为民办实事的重点工程之一。城西供水工程总设计供水能力为 10000 吨／日，工程由水源地、水厂和配水管网组成。工程总投资估算为 5661.76 万元。初步选址为四圣店村北 200 米处（西环路以西大约 2 公里）。水源在水厂附近西北部，共有 8 眼深井（800 米深），占地 15 亩。城西供水工程供水范围为西环路以东、新建张辽路以西的城西开发区，设计到 2015 年满足城西开发区内 5 万人的生活用水。

二十三、市区经济适用住房和廉租房建设工程分布在市区南北四个地段。总建筑面积 60 万平方米，9952 套，绿化率 35%，概算投资 7.8955 亿元。其中：经济适用住房建筑面积 19.7

市区经济适用住房和廉租房建设工程

万平方米，3056 套；廉租住房建筑面积 40.3 万平方米，6896 套。

二十四、民福西街立交桥工程位于民福西街与大运路交叉口，为三层全互通立交，俯瞰整个立交桥形状酷似"古代战车的车轮"，预示着朔州人民用辛勤的劳动在历史的长河中谱写着辉煌的一页。工程内容包括道桥、大运路跨（民福街）线桥工程、大运路跨七里河桥工程、民福街主线道路、大运路主线道路、立交匝道道路、匝街跨七里河桥工程以及人行道路工程。

二十五、朔州市体育馆位于平朔生活区平朔北路与振华东街交汇处的中心广场内，是一

朔州市体育馆

座以国际标准篮球比赛为主及网球、乒乓球、羽毛球等为辅的综合性比赛场馆,设计固定座位4380座、活动座位919座以及与其相配套的电视转播室、活动房等。结构类型为钢筋混凝土框架结构,屋盖形式采用网架与压型钢板夹芯屋面。建筑总面积为12574.4平方米,层高为25.95米。

二十六、污水再生利用工程是污水深度处理再利用项目,为省级重点工程之一。建设规模为日处理3.2万吨。处理工艺采用生物陶粒接触氧化+过滤+消毒方法。输水管网为双线输送,管径为DN500,全长15.09公里。管线从污水再生水厂开始铺设,经过三次穿越铁路线后,沿建设北路往北到达朔神大道,然后沿朔神大道往东至神头发电厂西侧。该项目建成后,出水水质达到热电冷却用水标准,对缓解城市水资源缺乏、减轻开发新水源的负担具有十分重要的意义,同时使污水处理厂走上既有社会效益又有经济效益的良好发展轨道,真正成为朔州市的"第二水源地"。

二十七、朔州市图书馆位于振华西街北侧、市委西区东南部。建筑形象以"书"为原形,用现代化的材料重新诠释了书与知识的内涵。设计馆藏图书50万册。建成并投入运行后,将成为广大市民学习、休闲和信息集散、文献储存的

重要场所。总建筑面积1.49万平方米,地上四层,局部地下一层,建筑高度21.10米。

二十八、综合办公楼位于市委西区中部的行政办公区。规划占地3.32公顷,建筑面积6.5万平方米(其中办公用房3.5万平方米,行政审批中心0.5万平方米,公共服务项目用房及附

综合办公楼

属设施2.5万平方米),13层,建筑高度48米。

二十九、张辽路(大运路)绿化工程位于张辽路(大运路)两侧,范围是张辽路(大运路)人行道绿化、分车带绿化及人行道两侧各12米的基础绿化带的绿化,总绿化面积465亩。主要建设内容为机非隔离带、两侧绿化带、园路、景观照明等。项目总投资7521.29万元。该项目建成后,将成为朔州市区主要的景观带。

三十、朔州职业技术学院是2008年经教育部备案的全日制专科院校,学院占地面积550亩,建筑总面积110500平方米。其中新建教学主楼22000平方米,1#、2#、3#公寓15000平方米;基础实验楼6000平方米;体育运动场40000平方米等已建成并投入使用。现学生食堂9965.6平方米,4#、5#公寓楼10132.72平方米、图书楼8295.52平方米,能源与资源实验楼10445.21平方米、学院新区园林景观等工程正在建设中,预计2009年底建成并陆续投入使用。

图书馆

印 象 朔 州

杀虎口雪景

沧桑朔州

沧桑朔州

印象朔州

文明传承与背景解读

唐代名将尉迟恭塑像

朔州是一方古老的沃土,丰富与神奇、雄阔与悲壮,浑然一体,凝结塑造了独特的史前文明文化、边塞军事文化、历史人文文化、民族融合文化、商旅边贸文化、佛教古建文化和绚丽的塞上风光,有着极其宝贵的文化和旅游资源。

史前文明,为朔州留下了区域文化的个性化标志。
远在二三百万年前,大同和朔州同处一片汪洋浩渺的大同湖。大约距今30万年左右,火山爆发,地段割裂,湖水泄尽,大同盆地出现了。现在的大同火山群记忆着史前文明的久远。

朔州地处大同盆地西南缘,三面环山,桑干河流蜿蜒其间。优越的地理环境,是人

沧桑 朔州

类理想的生息之地。2.8万年前"峙峪人"便在这里以猎取野马和草原动物为生。郭沫若在《中国史稿》中称为"猎马人"。从此"猎马人"——朔州的先祖们，就在这桑干源头默默地创造并繁衍着文明。

新石器人类活动的重点场所之一鹅毛口古石器打制场遗址，位于朔州市怀仁县城西北10公里处的鹅毛口村北，距今已万余年，是我国北方地区唯一的史前大型石器制造场。鹅毛口古石器打制场遗址的发现，也为我国黄河流域早期氏族人类生活的发现提供了重要的证据。

巍巍边塞雄关，座座古城古堡，条条边墙古道，铸就朔州千年边塞军事文化。

随着人类文明的发展，战争的铁骑烟火，总是相伴而生。朔州在夏商时期为戎狄之地，春秋战国为林胡、楼烦所居。

秦兼并六国建立秦王朝，派大将蒙恬率军30万北击匈奴，在朔州之地筑城驯养战马，城名马邑。这是朔州地区出现的最早城镇。

刘汉王朝建立后，改太原郡和雁门郡为韩国，派韩王信从晋阳移都马邑。汉与匈奴打打和和，边塞烽火不断。隋唐时，北方崛起的突厥，经常向内地侵扰。而朔州首当其先，屡屡遭侵。

李唐灭亡之后，中国又一度进入大分裂、大动荡时期。唐末，沙陀突厥李克用祖父一族，驻守应县一带，进而朔州区域又成了其子李存勖入居中原、建立后唐王朝的战略基地。

取代五代十国最后一个王朝后周的北宋，以雁门为界，长期与辽形成对峙。辽统和四年(986)宋大举攻辽，潘美、杨业北出雁门，收复寰、朔、应、云四州。

随着辽国与北宋相继衰落，女真人建立的金政权崛起强大。朔州之地再一次成为金灭辽击宋的战场。

鹅毛口石器打制场遗址

印象朔州

三晋雄关——雁门关

在明取代元之后的近300年之间，蒙古族的瓦剌和俺答从未停止过对朔方的袭扰。朔州，从秦汉至明清，代代有战事，年年有悲歌。

朔州2200多年的历史就是一部战争史。

特殊的地理位置，频繁的古代战事，为这里留下了不尽其数的古关、古城、古堡、古边墙、古长城、古战场和古墓群。

"天下九塞，雁门为首"的雁门关，位于朔州市山阴县和忻州市代县交界处。雄关依山傍险，高踞勾注山上。东西两翼，山峦起伏。山脊长城，其势蜿蜒。自公元前4世纪至20世纪，近3000年的血雨腥风将它演绎成了一部恢宏浩大的边塞军事文化史诗。

杀虎口位于右玉县境内，晋蒙两省(区)交界处，北倚外长城，西临苍头河。一代雄关，闻名遐迩，已有两千多年历史。清《朔平府志》中记载："杀虎口乃直北之要冲也，扼三关而控五原，自古称为险要"，历来是兵家必争之地。

雁鱼灯

74

沧桑 朔州

玉也因此被称为"中国古堡之乡"。

杀虎堡是明嘉靖二十三年修的战争古堡，现在堡墙基本完整。今日绿树掩映中的杀虎堡村炊烟袅袅，鸡鸣犬吠，恍如世外桃源，往西眺望，群山偃伏，足显"山高堡为峰"的雄起威势。

谁言雷池不可越，原是人为一堵墙。朔州境内古长城遗址资源更为丰富，特别是明以来维修的长城在所属6个县区中，就有5个县区有明长城遗址，约230余公里，占全省明长城遗址总长度的30%。

著名的"杀虎口"明清外长城，东起山西左云，西至山西平鲁，全长84公里。右玉长城关、城、堡、口较多，是明代抵御外来侵略的防御重地，又是清代晋陕商人西出通商的主要口岸和通道。

广武内长城就是山阴县广武长城，东起新广武，西接代县分水岭，依恒山之阴连接着明长城遗址东段18个重要隘口，全长5.3公里。几座敌楼大体完好，锯齿边长城非常壮观。是山西省境内明代长城的代表，是国内长城之珍品，极具军事科学研究和旅游观赏价值。

著名的三十二长城为明外长城，全长168里，飞架于蜿蜒曲折的山岭上，长城边的村子多以长城的一些序数来命名，如三十二村、二十五

朔州古城，位于现朔州市朔城区。北齐朔州古城与元末明初朔州城，是山西省现存较早、残垣保存较完整的古城之一，古为边陲之要塞，既可应援大同，又能拒防全晋，是一座要塞城池。

广武旧城是山西省内保存较为完整的古城之一。建造于辽金时期，明代包砖。历史的痕迹在此表现最为完整。古朴而苍劲，阅尽历史的沧桑。2006年5月25日，广武旧城被国务院公布为第六批全国重点文物保护单位。

古代的城与堡因其战争功能的需要，总是相伴相生，互为依托。明朝时便把长城沿线划作九段分区管辖，每一城设一"边"，每一边设一"镇"，每一镇设一"堡"，甚至有数堡护卫，故称九边重镇。右玉因其境内的边关要塞——杀虎口，就是明朝军事防御体系中的重点，设右玉、威远两城，伴有杀虎堡、破虎堡、铁山堡、云石堡、云阳堡、牛心堡等20多座堡垒护卫，右

旧广武城

印象朔州

湾、十三边村等。三十二是指长城进入右玉后的第三十二烽台；二十五湾指长城进入右玉后大约第二十五个转弯处；十三边是传说长城在这里修了十三次才修好等等。这些村子的名称为长城增添了许多趣味和想象。三十二长城雄壮恢宏，保存较为完整，也是观察和研究长城的理想之处，更是中外游客向往的旅游目的地。

特定的地理位置，特别的战事环境，孕育出了无数智勇双全的将帅和历史名人。

自汉至清，朔州闻名天下的著名将帅就有十多人，在二十五史中有传记或其它文献资料有记载的近200人。其中有皇帝5人、皇后5人、宰相13人。朔州可谓人杰地灵、龙哮凤鸣之地。

三国名将张辽"以步卒八百，破贼十万"，创造了以少胜多的战争奇迹。

隋末唐初著名战将尉迟恭，追随李世民屡立奇功，创成天下，被敕封为右武侯大将军、吴国公、鄂国公。

北魏贺拔度拔、贺拔胜、贺拔岳一族，五代的李克用、李存勖、李嗣源一族，明朝的麻路、麻贵、麻成恩一族等等，均是一门三四代的忠勇将帅世家。

生于朔州古城的班婕妤（公元前48年—2年），是东汉史学家班固的祖姑。她自幼聪颖，相貌俊秀，读书甚多，是我国最早的女文学家。

建始元年（公元前32年），汉成帝刘骜即位，班婕妤十七岁时被选入皇宫，不久得宠，赐封"婕妤"。因她谨守礼教，深受时人敬慕，素有"古有樊姬，今有婕妤"的美称。

班婕妤兄弟班伯、班游、班稚都以学行驰名当时。班稚的儿子班彪，班彪的儿子班固、班超、女儿班昭，个个文采风流，著称于世。

宋仁宗皇后郭氏，应州金城人。宋仁宗天圣二年（1024）立为皇后。仁宗亲政后，郭氏因事得罪权相吕夷简，遭吕记恨报复。吕劝仁宗将郭皇后废为净妃，贬居常乐宫。后追诏恢复郭氏后位。

辽兴宗皇后萧氏，小名挞里，其祖为兰陵人，应州是她的出生地，父楚王萧孝穆。萧氏容貌美丽，性格柔顺。生三子，长子洪基，即后来的辽道宗；次子洪道，后封燕王；三子洪德，后封晋王。兴宗好佛教，以至沉缅于佛门不理朝政。萧后时时规劝，多有裨益。辽道

合肥逍遥津张辽塑像

合肥逍遥津张辽墓

宗洪基即位后尊为睿圣洪慈顺天皇太后。清宁五年(1059)谢世,谥仁懿皇后与兴宗合葬。研究者推演,应县木塔的兴建就是她一手操持主办。

王家屏(1535——1603)字忠伯,山阴人。明隆庆二年进士,先后任礼部右侍郎、吏部左侍郎兼东阁大学士,礼部尚书等职。在朝辅政,秉政持法,不亢不随。后因直谏不纳而疏万历皇帝,终因憨直辞官。

抗日战争时期,率兵抗敌作战的女英雄李林就壮烈牺牲在朔州。李林1916年出生于福建龙溪,幼年随父母侨居印尼,1936年加入中国共产党,从此投笔从戎,她先后担任过牺盟会大同中心区委宣传部长、雁北游击队第八支队政治部主任、牺盟会晋绥中心区委员兼组织部长、晋绥边区行政委员会常委兼秘书长等职。

李林烈士陵园坐落在平鲁区城内,先后被全国侨联、山西省委和省人民政府命名为"爱国主义教育基地"。

文物承载历史,历史凸显文物。面对这些文物,令人深感历史的久远与厚重。

金戈铁马入梦来,壮士征战何须还。今天,在雁门关外的原野上,星罗棋布地存在着不少土冢,长眠着无数戍边卫国、马革裹尸的将士。著名的广武汉墓群、马邑汉墓群、梵王寺古墓群、金沙滩汉墓群、威远汉墓群、善家堡匈奴墓群、井坪战国和秦汉墓群等,分布在朔州周围的旷野之中。

广武汉墓群在山阴县西南,雁门关外,旧广武城与新广武城之北。在南北长3.5公里、东西宽1.5公里的地段内,分布有汉墓298座。整个汉墓群,南依巍巍峰峦,北连朔州平川。大小高低的封土堆,星罗棋布,参差错落,尽收眼底。最大的封土堆有10米多高,最小的也有3米多高。规模之大,为全国罕见。1988年被列为全

印象朔州

国重点文物保护单位。

具有传奇色彩的红娘墓，位于当今平鲁区。相传五代后周时期，郭威称帝，其夫人肖红娘率军亲征匈奴为流矢所伤，班师回朝渴死平鲁四十里干沟，就地薨葬。之后凡过往征战军士为纪念这位英烈红娘，都要为之添土，累成高冢。

已发掘战国至元代古墓达3500多座，出土文物2万余件。这批古墓的发掘资料清晰地勾画出了古朔州的历史面貌。

光阴荏苒，岁月消逝。昔日的昌盛灿烂已不复存在了。那些深埋于地下又偶见天日的文物，虽然只是凤毛麟角，却折射了一圈又一圈的历史年轮。

汉代鎏金酒樽，高贵的颜色，精细的工艺，无不显露出主人特殊的身份，历经两千年却更显华贵。

明代鎏金铜像，是明代宗教文化臻于完善的象征。当时佛教宗派林立，此像为藏传菩萨造像，女性特征明显，造型优美，工艺精湛，为佛像之珍品。

鸿雁衔书，鱼传尺素。夜深露重，一灯如豆。西汉精美的雁鱼灯，融照明、防风、节能、寓意与消除灯烟污染为一体，体现了古人精湛的技艺和高超的智慧。

千佛石塔是北魏奉佛的圣物，由北朝献文帝拓跋弘的小臣曹天度倾全家资产雕造，通高约3米左右，距今已有1500多年的历史。千佛石塔塔身为台北历史博物馆镇馆之宝，千佛石塔塔刹为朔州崇福寺镇寺之宝。

右玉宝宁寺遗存的139幅明代水陆画，平鲁屯沟出土的唐代60斤金铤等，无不令世人惊异称奇。

朔州的历史是灾难与昌盛轮回的历史；朔州的历史是北方游牧民族与中原农耕民族争战与融合的历史。

战争是残酷的，它给朔州带来了灾难和创痍；战争又是极具竞争性的，它也给朔州带来变革与生机。战乱后的人口大迁徙，枭雄豪强的割据，聪颖贤明者的出现，为朔州的历史文化不断注入了新的血液，这些都是多民族文化相互渗透与融合的接点。

朔州，春秋为北狄所居，战国时为林胡、楼烦所居。后赵武灵王向北开扩疆土，击败林胡、楼烦，驻守云中，防御漠北民族南犯。从秦统一到汉初，朔州地区人口稀少。匈奴强盛，大量汉人俘虏留滞大漠。汉武帝伐北时期，又从关中大量移民充实塞外。但都没有让朔州人脉恢复元气。特别是到了东汉晚期，中原大乱，无瑕顾及边塞，北部匈奴、鲜卑、乌桓相继南迁占据朔州地区。之后的"五胡乱华"又把朔州拖入战争的泥淖。隋王朝统一中国，结束了东汉以来300多年的大乱，但突厥一直不断袭

右玉宝宁寺水陆画

沧桑 朔州

广武汉墓群

掠或占据塞外。直到唐平息刘武周起事，塞外北方才又收复回中原。

每次战后，总有大量人口死伤或流亡；每次朝代更替，又总有大量人口迁徙充实；每当北方游牧民族南犯占据朔州地区，总会将本族的民众迁来。当他们被另外的北方游牧民族代替，或是被中原收复，一方面他们大部人会留居，另一方面，新的主人又会将其族民，或从北方，或从中原迁徙到朔州地区来。随着各民族的相处、交流、通婚，在各民族文化交汇融合后，便自然产生多元素的地域文化。

数千年来，各民族历经不断地交汇融合，时至今日，已融为一体，组成了和睦相处的中华大家庭。民族之间文化差异也越来越少，然而仍有一些区域性的民族历史文化因素在相传遗存。

今天朔州地区的汉姓中，仍保留有历史上少数民族的古姓。如春秋时代的戎、安、米、狄等，秦汉时期的党、单等，古姓演化，甚为复杂，但这无疑是寻根问祖的一条可靠线索。

朔风浩浩，岁月悠悠，回荡着千百年来民族融合的协奏曲。

《怀仁县志》中有这样一行文字："辽析云中县地，置怀仁县。因太祖会后唐武皇于此，取怀想仁人之意，故名。"

这段文字也道出了怀仁置县的深刻寓意和具体年限，也告诉世人一段民族融合的传奇往事。

这段故事的两个主人公一个是辽太祖耶律阿保机，一个便是后唐太祖李克用。

而由此凝结的"怀仁"二字古色古香，弥散千年，滋养文化逾百代，引领邑境越千年。

他们苍劲有力的手臂，相拉的是多元民族

印象朔州

杀虎口古城墙

融合的帷幕，紧握的是历史岁月的凝重，挥动的是生命的旌旗，奠基的是民族和谐的柱石。

在和平的阳光下，人们开始了前所未有的跨国贸易活动。以往运送兵车的边关要塞，如今成了通衢大道。

朔州之地不仅是北方游牧民族和中原农耕民族争战的要地，而且也是"和亲"、"附汉"、"迁徙"和互通关市的通道。先人们从雁门关至杀虎口走出了一条南北通衢——马邑古道。马邑古道南延北伸，形成了中原通往大漠以至中亚、波斯和欧洲的交通大动脉，它在北方游牧民族和中原农耕民族的长期交流和融合过程中，起了重要的纽带与桥梁作用。

素有"带水环山，首附朔郡，北控塞口，第一要冲"之称的杀虎口，也成了称雄商界600年的晋商从内地向塞北口外和漠北亚欧等地通商的必由之路。在民间广为流传的走西口，走的就是杀虎口。

一曲《走西口》荒凉的曲调，代代流传，让人们以为，走西口只是逃荒者的无奈，那些贫困走西口的人一定泪水涟涟、悲情无限，前面的路遥远无际，希望缥渺，而在杀虎口的另一

杀虎口关楼

沧桑 朔州

边,有牵肠挂肚的父母双亲,有望眼欲穿的妻儿或心上人。其实,走西口也曾经是中原朝廷开发性移民的举措。所以,走西口更应该是拓荒者的赞歌。

康熙三十五年(1694),清廷再举三路大军西征平叛,以安邦定国。圣祖玄烨御驾亲征,率雄兵铁骑,三临绝塞,平西戡乱,一统江山。杀虎口为西征大军的后勤大营,唯有晋商先驱请缨受命,毁家纾难,共赴沙场。兵马粮草,克期必至。节省国费数以亿万计。康熙西征凯旋,驻跸杀虎口,犒赏西征将士,御笔赐匾,改"杀胡口"为"杀虎口"。值此,杀虎口息战事以兴商贸、散硝烟而响驼铃。

杀虎口在战争时期是边塞要冲,而在和平时期则是事关国计民生的重要贸易税卡。在清代极盛时期,官税日进斗金斗银。即便是在军阀混战的民国初年,每年的官税银仍达87万余两,几乎占清朝政府年税银的十分之一。

战则两费,和则同裕。商贸使各民族共享和平繁荣,也奏响了民族融合的共鸣曲。

在朔州就具有这样奇特的景象,一边是重重边关烽火、累累墓冢,一边是座座佛塔、栋栋庙宇。这是先祖们人性觉悟的正果,也是在警示身后来者:放下屠刀,立地成佛。

佛教自东汉传入我国以来,在千余年的时间里一直方兴未艾。到了北魏时期,佛教便兴盛于此。云岗石窟、龙门石窟便是他们的杰作。在辽时期,信仰佛教、勤于佛事几乎成为官民共同的向往。人们在一心向佛的背后,祈望更多的是平息战争、停止杀戮、和谐与共、教化善良。

历史就是这样匪夷所思,战争的发起者,又是大兴佛事的倡导者。云岗石窟前五窟的巨大造像,就是刻在石头上的拓跋王朝几位皇帝真实形象的再现。应县佛宫寺释迦塔一层的照壁板上有六幅供养人画像,南北面各为三幅。其特点是女像削发,男像毡冠,释迦主佛蓄胡,这是契丹族典型的特征。该塔正是兴宗仁懿皇后所倡建,用作家庙以彰显其一门三后、一家三王的功勋厥伟。

应县佛宫寺释迦塔(应县木塔)位于山西应县城内西北隅,因塔内供释迦佛及其真身遗骨佛牙舍利而得名,塔身全是木制构件叠架而成,所以俗称应县木塔,是中国建筑艺术最优秀的作品之一,也是世界上现存唯一最古老最高大的纯木结构建筑。在建筑技艺上与法国的艾菲尔铁塔、意大利的比萨斜塔齐名,被世人称为世界三大奇塔。

木塔建于辽清宁二年,距今已有950多年的

佛宫寺牌楼

印象朔州

应县木塔内的释迦牟尼佛像

历史。塔高67.31米，底层直径30.27米，总重量7400余吨，用木料3500立方米。塔身为楼阁式建筑，平面八角形，外观五层六檐，平面八角，底层扩出一圈外廊，称为"副阶"，与底层塔身的屋檐构成重檐，所以共有六重塔檐。每层之下都有一个暗层，所以实际上是九层。暗层外观是平座，沿各层平座设栏杆，可以凭栏远眺。全塔没有一个铁钉，全靠木构件和54种斗拱卯榫咬合垒叠而成，宏伟壮观，堪称我国古建筑的瑰宝，世界木结构建筑的典范。

塔上的60余块珍贵匾联，是历代帝王将相、达官显贵、文人墨客、佛门高僧游览木塔时，挥毫泼墨留下的绝代珍品。其中"峻极神工"和"天下奇观"是明成祖朱棣和明武宗朱厚照两位皇帝的亲笔御题。特别是辽代秘藏中有两枚弥足

珍贵的佛祖释迦牟尼的真身遗骨佛牙舍利。牙身凹槽和根部都增生有白、红色舍利子，银椁盛放，七宝顶礼，旷世珍贵。

千年以来木塔虽遭受无数次自然灾害和人为破坏，却仍安然无恙，傲然屹立，被世人称为"千古之谜"。

崇福寺是我国现存辽金时代规模最大的三大佛寺之一。它位于朔城区东大街北侧，为唐代名将尉迟恭于唐高宗麟德二年(公元665年)奉敕命特建，金代扩建，又经明、清两代修葺，成为当今一处殿阁巍峨、气势恢弘的佛门巨刹。1998年，被国务院确定为全国重点文物保护单位。壮丽的寺庙建筑，高大逼真、堂皇华丽的彩塑壁画以及丰富的文物藏品，具有极高的历史文化艺术价值。

独特的地貌、生态、气候，使朔州成为中国北方罕见的旅游风光胜地。

这里夏日溪流淙淙、凉风习习，秋天层林尽染、天高云淡；冬季白雪皑皑、银装素裹，是人们领略塞上风光的绝佳选择。

神头泉有大大小小泉眼600多个，涌水量在2亿立方米，最低水温在14.5度左右，泉周围是华北地区最大的一块天然湿地。神头湖中"水围寺"、岸边"唐鄂国公庙"远近闻名。"龙湖夜月"又是马邑古八景之一，素有"塞外西湖"的美称。

苍头河景区是右玉县生态化旅游开发项目的核心景区。天然的水系、河岸草地、灌木乔木林带和缓坡状态的农田形成了自然生态的原生基础，也是北方黄土高原罕见的田园林海景观。

南山森林公园位于右玉县城南2公里，园内有亭、台、楼、阁、湖、园、观、花及针阔混交树种近百万余株。沿途按照不同的植被群体，建起了先锋林、青春园、双馨园、同根园、战

82

沧桑 朔州

友林、爱心家园等九处不同风格的园区；在中心广场竖起了一座20米高的丰碑，记载着右玉人民50年来治山治水、绿化家乡数百万亩的丰功伟绩。

中陵湖是右玉县最大的人工湖，控制流域面积达310平方公里。在这里，既可以在僻静之处垂钓，又可以泛舟碧波之上，更可以品味湖中天然美味；细品渔歌唱晚之乐，在这北方的群山湖泊里，让心灵来一次全方位的释放。

千年古榆树位于平鲁区凤凰镇安架山，已有千年高龄，繁盛硕大的树冠像神灵一样护佑着当地人民。

应县跑马梁属恒山支脉，海拔2300米，人称高山平原。据传北宋杨家将驻守雁门关时，杨六郎在此驯养军马。跑马梁，群山层叠，苍松翠柏，郁郁葱葱，野花盛开，空气清新，是度假休闲的一片净土。

紫荆山位于朔城区南40公里处，因山中盛开紫荆花而得名。这里山势险峻、峡谷幽深、原始次生林茂密，有珍贵动物、植物和药材等百余种。

龙首山位于应县城东8公里，北山上松林郁葱，景色怡人，徒步围猎，置身自然；山下水面粼粼，芦花荡漾，塞似江南，心旷神怡。

今天的朔州，经过20年的发展，已形成"煤、电、奶、瓷"同步发展的新格局，生产总值和财政收入实现了"两个翻番"目标。这座具有现代品位的北方园林工业城如一颗璀璨夺目的"塞上明珠"，熠熠生辉，镶嵌在这块古老的土地上。目前世界最大的安太堡露天煤矿、华北最大的发电厂神头发电厂、全国十大乳制品企业之一的古城乳业集团、我国北方最大的陶瓷业生产基地怀仁陶瓷业等相继被授予国家和省、市级工农业旅游示范点。古典的凝重粗犷与现代的时尚魅力，共同演绎一道独特别致的新朔州、新风景。

朔州人正以豪爽大气、海纳百川、百折不挠、奋力赶超的气概迎接中外游客来朔观光旅游、投资兴业，再创新朔州的明天。

杀虎口古堡

印象朔州

历史沿革与区域地理

朔州之秋

市情概况

朔州市位于山西省北部，大同盆地西南端，南邻忻州，北接大同，西北与内蒙古接壤。1989年建市，现辖两区四县（朔城区、平鲁区、山阴县、怀仁县、应县、右玉县），总面积1.07万平方公里，总人口152.65万。朔州区位优越，交通便利。境内北同蒲铁路、大运高速公路、109国道和208国道纵贯南北，神木至朔州、朔州至黄骅铁路横穿东西。

朔州历史悠久，文化底蕴厚重。峙峪遗址表明，早在二万八千年前朔州就有人类繁衍生息。秦朝始设马邑县，北齐设州延续至清末。三国大将张辽、北齐名将斛律金、唐代开国元勋尉迟恭、明朝宰相王家屏等，均为朔州人氏。边塞文化是朔州一大特色。从秦汉到唐宋，直至明朝，朔州一直是北方要塞，有大量宝贵的边塞遗迹，包括全国最大的汉墓群、全国仅存的辽代古城旧广武、杨家将抗辽的古战场金沙滩以及象征华夏文明的内外长城。佛教古建是另一文化瑰宝，世界上现存最高大、最古老的千年木塔应县释迦塔，集中体现金代艺术成就的朔城区崇福寺，都堪称中国建筑史上的杰作。

中芦煤业

沧桑 朔州

朔州矿产资源丰富，煤电工业实力雄厚，是我国重要的能源工业基地。已探明的矿产资源有煤炭、石灰岩、高岭土、铁矿石、铝矾土、钾长石、石英石等28种。其中煤炭储量约422.9亿吨，煤系分布面积1603平方公里，占全市总面积的14%。2008年全市共生产原煤1.18亿吨，居全省第一、全国第二。朔州是华北重要的电力工业基地，承担着为京津唐供电的重要任务。全市电力总装机容量470万千瓦，居全省前列。此外，凭借优质丰富的制瓷资源，朔州还是全国重要的日用瓷生产基地，年生产能力达到13亿件。

朔州地形复杂多样，农业特色鲜明，是山西省最主要的生态畜牧基地。全市平原、丘陵、山区面积大体各占三分之一。共有耕地547.9万亩，农村居住人口人均6.4亩，居全省第一。水资源总量7.39亿立方米。无霜期103—147天，年平均气温3.9℃—7.9℃，年降水量362—411mm。主要农作物有玉米、马铃薯、谷子、莜麦、豌豆、黍子、荞麦、胡麻、甜菜、瓜菜等，是北方著名的小杂粮生产基地。朔州具有发展畜牧业的传统和有利条件，是全国著名的奶牛和肥羔羊养殖基地。全市奶牛存栏最多达16.5万头，乳制品年加工能力达到80万吨。全市现有造林面积333万亩，林木覆盖率达到20.88%。市区和每座县城都建有一个万亩生态园区。

朔州市经济社会各项事业蓬勃发展。全市万人拥有公路、乡镇油路通达率、人均通村油路里程，均居全省前列，先后荣获"全国园林绿化先进城市"、"全国城市综合整治先进市"、"省级园林城市"等称号。2008年，全市地区生产总值完成420.4亿元，同比增长11.5%；工业增加值完成232.1亿元，增长15.7%；固定资产投资完成221.9亿元，增长45.1%，三项指标增幅均位居全省第一。财政总收入首次突破百亿元大关，达到102亿元，增长27.5%。此外，城乡居民收入和全社会消费品零售额均保持平稳增长态势。

历史沿革

从朔州市峙峪、边耀、鹅毛口古遗址证明，早在旧石器时代晚期，就有人类在此生息。

春秋以前，这里为少数民族北狄所居。战国时，归入赵国的版图。秦时置雁门郡，治善无(今右玉县)。西汉时，置马邑县(今朔城区)、中陵县(今平鲁县)、剧阳县(今应县)、阴馆县(今朔城区东南)、汪陶县(今山阴县)、埒县(朔城区南)、楼烦县(今朔城区西南)、善无县(今右玉县)，仍归雁门郡管辖。东汉时，雁门郡移治阴馆县。东汉末大乱，人民逃亡，大部分县撤废。西晋时，将峪岭(今雁门关)以北各县民撤往岭南，地归代王拓跋猗卢。北魏时属畿内地，置桑干郡(今山阴

印象 朔州

斗拱

汉代鎏金酒樽

东)、繁峙郡(今应县东)、马邑郡。北齐天保六年(555),将朔州治从盛乐(今内蒙古和林格尔)迁到马邑西南。北齐天保八年(557)改马邑县为招远县,为朔州治。北周升朔州为总管府。隋废总管府,改为马邑郡,辖鄯阳(朔城区)、开阳(朔城区南部)、神武(山阴、应县境)。唐武德四年(621),改马邑为朔州。唐天宝元年(742),又改朔州为马邑郡。唐初,在马邑郡置大同军节度。会昌三年(843),改为大同都团练使,领云(今大同)、蔚(今河北蔚县)、朔(今马邑)三州。咸通九年(868),重置大同节度使,移治云州(今大同市)。五代时,在唐明宗出生地金城置应州,又分朔州置寰州(今朔城区西影寺东)。后晋天福元年(936),朔州、寰州、应州割让给契丹。辽时,朔州为顺义军节度,应州为彰国军节度,统属西京道。金仍之。元隶山西道大同路。明时,朔州隶大同府,辖马邑县,应州辖山阴县。清沿明制。雍正三年(1725)置朔平府(治右玉),辖右玉县、左云县、平鲁县、宁远厅和朔州及马邑县。怀仁、应州与山阴同隶大同府。民国元年(1912)五月改州为县,同隶雁门道,后雁门道撤,直隶山西省。抗日战争时,以同蒲路为界,路西归晋绥边区,路东归晋察冀边区。中华人民共和国成立后,先隶察哈尔省。1952年划归山西省,属雁北专区。1958年改属晋北专区。1961年重新归雁北专区。1989年1月,国务院批准由原雁北地区划出朔县、平鲁县、山阴县,设立朔州市。1993年7月行政区划调整,又划入怀仁县、应县、右玉县。现辖两区四县,共69个乡镇,1832个行政村。

区域地理

地 貌

朔州整体是黄土覆盖的山地形高原,自然条件复杂多样,过渡性质明显。

本市地貌轮廓总体上是北、西、南三面环山,山势较高,中间是桑干河域冲积平原,相对较低,呈倒"V"字结构。全市地貌划分为山地、丘陵和平原三个单元。山地面积为2816平方公里,占总面积的26.5%;丘陵面积3648平方公里,占总面积的34.3%;平原面积4163平方公里,占总面积的39.2%。

地势形态,朔州地处黄土高原,西北部是洪涛山山

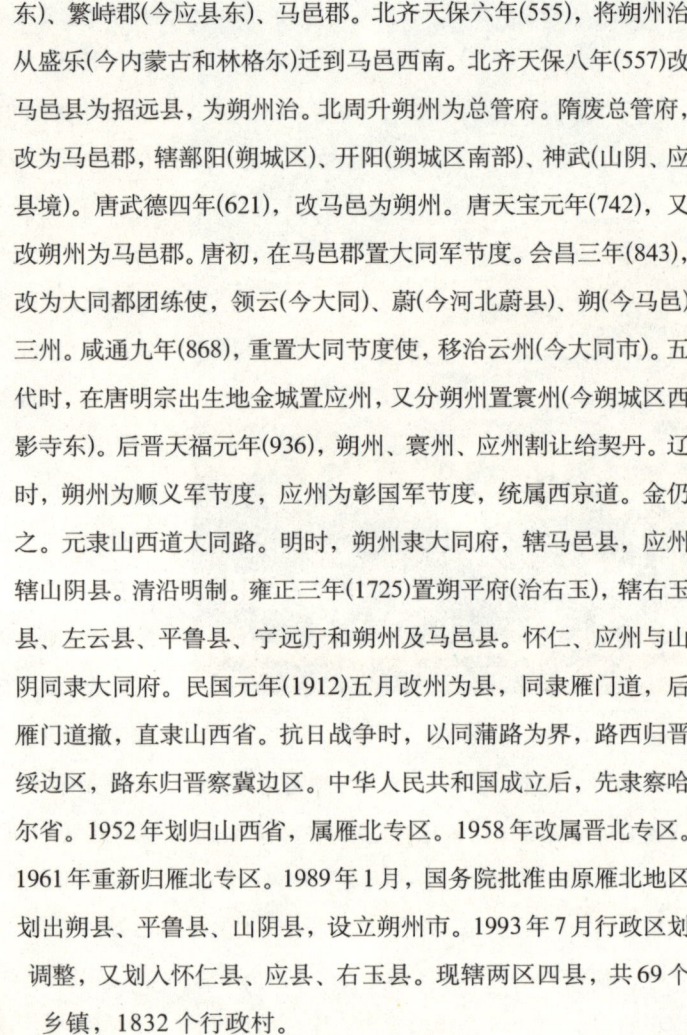

明代鎏金铜像

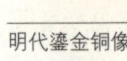

脉，主峰大贝山海拔1947米；西南是管涔山山脉，主峰黑驼山海拔2147米；东南为恒山山脉，呈东北西南向展布，主峰馒头山海拔2426米(为本市最高峰)。朔州盆地属大同盆地，为东北西南向的长条状的半封闭盆地，地形较平坦开阔，盆地最宽处48.5公里，高程一般在1000米以上，最低点桑干河出界处(怀仁吉家庄一带)，高程为970米。山区和盆地的相对高差约1000米左右。境内海拔1600米以上的山峰有140多座。

气候

朔州属温带大陆性季风气候，根据山西气候区划方案，属晋北温带寒冷半干旱气候区。主要特征是四季分明。春季雨雪少，风沙大，蒸发量大，经常出现干旱天气；夏季雨量集中，间有大雨、暴雨、冰雹等；秋季雨水少，早晚凉爽，中午炎热；冬季风多雪少，气候寒冷。

气温 朔州境内气温水平分布的规律是由东南向西北递减。年平均气温一般为3.9℃～7.3℃左右。1月份最冷，平均气温为−14.9℃～−9.4℃，极端最低气温−40.4℃(1971年1月21日)。从3月到5月，每个月气温平均升高8℃左右。7月份为最热，平均气温为19.4℃～22.3℃，最高气温可达38.3℃(1961年6月10日)。秋季每个月气温平均下降7℃左右，一日之内最高气温多出现在下午1时至2时，最低气温多出现在日出之前。

日照 朔州地处黄土高原，日照充足。全年日照时数为2600小时～3100小时，年日照率为63%～65%。各月日照数以5月份和6月份最多，月平均281.9小时～284.2小时；11月～12月最

朔州七里河大桥

少，月平均191.1小时～198.2小时。一日中，日照时数1月～2月和11月～12月每天平均6小时，3月和9月～10月每天平均7小时，4月和7月～8月每天平均8小时，5月～6月每天平均9小时。

降水 全市多年平均(1956年～1984年)降雨量为421.2毫米，最大年降雨量为806.7毫米(1964年)，最小年降雨量为193毫米(1965年)。一般是70%的水量集中在每年的6月～9

平鲁西易村别墅小区

印象朔州

右玉苍头河

月。朔州干旱频繁,差不多每两年就出现一个旱年。

湿度 全市年平均相对湿度54%。7月、8月空气比较湿润,相对湿度也最大。相对湿度的日变化比较明显,最大值在日出之前,最小值在下午2时左右。

风霜 年均7级~8级的大风日数有14.3天~44.5天。最大风力达9级,最高风速22米/秒。历年8级或8级以上大风平均日数23天,一般多在春季,大风日数最多可达50天,沙尘暴日数是10天左右。境内无霜期短,年均102天~137天。最长132天~162天,最短81天~122天。初霜最早年份出现在9月1日~10日,最晚年开始于9月28日,一般年开始于9月12日。春霜最早年份终止于5月11日,最晚年份终止于6月12日,一般年终止于6月1日左右。

冰冻 一般年份11月封冻,3月解冻,封冻期为152天左右。最大冻土深度105厘米~139厘米,平均122厘米。

河流 朔州市河流分属海河流域和黄河流域。以儿女山、黄土坡、虎头山、黑驼山、两狼山为界,以西为黄河流域,以东为海河流域。黄河水系分布于境内北部和西北部地区,主要有苍头河及其支流关河、汤溪河、红河、干河、偏关河等6条河流,流域面积2953平方公里,占全市国土面积的27.7%。海河流域永定河水系是本市的主要水系,分布在东部和南部的平原地区,主要有桑干河及其支流恢河、七里河、歇马关河、元子河、黄水河、木瓜界河、浑河、口泉河、大峪河、鹅毛河、小峪河等20条河流,流域

面积7690平方公里,占全市国土面积的72.3%。境内还有1000余条山峪、河道。特别是神头泉群是山西高原著名的岩溶大型泉群之一,泉群分布面积5平方公里,泉水流量多,年平均(1956年~1984年)达8.15立方米/秒,最大流量可达9.78立方米/秒。近年平均流量仅为6.54立方米/秒。

土 地

全市国土总面积10627平方公里,即1593.7万亩,占全省国土面积的6.8%。按2008年底全市总人口152.65万人计算,人均占有土地11.98亩,比山西省人均土地多3.2亩,与全国人均土地接近。2008年,全市有耕地548万亩,农民人均3.6亩,居全省前列。有水浇地180万亩,人均水浇地1.4亩,占全市耕地面积的33%。

全市亩均占有水资源量仅为127立方米,比全省亩均占有量240立方米还少113立方米。人均占有量较高的是平鲁区和右玉县,水资源总量是全市的36.7%,但利用率低。亩均占有量较高的是山阴、应县,而怀仁人均、亩均都为最低,水资源严重短缺。

峙峪遗址与马邑文化

峙峪遗址

朔城区古称马邑，是华夏远古闻名的重要发祥地之一。

朔城区西北部有一座山叫黑驼山，1963年中国科学院的科学工作者在黑驼山脚下发现了一处旧石器时代遗址，经著名考古学家贾兰坡教授考证，定名为峙峪人，即峙峪人遗址。这处遗址距今约两万八千年，以出土大批精巧的细小石器和伴随大量的哺乳动物遗骨而著称。郭沫若先生认为："峙峪人在这里生活的时候，山上长着茂密的森林，丘陵中有灌木，东面是丰富的草原，适于草原动物生活，河里有鱼……峙峪人生活在这样的环境里，靠猎取草原动物为主，主要是猎取野马，可称为猎马人。"

猎马人，一座壮美凛冽的游牧文化的神奇雕像！

猎马人，一幅和谐图腾的农耕文明的历史画卷！

峙峪遗址

而马邑，正是猎马人理想的故乡。我们的祖先十几万年前已经开始在这块辽阔的土地上劳动，生活和繁衍，以石片当箭镞，石墨作装饰，兽骨片作记数符号，创造了以北方游牧民族同中原农耕民族的文化交融杂糅的马邑文化，揭开了发生在朔州这块土地上的历史变迁之谜。

秦始皇32年派大将蒙恬统率30万大军北击匈奴，在今朔城区城关一

印象朔州

带筑土养马,因而城名马邑,后置马邑县。此地遥控长城,外连大漠,襟山带水,四塞为固,素以忠勇辈出而蜚声海内。三国大将张辽,北齐名将斛律光,隋末农民起义领袖后称帝的刘武周,大唐基业开创人尉迟恭,皆生于马邑,更有西汉时期女文学家班婕妤即班固的祖姑,也生于马邑,诗书连绵,诗名留世。

频繁的战事使游牧民族和中原汉族在此融合,各民族相互交流、迁徙甚至通婚,匈奴、鲜卑、乌恒南迁马邑,他们将本民族地区的文化习俗信息带来并渗透到马邑文化的血脉中,使马邑文化形成交相辉映的色彩。

在漫漫历史长河中,峙峪人所形成的峙峪文化是原始社会北方文化的一颗明珠,与此一脉相承气息相通的马邑文化是封建社会北方文化的一缕光焰。

沧桑链接

古今朔州考

今天的朔州在中国是独一无二的,但在以往许多不同的历史时期,"朔州"所指并非仅此一地。

自东汉末至隋以前,中国实行州、郡、县三级地方行政制度,历时四百余年;从西晋灭亡到隋前,中国处于分裂状态,北方出现了许多少数民族建立的政权,历时二百七十余年。就在这二百七十多年的时间里,设置过朔州的地方共有十五处,涉及今内蒙、山西、陕西、甘肃、宁夏、河南、安徽、河北八省等,分别是内蒙古自治区呼和浩特市的和林格尔县、包头市的固阳县、鄂尔多斯市的东胜区和杭锦旗,陕西省延安市的宝塔区、宝鸡市的陈仓区,甘肃省庆阳市的庆城区,宁夏回族自治区固原市的原州区,河南省信阳市的光山县,安徽省阜阳市的临泉县,河北省张家口市的蔚县,山西省的寿阳县、介休市、汾阳市和朔城区。

二百七十多年,相继出现十五个朔州,可使我们对古朔州的地理意义、行政意义和历史作用有一系列认识。

朔州肇始于汉武帝时代的朔方刺史部,是中国发育最早的"十三州"之一,曾经长期作为中国版图的一大基本板块而存在。汉武帝综合了历史上多种关于"九州"的说法,分置了并、冀、幽、豫、青、兖、徐、扬、荆、益(梁)、凉(雍)共11个州刺史部,还针对北方、南方两大块新拓疆土设置了朔州刺史部和交址刺史部。那时,虽然人们习惯上也把"十三部"称为"十三州",但朔方和交址并未正式确立州的称号。东汉末,交址正式改称交州,而朔方却于此前没入胡中,弃于化外。

朔州诞生于五胡十六国时期,她的出现标志着朔方之地再次纳入中国版图,也标志着中原的地方行政制度再次影响到朔方之地。设置刺史部的时代,是地方行政实行郡县二级制的时代,当时的刺史部只是郡县以上的一级监察机关,而并非严格意义上的行政区划。东汉末确立州郡县三级制时,朔州误了改制之车;直到十六国时才正式出现的朔州,比两汉"十三州"中的其他州,足足晚了一百三十多年。也许正因如

沧桑朔州

此，她才没有被滥析州郡的历史浪潮所淹没，而长期充当了中国边缘大州的角色。

朔州的地理概念在北魏统一北方后发生了实质性变化，作为陪都，其"统战"色彩更加鲜明，政治地位空前提高。十六国时期的朔州，概指黄河"几"字形大拐弯地区，南北以六盘山和阴山为界。北方统一后，北魏不再沿袭这一概念，而把朔州作为"北朔诸夷"的共同徽号附着于鲜卑故都盛乐之上，意在扩大其统治基础。此举强调了拓跋鲜卑与草原各族同为北胡的一致性，又借助至高无上的皇权赋予朔州一个神圣的光环和崇高的政治地位。

朔州在北魏末年的首次南漂显然是无奈的，但南漂后的朔州所携带的政治、军事力量，对此后的整个北朝政局却发生了深刻而持久的影响作用。怀朔、武川改镇为州后，朔州的军团性质突显出来，她的漂移完全等同于军事调动，都是与战争局势和政治需要息息相关的。魏分东西后，各置朔州，绝不是徒立虚名，这其中也是有相当重要的实质内容的。当然，在这一点上南朝所设难民营性质的朔州，与北朝各朔州是有本质区别的。而雁门关外的北朔州，则是朔州北归的强烈意向表示，是她把朔州的位置永久地定格在回乡的途中。

总之，朔州在扎根马邑大地之前，已经经历了六百多年的长久孕育、缓慢生长和艰苦锤炼。她孕育于农耕文明与游牧文明的碰撞之中，生长于北方各族的融合之中，锤炼于逐鹿中原的征战之中，又成熟于华夏一统的认同之中。在那个滥析州郡、废立无常的年代里，她四处漂流，力战群雄，最终成功保存了自己的尊号，争得了自己的地位。她是部落的图腾，军团的旗帜，北人的徽号，团结的象征；她是中华各族大融合的亲历者和见证者，是浓缩了中国历史文化精华的信息库和活化石。

我们既有幸在古老的马邑大地上继承了朔州的历史，也就更有责任把宝贵的历史财富化为无穷的精神动力，在这个万马奔腾的时代里，重振"马上朔州"的雄风，去续写更加辉煌的朔州未来。

朔州市市府街飞马广场

印 象 朔 州

夕照木塔

形 胜 朔 州

形胜朔州

印象朔州

佛教古建

应县释迦塔牌匾

唐宋辽金时代佛教盛行，在朔州留下了大量有影响的寺庙建筑。应县木塔、朔城区崇福寺、应县净土寺等，均为典型的辽金建筑，全国重点文物，精妙绝伦，各具特色。应县木塔是我国现存最高、最古老的纯木结构佛塔，与比萨斜塔、埃菲尔铁塔并称为世界三大奇塔。近年又发现了两颗释迦牟尼佛牙舍利，更引起国内外佛教界的轰动，身价倍增。崇福寺的减柱建筑艺术全国独一无二，为我国现存规模最大的辽金三大佛寺之一。净土寺殿内的藻井和壁画，清凉寺的华严寺砖塔，宝宁寺的水陆画卷均为我国罕见的艺术珍品。

佛宫寺

应县佛宫寺位于朔州市应县城内西北角，佛宫寺内的释迦塔，俗称应县木塔，建于辽清宁二年（1056），距今已有950多年的历史。是我国现存最高、最古老的木结构、楼阁式佛塔，为全国重点文物保护单位。塔高67.31米，底层直径30.27米，呈平面八角形。外观五层六檐，各层间夹设暗层，实为九层。塔内各层均塑佛像，每层檐下装有风铃，微风吹动，叮咚作响，十分悦耳。各层均用内、外两圈木柱支撑，每层外有24根柱子，内有八根，木柱之间使用了许多斜撑、梁、枋和短柱，组成不同方向的复梁式木架。整个木塔共用红松木料3000立方，约2600多吨重，比例适当，建筑宏伟，艺术精巧，外形稳重庄严，堪称我国古建筑的瑰宝，世界木结构建筑的典范。塔身底层南

应县木塔藏采药图

北各开一门，二层以上周围设平座栏杆，每层装有木质楼梯，游人逐级攀登，可达顶端。二至五层每层有四门，均设木隔扇，光线充足，出门凭栏远眺，恒岳如屏，桑干似带，尽收眼底，心旷神怡。塔顶作八角攒尖式，上立铁刹，制作精美，与塔协调，更使木塔宏伟壮观。塔上的60余块珍贵匾联，是历代帝王将相、达官显贵、文人墨客、佛门高僧游览木塔时泼墨挥毫留下的绝代正品。此外，与木塔齐名的是塔内发现的一批极为珍贵的辽代文物，其中两颗佛祖释迦牟尼的真身遗骨佛牙舍利最为弥足珍贵。应县佛宫寺释迦木塔，历经近千年的风雨侵蚀、地震战火、人为破坏，至今仍保存完好，傲然屹立，被世人称为"千古之谜"。

佛牙舍利

崇福寺

崇福寺，又称大寺庙，属全国重点文物保护单位，位于朔州旧城内东街北侧，始建于唐麟德二年（665年），由鄂国公尉迟敬德奉敕建造，后经历朝历代不断修缮、扩建，规模愈发宏伟壮观。寺院坐北朝南，布局严整，共有五进院落，十座殿堂。主要建筑有天王殿、地藏殿、三宝殿、弥陀殿、千佛阁、观音阁等。其中弥陀殿是寺内最大的建筑，殿内的匾额、塑像、壁画、雕花门窗、脊饰琉璃有"金代五绝"之称，各具特色，均为我国古建筑史上难得的珍品，被世人称为——金代文化艺术殿堂。除上述辉煌的殿阁建筑外，寺内还保存了木雕楼阁形佛龛，唐、辽、宋几代石雕造像和不少出土文物。北魏奉佛的圣物——千佛石塔，通高3米左右，距今已有1500多年的历史。塔身为台北历史博物馆镇馆之宝，塔刹为崇福寺镇寺之宝。

净土寺

应县净土寺，也称北寺，位于应县城内东北角，金代建筑，为国家一级文物保护单位。现存大雄宝殿，殿顶藻井，造型巧妙，构图奇巧，中央雕龙，四角

朔城区崇福寺金刚殿

印象朔州

应县净土寺

绘凤，天宫楼阁，描金尽彩，雕工精细，色泽华丽，是我国存世至今不可多得的艺术珍品，充分反映了我国古代劳动人民在雕刻方面的高超技术。

清凉寺

清凉寺位于怀仁县何家堡乡悟道村西的清凉山上，其山势奇特，景色秀美，钟灵毓秀，秉含灵气，相传是文殊菩萨赴五台山途中的第一道场，素有"小五台山"之称。山上有一寺名清凉寺，主峰有一座砖塔名华严寺砖塔，高约十多米，七檐八角，始建于辽金年代，全部为砖雕，做工精细，造型别致，令游客叹服，为省级文物保护单位。峰北山凹处有一石窟，石窟中一尊石雕文殊菩萨像，高1.78米，栩栩如生，端坐在须弥座上，与华严寺砖塔遥相呼应。这里早种晚收的红糜子地、舀不尽的锅头钵儿水等民间传说更为世人称奇。

宝宁寺

宝宁寺，位于右玉县旧城城关镇东街北侧，明代建筑。寺内现存水陆画卷属国内珍品，国家一级保护文物。过去每逢农历四月初八，宝宁寺庙会举行水陆道场时，就将画拿出来悬挂三天，供人们礼拜瞻仰。

化悲寺

位于山阴县后所乡南山之上，始建于北魏年间。山阴旧有八景，化悲寺占了一半，分别为"碑岩晚照"、"孤松独石"、"清香滴翠"、"两山夹一楼"。文革之前，这里凡民间庙像，几乎应有尽有，可与北岳悬空寺媲美。民间谚语有"人无全人人，化悲庙有全神神"。

化悲寺又称"化悲庙"、"画皮庙"、"羊驮寺"。化悲庙是随化悲寺之名叫的，画皮庙是化悲庙的谐音，而羊驮寺之名最为有趣：建庙伊始，因地远路险，建筑材料难以运上，便采取羊驮的办法，化整为零，将砖瓦绑在山羊的身上驮到了工地。所以当地老乡一直叫"羊驮寺"。

文革浩劫，狂热的红卫兵将这里毁为一片废墟，"碑岩晚照"、"清香滴翠"已不复存在。"孤松独石"还留有砍伐后的孤松根部遗迹，原地新植的一株幼松长势正旺。现在，"两山夹一楼"风景经修复又恢复了昔日的模样：四大罗汉、十八天神……重又成为善男信女朝拜的对象。每年的四月初八，三乡五里的朝拜者摩肩接踵。即使在平常日子，仍有许多不辞辛劳的旅人慕名而来。

山阴化悲寺

边塞文化

山阴旧广武城墙

从秦汉到唐宋,直至明朝,朔州一直是北方要塞、中原门户,历史给朔州留下了大量的边塞文化资源,分布之广泛,数量之多,内涵之丰富,在全国首屈一指。境内有历史上著名的军事防卫体系旧广武辽城,有"金斗银簸箕"之称的新广武城,有掩埋汉代屯军将士遗骸的汉墓群和象征华夏文明的广武内长城、右玉明清外长城、平鲁明长城,宋代杨家将浴血抗辽的金沙滩等,至今雄风犹在,尽显边塞之苍茫悲壮。

广武汉墓群

旧广武城

广武汉墓群位于山阴县西南,旧广武与新广武城之北,共298座,为全国重点文物保护单位。整个墓群南依群山,北连朔州平川,从南向北俯瞰,由高到低、大小不一的封土堆星罗棋布。最高封土十多米,最低的也有三米多。其规模之大、数量之多为全国之首,是研究我国汉代政治、军事、经济和文化的重要依据。

印象朔州

旧广武辽城

旧广武辽城位于山阴县城南40公里、广武汉墓群南侧。建于辽金时期，明代包砖。是省内现存最完整的古城之一，为全国重点文物保护单位。它雄踞隘口，南望内长城，东靠新广武城，北邻汉阴馆故城，西接辽代雁门关，是历史上汉民族与北方少数民族交战的重要地带。对峙的敌楼、林立的关口、相望的烽火台等，构成一条坚固完整的军事防卫体系，至今仍不失曾经金戈铁马、壁垒森严的战斗气势。

新广武城防

新广武城位于雁门关北3公里，建于明洪武年间，万历三年增修。城墙高10米，底部宽4米，通体包砖。古城设东关、南关、大北关（石碑文字三晋雄关）、小北关。新广武由山瓮城、新广武城、南瓮城三道防线组成。新广武城形似簸箕，南瓮城形如斗状，俗有"金斗银簸箕"之称，城池造形奇特，城防坚固，全国绝无仅有。为古代军事建筑之经典，是研究古代军事文化的珍贵实物。

广武内长城

广武内长城位于山阴县境内，明代洪武七年修筑。它东临雁门关，西瞰宁武旧城，南通五台胜境，北达云冈石窟，全长5.3公里，沿山脊缓行，随山势曲折起伏，宛如一条首尾不见的巨龙。城墙高6至8米，底部宽3至5米，顶宽3米，全部为砖石结构，上面有敌楼16座。其中5座保存完整，并筑有易攻利守的腰门等建筑，是山西省境内明代长城的代表作，为国内长城之珍品，极具军事科学研究和旅游观光价值。

右玉外长城

右玉县境内的长城始建于战国与秦汉时期，现存长城为明代所建，全线长约84公里。古堡、烽火台林立，特别是杀虎口段，砖石砌面，筑有城楼、望台等，是明代抵御外来侵略的防御重地，也是清代晋陕商人西出通商的主要口岸和通道。如今，右玉外长城虽然历经沧桑，但雄姿依旧，绝大部分墙体比较完整，特别是近六十年以来，右玉人民在长城边植树造林，使长城周边的景色更为壮丽。

平鲁明长城

平鲁区境内有58公里的明长城，大新窑村的长城因地势较高，墙体前又有一道深沟，人不易攀上，保存比较完整。现存城墙平均高度6米，底部宽8米至10米，顶部宽3米。境内有烽火台514座，军堡18座，均是用黄土夯筑而成，是明代重要的军事防御工事。

金沙滩遗址

金沙滩古战场是宋辽征战的古战场。战争的烟云已经散去，但杨家将鏖战金沙滩、浴血陈家峪、兵败两狼山的故事却深深埋藏在了这里。

金沙滩古战场

形胜朔州

右玉平集堡

西口古道

说起"走西口",许多人都会不由自主地哼上几句二人台:"哥哥你走西口,小妹妹我实在难留……""走西口"不仅承载着山西人移民口外的悲欢离合、挚情悲喜,还诉说着巨商大贾通贸互市的文明富足,保留着戍边将士杀伐攻略、金戈铁马的粗犷豪放……雄伟壮观的古长城,保存完整的古城堡,苍凉古朴的古战场,栉比鳞次的烽火台,工艺精湛的古乐楼,辙印苔痕的古道敞路坡,全国少有的古桥广义桥,似一颗颗璀璨的明珠,镶嵌在西口的黄土地上,熠熠生辉。

杀虎口

"东有张家口,西有杀虎口"。杀虎口位于右玉县境内晋蒙两省(区)交界处,自古便是军事要塞。从明末开始直至清代以及民国时期,走西口从未间断。除为生活所迫走出口外谋生的贫民外,晋商持续不断、愈挫愈奋的商业贸易活动,形成"走西口"的又一道独特景观。如今的杀虎口因其丰厚的历史积淀,良好的生态环境,已形成了边塞文化、晋商文化、西口文化、生态文化为一体的西口旅游文化品牌。

右卫城内建筑

印象朔州

右玉杀虎口

杀虎堡

　　杀虎堡位于杀虎关东南2里，由杀虎堡（亦称旧堡）、中关、平集堡（亦称新堡）组成。杀虎堡在北，建于明嘉靖二十三年，周二里，高三丈五尺。万历四十三年，在杀虎堡南百米外又兴建了一座同样规模大小的新堡，名为平集堡。后来由于边贸繁荣和人口繁盛，在两堡中间筑东西两墙，将两堡连接起来形成一个整体的城池，二堡之间被围起来形成一座封闭的关，名为中关。整个城堡平面呈"目"字型，主要是屯兵把守，对杀虎口起防御作用的一个城池。

云石堡

　　云石堡位于右玉县西南，分新、旧两堡。旧堡为嘉靖三十八

右卫城南城门

形胜 朔州

年夯筑，后因山高无水，离边太远，不便防守，于万历十年改建在了王石匠河，砖包。新堡周2里，高四丈，东门外有东关，名为"永安重关"，明时设守备，分守长城十里，边墩二十二座，火路墩十七座。云石新堡里如今种了庄稼，无一户人家，城堡包砖被拆毁，仅存夯土墙。

破虎堡

破虎堡位于右玉县东北，明称"破胡堡"，是"灭胡九堡"之一。为嘉靖二十三年土筑，万历二年砖包，堡城周二里，高三丈八尺，城向南开有一门。明时驻守备，分守长城十四里，边墩十七座，火路墩五座。如今破虎堡城包砖早已被拆毁，黄土夯筑墙尚存，城南砖砌券拱城门亦存。门额上有一方字迹不清的石匾，门洞内东侧墙壁上嵌有一方字迹不可辨的石碑。

右卫城

右卫城位于右玉县城北，它北距杀虎口10公里，苍头河由南向北从城西流过。古城设四门，东为和阳门，南为永宁门，西为武定门，北为镇朔门，自古为北方重镇。明代被誉为"九边门阀"、"东李西麻"的麻家将，驻扎在此，为大明江山立下了赫赫战功。城内建有将军府、都统府、协佐领署、骁骑校署、府县署等衙署共256所。明清两代建造的社稷坛、先农坛、郡历坛、风云雷雨坛及各种宫观寺庙50多座，还创办有明伦堂、训导署、尊经署、敬一亭、玉林书院等大小儒学学堂。府库、县库、恤政、驿站、总铺、普济堂、阴阳学、僧道录司、接官厅、税厅等几十处。四大街店铺林立、商贾云集，规模较大的商号50多家。东街路北有文庙、宝宁寺建筑雄

杀虎口城门城墙

伟，规模宏大。明伦堂内还立有顺治皇帝亲笔题词的卧碑和康熙皇帝的谕旨，是山西省内除平遥古城之外又一座保存完好的古城堡。现城墙及四座城门完好，城墙之下的金刚石、有些地段的包砖尚存，城内四街八巷格局面貌依存，明清建筑古貌仍存，碑碣石刻偶有所见。

博物馆

右玉县杀虎口博物馆成立于1976年，有藏品2000余件。2006年，博物馆从右玉县县城整体迁移到杀虎口，进行了主题为"历史的驿站"的规划布展，展示了右玉独特的边塞文化、军事文化、晋商文化、西口文化以及生态文化，现与重新修建后的塞外古关杀虎口构成了一体，成为一道可观、可游的靓丽风景。

杀虎口博物馆藏品

印 象 朔 州

生态风光

右玉苍头河牧歌

平鲁乌龙洞

千百年来广为传唱的《敕勒歌》，是斛律金对家乡朔州的一曲赞歌。朔州自然风光独具特色，既有天苍苍，野茫茫，风吹草低见牛羊的苍茫博大；又有桑干河、苍头河、神头泉、紫金山、儿女山、清凉山、龙首山等名山大川的秀丽奇特。特别是右玉县，六十年来坚持一张蓝图绘到底，植树种草不放松，创造了"塞上江南"的绿色奇迹。

苍头河生态走廊

山无头，水倒流，被称为右玉县的两大奇观。水倒流，指的是苍头河的滔滔河水，不像其他河水那样东流或南流，而是自南而来向北流去，把右玉人民的热情和淳朴经杀虎口送入内蒙古浑河流域，继而南行汇入黄河。苍头河生态走廊是右玉县生态旅游开发项目的核心景区，也是北方黄土高原罕见的自然湿地景观。景区包括青少年露营基地、乡村风情体验区、生态湿地保护区、中陵湖水上娱乐区以及观光牧区五大部分。

中陵湖水上乐园

中陵湖是右玉县最大的人工湖。始建于1958年，1978年正

形胜朔州

式竣工投入使用。湖容量2176万立方米,控制流域面积达310平方公里。在这里,既可以垂钓水湾静处,又可以泛舟碧波之上,更可以品味湖中天然美味;或者,干脆住下来,尽享青山绿水之欢,细品渔舟唱晚之乐,在这北方的群山湖泊里,让心情来一次全方位的释放……

小南山森林公园

"魅力小南山,美景胜江南。"

小南山森林公园位于右玉县城南2公里,既以方位命名,兼取"寿比南山"之意,占地面积12500亩。园内针阔树混交,乔灌草结合,亭、台、坛、阁、花、灌、路、园,错落有致,有公仆亭、知春亭等,建成了占地面积38亩、蓄水量1.5万立方米的玉林湖,湖内有假山池塘、瀑布桥梁,登上小船可浏览湖内景色,景区内还建有民俗展馆,展出当地各种民俗饰物及土特产品。

南山滑雪基地

南山滑雪场坐落在右玉县南山公园内,总面积约4万平方米,雪道总长约1200米,可同时容纳千人滑雪。这里冬季日照充足,空气清新,雪质纯净,日平均气温-10℃左右。夏季绿草如茵,苍松叠翠,凉爽宜人,日平均气温22℃左右。是体验休闲,挑战极限,冬季滑雪度假,夏季消暑旅游的理想之地。

右玉中陵湖

103

印象朔州

右玉滑雪场

神海湿地公园

神海湿地公园位于朔城区东北部，由金龙池、莲花池、五花泉、三泉湾等10大泉群600多个泉组组成，水域面积50万平方米，是华北地区最大的一块天然湿地，素有"塞上江南"的美称。景区自然环境幽雅，文化底蕴深厚，有唐代鄂国公庙遗址，尉迟恭擒海马、神头三大王等美丽传说和遗迹。

紫荆山生态景区

紫荆山位于朔城区南部，因汉朝苏武出塞在此，夜梦并寻觅发现山中盛开紫荆花而得名。紫荆山生态景区总面积15万亩，山势雄伟，山岭巍峨，山脊背区宽阔，有一百多种野生动、植物，其中26种为国家二级以上保护动、植物，是朔州的活林木种资源基因库。景区内还有建于元末明初的紫金山寺，上千年的五株大油松，至今没有一人能走到洞尽头的"天府洞"……

儿女山生态景区

"上了儿女山，寒风刺骨头，三伏打颤颤，数九冻死牛。"

儿女山生态景区位于朔城区西部的利民山区。山势回环，崖壑交错，春季沙尘弥漫，夏季湿润凉爽，秋季薄雾遮掩，冬季冰封雪飘。最叫人感到奇怪的是山上的一堆石头，状如圆锥，高约

神头泉

104

形胜 朔州

金沙滩天门阵景点

五米。石块有的小如鸡卵，有的大如水瓢。关于它还流传着这样一个神奇而感人的传说：东晋一对年轻恋人金山和香玲机智勇敢，为抗击惩罚掠夺村落的强盗匈奴兵，故意领匈奴兵走向深山和匈奴兵一起被风雪吞没，村民们为纪念这对勇敢的恋人，把他们葬在山上一处洼地，并堆石以示纪念，后有善男信女来此虔祈神明赐予子女灵验如愿而得名。世人千百年来纷纷效仿，山洼渐为石平，石堆日隆，蜚声塞上。直到现在，仍有人从山下携了石块恭恭敬敬地堆放在石堆上，求得儿女，求得平安。

金沙滩生态旅游区

金沙滩生态旅游区位于怀仁县城西南20公里处，是传说中杨家将抗辽的古疆场，如今景区四周遍布的松树，远远望去酷似神兵百万，气势雄伟。仁和殿、点将台、八卦阵、天门阵、钟鼓楼、帅帐、"老令公佘太君"、"七郎八虎"、"八姐九妹"等石雕，均是以"杨家将"的故事为主题兴建，气势恢弘，庄严肃穆。旁有一佛寺，叫崇国寺，规模宏大，香烟缭绕，钟声悠扬，金碧辉煌。

龙首山文化园区

龙首山，位于应县县城东8公里，乃北岳恒

紫荆山风光

105

印象朔州

应县龙首山生态旅游区

山之支脉。其山势巍峨，岩崖高嗾，东西绵延数百公里，形似长龙，应县为该山山脉之首，山尾延伸至河北省蔚县，故得名龙首山。该山南依浑河，北临桑干，山上林草森森，风景秀丽，山前水波潋滟，苇叶婆娑；历史上就有"龙山圣景"和"边耀夕照"之说。2007年由台湾慧礼法师等僧众信徒捐资，在该山建设"龙首山文化园"，实现了释迦塔异地重建的构想。

北固山生态景区

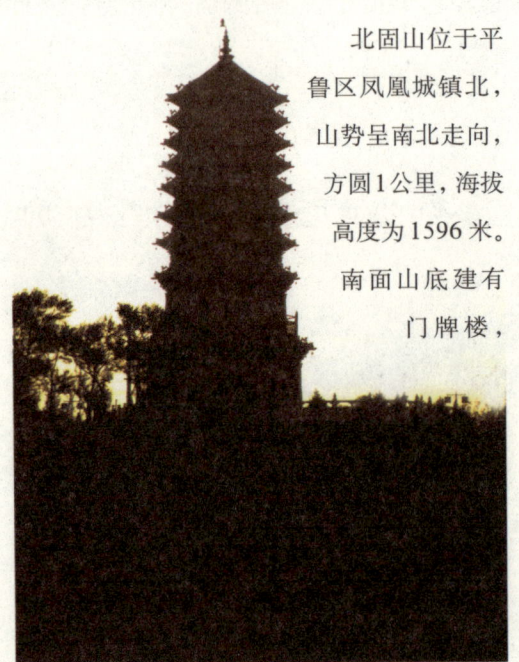

北固山位于平鲁区凤凰城镇北，山势呈南北走向，方圆1公里，海拔高度为1596米。南面山底建有门牌楼，山门两旁立有一对古石龟，自下而上有368级上山台阶。半山腰有千佛洞、玉皇庙、真武庙遗址。千佛洞前的几块古石碑字迹清晰，颇具观赏价值，新修的大雄宝殿等建筑气势雄伟。山顶有高约20多米的石牌，石牌正面曾有毛泽东画像，山下即是著名的凤凰古城。

乌龙山生态景区

乌龙山座落在平鲁区刘家窑村南2公里，海拔高度1830米，东西双峰耸立，中峰低矮形如龙头，整座山势宛如独首双身卧龙，因此得名。山上生长着多种野生植物和中药材，尤以杏林为多。山间建有寺庙，寺庙中有一"滴水洞"，洞口建有六角"蔽风亭"。直洞深6尺许，下通入平洞，平洞深1丈五尺，在平洞顶部有碧石一方，有水珠在顶部石面上游动，形成大水滴后，滴入洞底水池，长年不断，水质可饮，味道甘美。据说池中水取之不尽，用之不竭，无人取用，也不增多溢出。传说每年六月二十四至二十七日为乌龙生日祭会之期，多有四乡百姓来此地求雨、朝拜。还有传说，乌龙乃东海龙王的五太子，和五台山五爷庙的五爷是同一神。当地有"先有乌龙洞，后有五爷庙"的说法。

文昌塔文化公园

文昌塔文化公园位于平鲁区井坪镇，又称南山文化公园。是以井坪南梁及战国秦汉墓遗址为依托建设的生态文化公园。分文昌塔区、战国秦汉墓遗址保护区、石碑及出土文物保护展览区、四季植被公园区四个景区。文昌塔为平面正八边形，塔体内高6层，外部高9檐，兼具楼阁式与密周式塔的特征。旨在宏开景运，弘文倡学，安境富民。

平鲁文昌塔

红色记忆

平鲁李林烈士陵园

横刀跃马，千里驰骋，塞外这片热土浸染着英雄不屈不挠的热血风骨。

烽火连绵，波澜壮阔，朔州这块革命老区谱写了先烈献身祖国的壮美华章。

朔州是革命老区，抗日战争、解放战争中发生的较重要的战斗战役五十余次，涌现出了爱国华侨李林烈士等一大批革命先烈，李林烈士陵园、塞北烈士陵园均是全国爱国主义教育基地。

李林烈士陵园

李林烈士陵园，位于平鲁区井坪镇陵园路北，总占地面积3000平方米。该园始建于1964年，竣工于1973年8月，主要是为纪念、陈列抗日民族女英雄李林烈士及革命战争年代和社会主义建设时期牺牲的1366名平鲁籍革命烈士而建的，是雁门关外著名的烈士陵园之一。

塞北烈士陵园

塞北烈士陵园

塞北烈士陵园原址是1949年在原朔县文庙的基础上改建而成，占地5612平方米。陵园的陈列厅内铭刻着原绥蒙军区及怀仁、山阴、平鲁等六区县在抗日战争、解放战争时期牺牲的5163位烈士的英名，陈列着358旅714团抗日时在朔县战斗中牺牲的75名烈士的骨灰及民族女英雄李林的遗物。由于年久失修，陈列厅、纪念展馆破旧狭小，已很难适应参观凭吊者的需求。烈士陵园的新址定在朔城区西关万亩森林公园，占地百亩，新增革命烈士纪念馆等八大建筑。

印 象 朔 州

产业文明

平朔工业旅游区

平朔煤炭工业旅游区位于朔城区与平鲁区交界处，为全国最大的露天煤矿，全国工业旅游示范点。推出了供游人参观的世界上最大的自卸卡车，以及从美国、日本引进的巨型电铲等。景区还设置了一处视野开阔的观礼台，供游人欣赏气势非凡的矿坑作业现场，了解国际上先进的露天开采工艺和具有中国特色的矿区生产、生活管理模式。

神头电厂工业旅游区

神头电厂始建于上世纪七十年代中期，为华北最大的火力发电厂，向全省乃至华北电网输送了强大的电力，为朔州工业旅游示范点。推出了电力生产过程及环安设施等游览项目，让游客了解"电是怎样产生的"，切身感受到现代化大生产的工作流程和文明水平。

古城集团现代农业旅游区

山西古城乳业集团有限公司位于朔州市山阴县古城镇，是山西省最大的集奶牛养殖、乳品加工、销售、科研、商贸于一体的乳制品加工企业。现为中国乳品十大企业之一，山西省农业旅游示范点。

华北最大的坑口火力发电厂群——神头发电厂

山西古城乳业

形胜链接

两汉墓葬揭秘

汉代盛行土葬，两汉四百年间，在当时的郡县治所附近，遗留有驻戍官吏、豪门大族及将士、平民的墓葬群，尤其以勾注径北、雁门关下的山阴广武汉墓群最为壮观。298座汉墓的封土堆连绵起伏，状若丘陵，低者三四米，高者十五米以上。封土的高低大小，以死者生前的官阶而定，等级森严，差别很大。这些大封土堆掩盖下的汉墓，它的内容是什么样子呢？1983年以来，配合煤矿、铁路、公路等重点工程建设，国家文物部门在雁同朔一带组织了大规模的汉墓发掘，曾在朔城区发掘出珍贵的雁鱼灯。有专家考证，广武汉墓群下，有深埋的墓室，封土的高低、大小与墓室的深浅、规模成正比，墓葬形式随着时间的推移而富于变化。有的是竖穴墓，有的是带斜坡墓道的土洞，还有的是双墓道土洞墓，大多有木椁。汉墓里的随葬物主要是实用品，以各类陶器为主，有炊具、酒具、生活用具，还有兵器、钱币、印章等，少数官吏豪强的墓葬，"鬲以棺椁，裹以布帛，口含玉石"，随葬品十分丰富；而大多数贫民百姓只不过小棺壶罐，有的甚至只是白骨一具。

从两汉墓葬我们可以看出当时北方的社会生活和意识形态。那些铁甲裹尸、弓箭在腰和以大量兵器随葬的青年死者，给我们留下了反击匈奴侵扰的长期边塞战争的痕迹。那些胎死母腹、母子同棺及数人被捆绑在一起活埋的惨景，给我们展示了经济落后、社会动荡年代老百姓的悲惨遭遇。而男女同棺，紧紧拥抱，至死不分的情人墓，又分明是汉乐府《孔雀东南飞》中所歌颂的爱情悲剧的历史佐证！

边塞沧桑

亘古沧桑事，云烟过雁门。

站在高高的雁门关上，极目远眺，层峦叠嶂，山势巍峨。古长城蜿蜒险奇，汉墓群星罗棋布，东西陉古道路转峰回，旧广武城雄浑质朴。寥远、恢弘、苍茫、凄楚，仿佛时光回流，又似天边蜃景。半轮山月，银辉笼罩；几颗寒星，遥缀天穹。守防将士戍边的背影，攻城掠地弥漫的烟尘，车辚马萧奔波的匆忙，遮天蔽日摇曳的旌旗，远去了，远去了……

被誉为"长城奇迹中的奇迹"的雁门关，自古为兵家重地，拱卫京都，屏护中原。是大雁来去必经之处，因险、雄、奇、绝，大雁难以飞越，故名"雁门关"。汉击匈奴、唐防突厥、宋御契丹、明阻瓦剌，从上古春秋到明清两代，雁门关为中华第一古关。汉卫青、霍去病、李广驰骋长城内外，唐薛仁贵出击雁门关下，宋杨业父子血战金沙滩上，更有抗战英雄贺龙、关向应指挥八路军在此痛歼日寇。1948年，毛泽东主席途经山阴广武，登上雁门关，一睹边城雄关风采。

李白诗曰："汉家秦地月，流影照明妃。一上

马邑汉墓群

109

印象朔州

雁关道,天涯去不归。"千古以来,游牧草原部落与中原历朝交战在此,无非是一墙之隔、一城之隔、一关之隔、一塞之隔。在古代,这里是"北国天涯"、"北边天角"。

沿雁门关而下,朔州境内,万里长城依山而筑,盘桓于山岭之上。18个隘口壁垒森严,一座座雄楼巍然屹立,敌堡对峙,烽台抵首,左右峭壁如削,百步九折,遗址尽然。

晨曦初朗,曙色清明,趋步数公里,又见广武古城、汉墓群。广武古城是我国境内保存最完整的村级古代军事防御城池,始建于辽金。咽喉要塞,广聚武将。杀气朝朝冲塞门,胡风夜夜吹边月。城墙原始古拙,雄伟壮丽,城内唐松宋柏,挺拔茂盛,两臂不能合抱;楼阁、庙宇气度不凡,风韵犹存。全城至今未大修,保持原汁原味,可与平遥古城相媲美。革命战争时期,朱德、陈毅、聂荣臻、徐特立等首长频繁过往。唐代著名诗人王维途经广武留诗曰:"广武城边逢暮春,夕阳归客泪沾巾。落花寂寂啼山鸟,杨柳青青渡水人。"

汉墓群,298座墓冢,错综复杂,神秘诡谲。传说是满门忠烈的杨家将与敌作战,为蒙蔽对方筑起来的假粮堆而冒充兵精粮足,实际上是东汉时期戍守边关的无数阵亡将士的坟墓。最高的一座有20米,占地3250平方米。这是我国迄今为止发现的最大的汉代墓群。

暗淡了刀光剑影,远去了鼓角铮鸣,眼前飞扬着一个个鲜活的面容。站在高高的雁门关上,望紫塞风光,听战争传奇,知关隘文化,凭高吊古,情思无尽;古道西风,烽火边城,一夜风云散……

崇福寺,寂寞的注释

崇福寺,是寂寞的。

因为厌烦了闹市的喧嚣和嘈杂,就想找一个清静的地方走一走,散散心,这样就走到了崇

朔州千年古寺——崇福寺

形胜朔州

福寺。我并不想朝拜，也不懂佛教的奥义，只是想看看崇福寺，看看千佛阁、三宝殿，看看弥陀殿的彩塑壁绘，琉璃脊兽。

冬日的上午，虽没有风，却是出奇的寒冷。乌蒙蒙的太阳光穿过光秃秃的树枝洒下来，成了冬天必不可少的点缀。不用走几步，就看见崇福寺的山门

崇福寺弥陀殿

了。山门大概在不久前维修过，朱红的油漆也是后来涂上去的。只是那沉重的吱吱呀呀的木门声似乎依旧回响着唐朝的声音。

远去了，初唐的雄风和豪情。笃信佛教的尉迟恭一路英勇拼杀，护卫着大唐繁荣的基业，开国的荣光使得他可以从家乡修建寺庙一路修到长安。那么，崇福寺该是一个开始，一个闪着灵光和凝着智慧的开始。

晨钟暮鼓，这就是钟楼和鼓楼，从圆弧形的门洞里向上望去，锈迹斑斑的铜钟和石鼓永不再响起。据史料记载，在香火最盛的时期，寺内有二三百僧人禅坐，围纳。晨钟响起，暮鼓结束，香烟缭绕，经声不绝，天天传递着佛语梵言的安详大度。

院内极为雅静，似乎只有我一个游人。唐朝的建筑走到今天也该是破败不堪了。可是，人类对寺庙的修建一直兴趣酣足，从明朝洪武十六年就开始大规模修复还原，付出的是精力、钱财，收获的是为佛的安宁。勿论朝代，不说富贵，我们都需要把心灵寄托在某一处或某一物，以

一种恬静淡泊的生活态度处世。寺院，无疑是一种归属，一个载体。

吸引我的还是四院的弥陀殿。弥陀殿是精华是智慧是心灵的飞动，崇福寺因为有了弥陀殿，才被誉为"金代艺术瑰宝之殿堂"。巍峨，壮阔，被风雨压弯了的瓦檐已从辽金的金戈铁马一直走到如今的歌舞升平，这让我感到"不见古时月，古月照今人"的黯然神伤。拾级而上，又顿然而止，再让我好好想一想，聆听四角屋檐下风铃的清脆，仰视琉璃脊兽的溢彩流光，早已像束干凝的火焰定在千姿百态千变万化的窗棂上。

殿内塑巨像一尊，明间为弥陀佛，次间为观世音和大势，佛学上称为西方三圣。两侧为胁侍菩萨，前隅为护法三金刚。通体雕塑沿袭了唐的丰满俊逸，端庄慈善。我不敢说话，世界上有许多我们不能理解和解释的事情，我们只能相信我们已经习惯的感觉，就如同这原汁原味的金代杰作，难道不是由于我们的相信才能够历经改朝换代、历遭战乱烽火还能够完整保存吗？四周的彩绘壁画姿态各异，细腻富丽。吉祥天、婆

印象朔州

薮天、飞天、千手千眼观音都一语不发，只坐壁上观看人间尘起缘落，无尽的苦难焚烧在香炉里。那袅袅飘带似乎也像流水一样颤抖，暗香浮动，惹人情思。

崇福寺是古寺，又叫大庙寺、林衙寺、林衙古刹。"林衙古刹"在晚清时被列为"朔州八景"之首。僧侣如云，木鱼声声。崇福寺的工作人员老孙介绍说，在辽以后，节度使统领，为林衙太史的府第，居仁不安。所以没多久仍然还原为寺庙，让它享受本有的安宁。弥陀殿在元朝时，还做过粮仓，在日本人屠城时，蔽护过百姓。这些都不是佛的本意。佛是广施福田造化苦难，普渡众生，教人崇善崇美。战争和灾祸都远去了，佛也不再有原来的犹豫。千佛阁早已不藏经卷，只是让人想起，尉迟恭的侄儿，法号"窥基"的少年，曾怎样夜以继日地帮助唐玄奘在大雁塔下翻译那些从西天取回来的经书……

从弥陀殿转出身来，发觉阳光竟如春天般明媚。这让我感到恍惚不已，似乎这青砖碧瓦也萦绕着唐宋的紫气祥云。工作人员说过几天是弥陀佛的生日，佛徒们会从四方赶来烧香、敬拜、祈祷。那么，我还来不来呢？

转身时，我突然觉得崇福寺是寂寞的，是一种高处不胜寒的寂寞，是处在闹市中的孤独。仿佛养在深闺的少女，她有着美丽的容颜，流苏的衣物，翘着兰花的手指。她日日望穿秋水，可是没有人来欣赏她，没有人能读懂她，更没有人知道她的兰心蕙质、锦心绣腹。她就随着光阴的移转这么寂寞着。

听说厦门市也有一座崇福寺，不知要小多少了。寺内竟然有朔县峙峪人遗址展台，还有介绍朔州崇福寺的书籍。那里的游人如织，香火鼎盛。听了让人好生感慨。

我至今不明白尉迟恭修建寺庙时为何要建在闹市中心。也许刚建造时，这儿还很僻静，只不过社会推进到今天，山门外已变成车水马龙、商贩云集、熙熙攘攘的景象了。也许，只有如我孤独者才会想起看一看寂寞的崇福寺，触摸它久远的沧桑，感悟它博大的艺术。而我又是多么希望有更多的人来享受这阳春白雪啊。

冬日的崇福寺，让我在信步闲走无所用心中有了思想。我长久地回望那扣着圆形铜钉的朱漆大门，禁不住又一次黯然神伤。

高高的台阶，青石的狮子，在我身后渐渐地淹没在一片市井吆喝油烟尘土中了。

应县木塔之谜

建于辽清宁二年的应县佛宫寺释迦塔，距今已有950余年历史。浓缩了千年建筑文化、佛教文化和人文历史的应县木塔，是世界第一奇塔。

围绕应县木塔的神秘关注，千百年来也一直没有定论，纯木结构的木塔，何以屹立千年？强震不倒，雷轰不焚，炮火难摧。佛肚里为何藏有佛牙舍利？木塔是为供奉舍利而建的吗？

揭秘这些谜团，至今没有准确、权威的解答，种种推论和揣度，反会让人觉得更加迷离。

让我们看看专家们是如何解释它为何千年不倒的？

结构科学合理，卯榫咬合，刚柔相济，有着巨大的耗能作用。采用两个内外相套的八角形，将木塔平面分为内外槽两部分，之间又分别有地栿、栏额、普柏坊和梁、坊等横向相连接，构成了一个刚性很强的双层套桶式结构，从而增强了抗倒伏性能。木塔内为九层，每两层之间有一暗层，暗层内增加了许多弦向和径向斜撑，组

形胜朔州

应县木塔第四层塑像

成框架构层,从而增强了抗震性。

将梁、坊、柱连接成一体,但不是刚性连接,受到大风地震等水平力作用时,木材之间产生一定的位移和摩擦,从而可吸收和损耗部分能量,起到调节变形的作用。另外,木塔内外槽的平座斗拱与梁坊等组成的结构层,使内外两圈结合为一个刚性整体,从而增强了抗震能力。

地质基础坚硬,麻燕代代护塔。木塔基土主要由粘土及砂类组成,工程地质条件非常好,其承载力远大于木塔付予的荷载,所以不必担心会因"底虚"而倾倒的可能。此外,夏天塔上居住着成千上万只麻燕,麻燕以木塔上的蛀虫为食,起着"护塔卫士"的作用。

全木结构的良好绝缘性能避免了雷击。

人为的保护。战争年代,炮弹杀伤力小,对塔身造成的损坏不太严重。一旦着火,又很快被人扑灭。此外,解放战争时,人民解放军从保护的立场出发,发射300发炮弹都未中要害。

目前的结论是:木塔千年不倒的原因是建筑结构的奥妙、周围环境的特殊性、人为保护的因素。

再看看佛牙舍利由来之谜。

据史书记载,后唐明宗皇帝李嗣源是应县人。在他过生日时,全国各地都给他敬献珍贵物品,其中四川节度使孟知祥和西域来的一个和尚分别敬献给他一颗佛牙舍利,李嗣源便拿回故乡立庙供奉。到了辽代,信奉佛教的萧太后又建起大木塔专门供奉。

木塔是为供奉舍利而建的吗?

这个答案许多人是肯定的。他们认为应县木塔原名为"佛宫寺释迦塔",实为"佛陀的宫殿、释迦的塔",也就是说,佛宫寺是释迦牟尼佛的宫殿,释迦塔是为供奉佛祖释迦牟尼的真身舍利而建。

113

佛牙舍利是真身吗？

这又是一个肯定的答案。上世纪七八十年代，中国佛教协会会长赵朴初老先生曾给予肯定。此外，应县木塔文物整理组和荣宝斋分别有鉴定书和认定书，确认佛牙舍利是释迦牟尼遗骨。

落日杀虎口

从北京出发，过张家口，出大同，西经右玉，再向西北行20余里，经右卫老城再行10余里，碧天一洗之下，有清代的大税关杀虎口凸现在面前。它是在杀虎口旧关址上修建的阁楼式关口，一东一西两个墩台上各修了一个楼阁，两个楼台间用一个拱券连接起来，崭新的灰砖之间描上了白灰砖缝。当年康熙皇帝御题的"杀虎关"匾额早已不知去向，新关上的题字是学者罗哲文所书。

杀虎口的称谓，据右玉一位研究者考证，在春秋至秦汉时称参合口，隋唐时称白狼关，宋称牙狼关，明正统十四年（1440）改称"杀胡口"，改名的原因当然是对于屡屡入侵中原的异族骑兵的仇恨。满清王朝入主中原之后，与蒙古异族的矛盾得以化解，为了避免引起蒙古人的反感，康熙三十五年（1696）"杀胡口"改为"杀虎口"。由于地处中原与蒙古交界处，在历代汉族与异族的战争中，杀虎口都首当其冲。"周征猃狁，秦汉伐匈奴，隋唐击突厥，宋讨契丹，明平鞑靼，清康熙皇帝讨伐蒙古叛匪葛尔丹，均经由此地。"雍正年编《朔平府志》上说：杀虎口"直雁门之北，乱嶂重叠，崎路险恶，数水交汇，绾毂南北，自古倚为要塞"。多灾多难的明代，疆域仅仅维持在长城一线而已。兵连祸接，鞑靼、瓦剌岁岁南侵，明太祖派大将徐达筑起了东起山海关、西至嘉峪关的万里长城，沿线设置九边重镇，杀胡口由大同镇所辖。为了加强边防，明

杀虎口夕照

廷于嘉靖二十三年（1544）在杀胡口内东侧约200余米处建筑城堡，名为"杀胡堡"，20年后的嘉靖四十三年，在杀胡堡南百米外又建一座新堡，名为平集堡。新堡建成后，又将二堡东西堡墙连接起来，二堡之间被围起来形成一座封闭的关，名为中关，这样从南到北形成三连环式的堡城。

从清代顺治七年（1650）开始，杀虎口设立税务监督机构户部抽分署，负责征收山西天镇新平堡至陕西神木一线的边口出入税，税收项目大致有烟酒盐茶税、米面油糖税、荤腥腌腊海菜香料税、干鲜果品税、冠履靴袜棉毛丝麻税、皮毛骨角税、器物税、铜铁锡税、牲畜木植等十余个项目。除了口外的贡品和回口里的灵柩不打税外，口外回口里的姑娘孝敬爹娘一双新鞋如果被巡役发现，也要纳税，只有驾辕的骡马出入不纳税，据说是皇上怜惜驾辕牲口劳苦，特予免税。所有这些纳税物品照章纳税后，都要经过这条凹凸不平的古道，出入杀虎关。

从1650年（清顺治七年）杀虎口设立税关，到1929年杀虎关与塞北关合并，杀虎口税关存在了280年之久。清代税例，各种货物按值抽取1%至1.5%的边税。清末民初平绥铁路未修至丰镇之前，主要货物都由杀虎口进出，由于业务繁忙，应运而生了一些以代办税务服务的店铺，他们一手托两家，这边收取商人的手续费，那边和税关人员勾结起来，赚黑心钱。正所谓鼠有鼠路，蛇有蛇道。杀虎口号称日进斗金斗银，但多数都被历任监督及手下贪污。杀虎口本地人估计，收10个制钱税款，皇帝最多能得到4个，监督和缉督的人得3个，剩下3个落到杀虎口100个顶缺的差役手中。

清前期，税关监督多由宗室贵族充当，这些

形胜 朔州

人在京城多充任俸禄微薄的户部员外郎一类职务，监督一职一年一换，京官轮流到杀虎口捞钱。杀虎口直接吃税饭的有100家，间接吃税连同税店、商店、旅店、烙火印铁匠等加起来近1000家。极盛期的杀虎口有3600余户，4万余人，构成杀虎口主要经济成分的有户部税收衙门、旅蒙商人、绿营兵及驿传道，称为三家半人家。

大盛魁是清中期至民国初中国北方规模最大的商号。它的发迹，即源于杀虎口。最直接的原因，是因为康熙远征葛尔丹从杀虎口出兵，当时杀虎口人秦悦、太谷人王相卿、祁县人史大学都是挑担小贩，他们跟随远征军进入蒙古乌里雅苏台、科布多地区，为军队供应军需。平叛得胜，三个人靠第一桶金在杀虎口合开了一个叫"吉盛堂"的小店，40多年之后，他们把商号开到了内蒙古归化（今呼和浩特），取名大盛魁。百年之后的道光时期，大盛魁达到了它的全盛期，发展成一个集团公司性质的商业系统，总号设归化城，在外蒙古乌里雅苏台、科布多、库伦设分号，业务遍及张家口、察哈尔、上海等十余省市。咸丰年间，大盛魁的业务远及莫斯科。

大盛魁的从业人员达六七千人，资金说法不一，有记载称其在道光时，资本金达一亿两白银之巨。大盛魁的衰败始于俄国十月革命及外蒙古独立。十月革命前旧俄政府货币流入外蒙古7000万卢布，这些钱大多掌握在大盛魁手中。十月革命后，旧币废止，大盛魁一日之间损失巨万。蒙古革命后，命令全蒙古各地凡欠大盛魁债务的，一律不予归还。大盛魁丧失了在外蒙古的全部债权，有些地方商号的财产被抢走，商人被杀害。短短的时间内，外蒙古的商号全部倒闭。在绥远的商号撑持至1929年底，随着杀虎口税关的消失，大盛魁亦宣告破产。

印象朔州

山阴县三圣寺

情萦化悲岩

踏进通往化悲岩的山道，我初是惊诧，继而整个身心都倾倒在它的美了。

这是一个盛夏的午后，我们在后所乡采访结束后便萌发出上化悲岩的念头，同去的有曾在文革前化悲岩未毁时到过的一位老者，他指了指上方的那面旗子："爬吧，那就是。"一行数人便拉开了距离，我捷足先登，远远地爬在他们前面。这条山道乍望进去，是再普通不过了，但若喘着粗气爬进去，便会慢慢地感受到它独特的魅力了。山道的两侧，平缓的山坡，峻峭的绝壁，幽深的沟壑，配上沟底中杂乱横陈的嶙峋的山石，遍生的碧绿蓬松的野草和谐而巧妙地织就了一种"空山不见人，但闻人语响"的清幽深邃的意境。

这条不太长的山谷道路，弯弯曲曲，排列得恰到好处。把不长的很单调的道路，组合出一个个变化。每走不远，都有一处新的风景点在等待着，把一种新颖的美呈现于面前，诱惑、激励着我们，使得我们顾不得疲劳，停不下脚来，非走到尽头把它看完看够才罢休，从而脚步更快了。

半个小时左右吧，大汗淋漓，口干舌焦，寻思找一饮水处，不远处发现一小屋，门关着未锁，连喊几声无人应答，推门而入，俨然一农家大杂屋，见一葫芦瓢，每人喝了半瓢，又寻思人家从沟底挑水不容易，便学习解放军传统，掏出5元钱放在瓢下。此时，四周仍无一人，连同周围除了山风还是山风，润了嗓子，劲足了，我们向下喊：上来了，快……才发现余者扶老而至。

"文革"浩劫，化悲八景早已荡然无存，只能在老者的指点下寻觅昔日的踪迹，访谈悠久的传说。登高四望，风，是轻轻的；草，是绿绿的；苔，是青青的；雾，是淡淡的。杂草在人迹罕至的地方丛生，佳木在远远近近葱茏。不时的鸟声如情人的私唔。山谷里，潺潺细流，委婉动人。偶尔可见远处山村有缕缕炊烟，还隐约可听到一二声低低的犬吠……从喧嚣的环境一下跌入这空灵的境地，一种"旷野空寂，静涤尘世"的感觉不觉油然而生，从心底里有一种畅酣的超脱。人在山中，方体味到"大地在我脚下"的豪言壮语；人在山中，方体味到"和清风白云游戏"的柔情蜜意。一切显得和谐自然，就是这里，战争年代曾是南山革命根据地。

"两山夹一楼"的风景仍在，周围红布小旗插得到处都是。有人介绍：这是庙院的中心部分，四大罗汉、十八天神都在这里。过去遇有天旱虫灾，三乡五里的人们就在这里祷告。现在也还常有人来朝拜……我们一行就背依一面大旗，

形胜 朔州

在此留影，以壮行色，以志纪念。

我们慨叹：如此美景为何不生于人群聚集处？结果人们探幽寻胜，必须迢迢跋涉，既费了时日，又累得一蹋糊涂。老者告诉我们：自古道，无艰不胜，无远不幽，造物的心思就是这样。老者还讲起传说中的群羊驮瓦建寺的故事，化悲岩地远路险，建造时材料难以运上，便采取羊驮的办法，化整为零，将砖瓦片用羊驮到了山上，所以又称作"羊驮寺"。后称"化悲庙"、"画皮庙"。我们寻遍寺内外，有几块断碑残碣，上面模糊残缺的字迹还能依稀看到有元、明、清、民国各代修葺捐款的说明和人名，其他有关的遗迹了无发现。所谓："自古风物传闻久，半是存真半是猜。"但这些神话与传说，确也为化悲庙抹上了神奇的色彩，引人入胜。

天色将晚，我们匆匆踏上归程。回首遥望，只见化悲庙被金色余光涂染一层神奇的色彩，那新建的殿宇、僧房的炊烟以及若隐若现的看寺人，无不在这像画儿一样的底片中显露真情；而最令人感叹的是本能和北岳悬空寺媲美的化悲庙，毁于后世子孙的狂热之中，使多少游人空余悲叹。

烟云梵台清凉山

离开尘世的喧嚣嘈杂，独步怀仁清凉山。山青水碧，烟云梵台，于幽僻处享受那份为佛的清凉和安静。

清凉山上有清凉寺，是文殊菩萨赴五台山途中的第一道场。峰顶有魁星塔，峰凹处有石窟，窟中有石雕文殊菩萨，有石雕佛像散落在山坡之上。清凉山的佛悠闲自在，不拘一格。生就那飘逸的神情，落落的风采。想他们经过千年风雨行走至今，也许是告诉世人，佛无处不在，佛缘风生水起。

五座和尚灵塔奇巧绝妙，在碧草掩映下，传递着佛语梵音的无边和大度，巨石雕刻的文殊菩萨和大肚弥勒佛侧卧于山花烂漫丛中，慈善的心灵盛装了这人世的苦难，教你无念无忧，万物随缘，不可强求。

始建于辽金时期的这些石窟、佛雕和砖塔依旧保持着曾有的容颜和神采，不曾遗忘，从未声张。清凉的世界里自有着一种不被尘世物语所浸染的遗世独立和与众不同，这才是佛的指向。

清凉山

印 象 朔 州

广武内长城

古 韵 朔 州

古韵朔州

印象 朔州

古城
边城暮雨雁飞低

朔州有一座又一座的古城，旧广武古城、右卫古城、老平鲁城……一座比一座悠久，一座比一座多情。

踏入这些古城，便被一种无言的沧桑之美所震摄，一时变得手足无措，语不成言，深恐一不小心，触犯了她们的威仪、她们的沉寂。

位于广武汉墓群南侧的旧广武古城，是山西省保存最完整的古城之一。它雄踞隘口，南望内长城，东靠新广武，北邻汉阴馆故城，西接六郎城遗址，是历史上汉民族与北方少数民族发生战争的重要地带。其城内街道建筑布局四大街八小巷基本保留原制。

曾为战国、秦、汉的雁门郡治的右卫古城，在清雍正时期，人口剧增，百废俱兴，呈现出一派繁荣昌盛的景象，人口达两万余人。城内外建筑千姿百态，宫观寺庙星罗棋布，牌楼牌坊遍地林立。四条大街店铺兴盛、商贾云集，大小商号有50多家。作为北方军事重镇，在建筑方面颇具地方色彩。像苏武庙里的苏武塑像一改别处的坐像为站像，其用意就是要求边关将士像苏武那样精忠报国，坚贞不渝，宁死不屈。

有凤凰城美誉的老平鲁城当年也是铺面林立，建筑奇特，形态各异。用于祭拜的祠堂、庙宇星罗棋布，亭台楼阁栉比鳞次，一年四季香火缭绕，往来人士络绎不绝。特别是城内北固山寺庙建筑群，依山势而建，错落

朔州古城

有致，神秘传说流传于世。

座座古城历史悠久，风景秀丽，名胜古迹甚多，明清古院风采依然，游人到此，大多马不停蹄，争取在短暂的日程中浏览更多的景点。走在古老的城墙上，抚摸那一垛垛老墙，似乎能听到历史渐去渐远的脚步声，踩在一块块青石板铺就的小巷里，仿佛能看到晨光中守边将士矫健的背影。

暮色中的古城，四处弥漫着古老而神秘的气息，让人忘了置身何处，今夕何夕。

古城，一座座平和而带有野逸意味的古城。你们是在民歌和民俗中渐渐老去的古城，是在金戈铁马声和将士热血流淌着传说、故事的古城，一座座蕴涵了史学意味、美学意味、哲学意味以及文学意味的古城。

古城，你们是用每一垛老墙、每一块青石板，以及一处吊桥、一段流水、一辆小车，还有一些名人或底层人物的命运构成的一座座让人牵挂的精神故园。

古树 独木成林荫后人

千年古榆树

朔州之所以被称为煤城，并不是地球一形成就有煤。在好多好多年前，朔州一带除了内陆湖，就是茂密的森林。后来由于地壳运动，森林覆灭，埋于地下，才形成了现在的煤。

成片的森林覆灭了，单个的树留了下来，成为今天珍贵的植物，这些树不仅有生物学上的价值，更有深厚的历史价值、文化价值、审美价值。

巍峨挺拔的雌雄双柏耸立在山阴县旧广武城南的小学校园里，相传为北宋元丰年间（1070—1085）栽植，距今已有900多年历史了。两树相距4米，高约16.7米。雌柏周长3.2米，雄柏周长3.14米。更令人称奇的是，在雄柏的枝桠处长着一棵枸杞树，一到秋天，一颗颗红色的枸杞格外引人注目，自成一体，巧胜天物。雌雄双柏相守近千年，夫妻、情人在这两株树下牵手相许，爱情之花定会常开不败，千年不朽。

在怀仁县东关村有一株高17米的毛白杨，冠幅达20米。应县兴旺坡与留义村之间的一株白杨虽高不及怀仁的毛白杨，但也有12米高，可出材10立方米以上。站在树下，只能对生长了数百年的大树抬头仰视。

臭椿尽管有个"臭"字，但若你真正站在应县边耀村小东堡19米高的臭椿树下，不仅不会嫌其"臭"，反而会轻轻抚摸几下、赞叹几声。

位于平鲁区凤凰城镇安架山的古榆树已有千年高龄，繁盛硕大的树冠像神灵一样护佑着当地人民。树下的几户人家依旧住在石碹的窑里，这棵树养在深闺人未识。

在朔城区梨园头村，龙神庙院里有两株杨树，当地人称梨园头双杨，高达17米，是明崇祯年间建庙时所植。白庄村里三人始能合抱的古柳，老态龙钟，绿荫如盖；穆寨村龙王庙里有两株树根并列的木瓜，枝干对出，长如龙身。三株树都有三百多年的树龄。据村里人介绍有外地人曾经想以高价买走这几株树，但碰了一鼻子灰，当地人爱树护树的精神可见一斑。在神头镇吉庄村李树艮的院里，一株600年树龄的槐树将其房屋紧紧覆盖包围，成为奇特的树包屋景观；古树造型奇特，树身向东北倾斜，离地三米高处分叉，盘旋扭曲，宛如雄鹿头上的角向四方伸展，树梢高15米，宽15米，呈伞状，古树腹空，里面能容四个小孩玩耍，但树冠枝繁叶茂，绿荫如云，翠色盖地。

印象朔州

杀虎口西门古道

古道

不见瘦马啸西风

漫长的朔州历史，漫长的朔州古道。

翻开一本本县志，每个县都有一条条古道，车辚辚，马萧萧，肩挑背扛，夕阳西下，老树昏鸦……思古之悠情顿生。

据记载，在古塔之乡应县和平鲁区各有官道4条，每隔10至20里设驿铺一处；朔城区、怀仁县分别有官道5条；山阴县最多，达8条；右玉县6条，其中全国知名的杀虎口就为其北大路的一部分。《右玉县志》载：北大路：自府北门处起，自杀虎口20里，至归化城（呼市）260里。

今天，条条古道早已变通途，唯有西口古道还保留着原貌。踏在岁月打磨的滑滑的青石板上，体验着古代朔州人离家远途的心绪，欣赏着夏日之蓝天白云渲染的山景，夕阳西下，不见瘦马啸西风，心情自会格外的愉快。

古韵 朔州

古村
萧瑟秋风今又是

漫步朔州乡村，座座古村最令人遐想。

在山阴县新广武村，走进每一幢古民居都有一段动人的故事。西太后与光绪帝夜宿来圣店，杨应魁祖上与阎锡山的交往，毛泽东小北关城门洞下吟布告，陈毅正月十五闹元宵……

当然不止新广武村，当你贸然走进一座古村，你会看到古色古香的门楼；你会看见飘飘欲飞的窗棂；你会看见精美绝伦的雕刻。一串串的砖雕、石雕、木雕，装饰华丽精美；影壁上的花鸟虫鱼仿佛闻风而动；清幽幽的古井、古碾散发着它百年不变的淡定从容。清风徐来，黄昏或晨曦在古村内与人对弈或静坐闲聊，那是一种怎样的安静和闲适？

古村存在着悠久的历史文化，众多的文物古迹和和睦相处的社会伦理，丰富多彩的民风习俗，透过人文景观，可以了解古村先民耕读社会宗族社会的梗概。

朔州有上百座古村，右卫、威远、凤凰城、马邑、故驿、日中城……都有优美的传说，都有传奇的故事，都有宜人的风景，来古村走走吧！去古村看看吧！让你的心灵细琢明末清初宅院群落的灵魂。回首当年名门望族留下的建筑文化厚礼，我们既欣赏它别具特色的北方建筑风格，又折服它书香门第的优雅淡泊，你会发现，在慢慢的追溯中，生活的况味就这样散发着，古村就这样兀自美丽着……

古村

印象朔州

古桥 流水落花春去也

汽车驶在坑坑洼洼的小路上,在颠簸的车上欣赏着杀虎堡村的古屋。他们的瓦灰黑灰黑的,仿佛历尽了历史的沧桑。阳光还很耀眼,映着古村的古屋,别有一番看头。近些年的建筑,很少能看到这些青砖绿瓦了。在树阴下停好车,进入弯弯曲曲的小巷里。

踏着不平坦的小路,一直往前走,不知道什么时候才能到达尽头。突然导游在小巷中转了一个弯,光线一下明亮起来。依稀看见一条小河,沿着河岸一直走,看见了许多柳枝摇曳下的古屋。远处似乎有一座桥,再走近些,看清了,那是一座石拱桥。从样子上看,显然已经建了很久了。桥上没有石级,所以还能看到杀虎堡的村民赶着大车从桥上走过。它是明代建筑,叫广义桥。桥体正面有着雕刻精细的浮雕,不过,"精细"是猜想的,它们早已被历史和岁月侵蚀得差不多了。望柱柱头上的石猴、石狮、仙桃、石榴、木瓜、卜吊刻工精细,形象逼真。广义桥的兽头是龙头,双眼怒睁,口张须炸,似欲挣脱羁绊腾空而去。龙尾则是自然卷伏状,显得舒适和谐。

站在古桥上,遥望河边小屋,禁不住想起一句诗"小桥流水人家",望着河面,还能看见自己的倒影。两旁古树古屋,把桥更映衬得古色古香。途中,除了同行者的议论声,还有一些似有似无的声音,一仔细听,却又没有了。这里有闹市中难有的宁静,也有着闹市中无法给我带来的无限遐想。站在这历尽沧桑的百年古桥上,让人享受着在宁静中思索的权利。小雨下起,河面上浮起了一阵又一阵的涟漪。烟雨朦胧中的那座桥,像一个老人,庄严肃穆。

别了,杀虎堡广义桥。虽说历史沧桑把你变得憔悴,但你给人的无限遐想与宁静,却永远延续。因为这里是属于你——古桥的,也是他——闹市中无法给予的……

右玉广义桥遗址

古韵 朔州

古洞
神奇灵秀出乌龙

乌龙洞洞口

  乌龙洞里隐乌龙，策马城西访古踪。
  路转峰回山叠叠，洞幽岩仄壑重重。
  云浮玉殿灵光薄，雪积水泉雾气浓。
  渧雨曾沾珠滴露，甘霖大沛慰三农。

  这是清朝平鲁王知县对乌龙洞景区的称誉。塞上清山，龙洞滴珠，孕育了神奇的乌龙山。

  乌龙洞座落在平鲁区刘家窑村南2公里、黑家辛庄村北的乌龙山间。乌龙山总面积9平方公里，海拔1830米，东西双峰耸立，

平鲁乌龙洞

125

印象 朔州

滴珠洞

中峰低矮形如龙头，整座山势宛如独首双身卧龙。境内到处是奇崖怪石，峭峰峡谷，每当雨季更是飞瀑流泉，春夏秋气候凉爽，四季分明，生长着多种野生树木植物和中药材，尤以杏林为多。乌龙洞位于正峰腹部，龙洞滴珠最奇，曾是平鲁古八景之一。洞顶碧石一方，光明如镜。碧石面上，聚洞中湿气成珠，小珠晶莹通亮，在石面上，闪闪游动，积大而下滴，滴水成潭，潭水清澈见底，甘甜无比，不溢不流，用之不竭。洞中滴珠之声"叮咚"悦耳，昼夜不停。据说，方圆百里之内，哪里遇旱，敬取洞中潭水一盏，红布遮盖，敲锣不语，回去祭洒，朗朗天空，便会顿生乌云，立降甘霖，无不应验。直至今日，方圆百里晋蒙二省区八县(内蒙清水河、和林格尔、托县，山西忻州的偏关、神池和朔州的平鲁、朔城区、右玉)百姓，仍有求雨者。

乌龙寺院最美，整座寺院隐身于双峰之间、龙首之下，双峰最高。相传很久以前，有一张和尚不知来自何方，静观山水气势后，引一乌龙入洞，搭茅棚于山洞外，每日不辞辛劳，四处化缘，修庙建寺于龙洞之半山之上，度化乌龙，并定于每年六月二十四日至二十七日乌龙生日为祭会之期，乌龙山、乌龙洞由此得名。从此，乌龙寺院香火旺盛，朝拜者络绎不绝，祭会之期更是两省区八县百姓、四方商家云集，信徒过万。据碑载，明万历年间，乌龙洞周围修筑了滴珠洞、六角避风亭、镇龙庙和乐楼。清代道光十五年泉盛庄(现黑家辛庄)绅士杨昶集众捐资重修明代建筑，增建洞楼、大殿、戏台等。后说，乌龙得道成佛后，云游四方，广行善事，善男信女朝拜许愿者，有求必应，无不应验。乌龙乃东海龙王的五太子，和五台山五爷庙的五爷是同一神，而且"先有乌龙洞，后有五爷庙"，乌龙和五爷同样神奇灵验，五台山五爷庙就是模仿乌龙庙建筑的。

朔州市类似乌龙洞的景点还有平鲁的千佛洞、山阴的燕家洞等等，细细挖掘，都有优美的故事。

滴珠洞

古韵 朔州

古戏台
马营河畔觅知音

朔州市许多村庄旧时都有戏台，战火的焚烧，风雨的侵蚀，大都不存在了，留下的座座古戏台变成了稀物，其中现存最好的就是建于明代中期的右玉县马营河戏台。

顺着石板路，走进马营河村，常常有残破的虎狮石雕、散落在墙角的碾盘、饮水槽及石砌的残垣断壁让你驻足，一座古村的沧桑岁月，趁着西斜的阳光，斑斑点点挥洒在残存的墙垣上。绕过长长的青石板，径直奔向老爷庙内的古戏台，去看那儿演出了几百年的大戏。

这座朔州保存最好的戏台，还像早年一样，在一片乌青色大背景中，傲然耸立。单檐前卷棚的歇山式屋顶，庄重秀逸；檐柱12根，内柱6根，叠梁结构，举起顶棚。梁柱之间，又有精致木

右玉马营河戏台

印象朔州

雕雀替；台基门楣，均由条石砌成。从后至前有大殿、过厅、戏台、左右厢房和钟鼓二楼。南北长86米多，东西宽64米多。戏台前，当年设长廊石座，留给三乡五里的人们迎庙会，看大戏，唠家常，晒日头。

站在古戏台前，恍若置身在旧时岁月，流连于故人幻影中。三两游人，盘桓在长廊石凳间，捡拾一些早年思绪。戏台边几颗古槐老柳，在清风中飘拂，似乎在抚摸逝去的时光，一来二去，抚弄出古戏台昔日生命的韵律。他们是这戏台边最老的居民，最早的观众，自然知道戏台上曾经演出的剧目；也知道在走西口的路上，走过的文人雅士、豪杰好汉。

现在，马营河戏台上还在延续新的戏文。戏台周围，一处处新建的宅院，一座座高大结实的院门，一面面齐齐整整的院墙，坚韧的矗立着，把一段段被苍头河水濡湿的旧日故事尘封起来，留给人们编写剧目，送上戏台。水一样轻轻流淌的微风，水一样纯纯荡漾的空气，在古戏台周围滋生出许多雅致和清丽的曲调来。

夕阳挂在苍头河边的柳梢上，古戏台悄然端立在暮色中。苍头河畔，三三两两走过劳作了一天的人们，那些扛着铁锹的女人，脸上流淌着娴静的浅笑。一群小学生放了学，像一群小鱼，簇拥着游过来，嘻嘻哈哈，一会儿便消失在小巷深处。渐渐地，街上行人寥寥，斜阳洒在青石板上，身后就拖出长长影子，零散的脚步，似乎格

苍头河

外清晰。苍头河水，到了傍晚，也有点累了，泛着鳞光，默默流淌。戏台周围只有轻风吹过柳梢的声音。当所有旧日建筑都在暗淡的天光下，呈现出岁月的质感时，隐隐听到苍头河水拍打着，带来不知是从时间深处、还是从戏台深处传来的筝笛音响，轻轻悠悠地勾出了许多沧桑旧事，繁复戏文，留给人们一些找不到源头的流连彷徨。

古戏台旁，隐隐约约，朦朦胧胧，向人们展示着杀虎口深处珍藏了数百年的风情、风光。依稀的景观，如同古戏台上往日的情景，叫人陶醉。瞬间的梦幻，都归于永恒，成就了一座生活在古戏台上的不老村庄。

就这样，倚坐在古戏台旁，面对远古河风，品尝早年风味，静听隐约戏文，眺望杀虎关口。整个世界，融化在悠然自得、养心安神的静谧里，竟有些佛的意思了。

朔州古戏台，除马营河戏台外，还有山阴县的郑庄村戏台、元营村戏台；朔城区东神头村戏台、梨元头村戏台、朱庄村戏台、汴子疃村戏台；应县保存较多，有50多处。

古 韵 朔 州

古城墙
明月还过女墙来

在朔州相当多的村庄、集镇里，都有一段或几段古城墙遗址，而且许多集镇至今还保存着东关、南关的街名、巷名。由此可以推断历史上地处边塞的朔州市的这些地方，都有比较完整的城堡。当然，每个县城就更不用说了。

而这些古代建筑是如何毁掉的呢？据分析，不外乎三个原因：一是年久失修。明清及以前的匪患、兵祸和异族侵略，一座座城池都经历了修建、毁坏、再修建、再毁坏的循环往复，加上数百年风雨的侵蚀和自然风化，造成一部分城池失去了原貌。二是毁于战争。不少城堡是近现代的战争毁掉的，尤其是上世纪三四十年代的战争，毁坏尤甚。如朔城区的城门就毁于日军坦克之下，三天三夜的屠城，数千同胞被杀。山阴县的岱岳，过去有个阁楼叫南阁，曾是山阴县的标志性建筑，如今七十岁以上的老人们都记得，也是毁于战火。三是盖房建屋。城墙附近的居民就地取材，时至今日仍可看到不少民居的建材都是大青砖。破"四旧"和"文革"时又给捎带了一下，幸存的城墙就更微乎其微了。

应县古城墙遗址

总之，因城墙本身失去了历史功用，人们便从实用主义出发，能利用时全民出动加固维修，无价值时又是倾巢出动拆除。回头看，不免感到遗憾、残缺。但遗憾与残缺也是一种美，它可以使我们去思索当年的沧桑。

在人们的印象中，城池都是长方形的，而平鲁旧城（凤凰

印象朔州

城）则是凤凰展翅状，站在北固山上，凤凰城展翅的雄姿尽收眼底，就像天上的凤凰把它的影子刻画在大地上，南门外的瓮城为凤凰的头和嘴，两眼古井为两只眼。古井枯竭好多年了，现在修复北固山景区，两眼井又奇迹般地涌出了清澈的水。北固山则是凤尾，飘逸壮观。而漫步于朔城区的古城墙公园，会觉得在穿越时光，重温历史，文脉传承与园林绿色奏响了一曲和谐发展的主旋律。山阴县的古城镇是明、清时的县城，也有一段恢宏的城墙，当地不论是办庙会还是唱大戏，包括几十年前的民兵训练，都要在城墙下进行，人们觉得有城墙在，就是一种无言的保护。在右卫古城，站在城墙上，会有更多的回味：这座默默伫立数百年的古城墙，不仅与时间抗争，与战争对峙，而且还要与大自然拼搏。数百年来，一场场、一层层的风沙侵袭，行人不用登云梯便可踏着黄沙径直登上城头，各种野草、小花顺着沙土顽强地繁衍在城头之上。这些，就是朔州古城墙的写真。

杀虎口古城墙

古韵 朔州

崇福寺千佛阁

古石塔 千佛悠思合璧梦

崇福寺弥陀殿内原珍藏着一座千佛石塔，它是北魏奉佛的圣物，是崇福寺的镇寺之宝。

1937年，日军侵占朔县城（今朔城区）后，被石塔精美绝伦的雕刻艺术和文物价值所吸引，将塔身掠走置于东京帝国博物馆，塔刹部分被朔县西街一爱国人士丁克成冒着生命危险藏了起来。

日军投降后，塔身交还中国，后辗转台湾，现存台北历史博物馆。中华人民共和国成立后，丁克成将塔刹献给国家，重置于崇福寺。

1979年，奥地利一名研究石塔的教授格拉兹在台北见到石塔的塔身后，著文论述崇福寺的塔刹和其是一整体。

1995年，时任台北历史博物馆典藏组主任的黄永川先生给朔州崇福寺文管所来函称："贵寺收藏'曹天度造九层塔'一件，该件石塔于抗战期间为日本所掳掠，胜利后归还我国，现阶段虽未能璧合，但该塔之价值并不会因顶、身分离而逊色。"

黄永川先生请求崇福寺文管所向他提供有关塔刹的资料、照片以供研究，并就复制石塔等事宜进行商讨。

2007年年初，朔州市对台办就石塔重圆有关事宜赴台和黄永川先生交流。已任台北历史博物馆馆长的黄永川先生十分热情，双方就石塔的文物艺术价值以及有关复制事项做了深刻探讨。黄永川先生表示，目前在台湾复制塔身还存在一些客观技术条件上的制约，一是所需的沙质岩材料难找，二是工匠难找。

2008年6月10日，台北市山西省同乡会参访团一行15人在崇福寺参观，在了解到千佛石塔身首分离半个世纪时，都表达了希望团圆的心愿。

朔州崇福寺文管所经多年酝酿提出复制石塔的构想，并报请省文物局和国家文物局同意。2007年，崇福寺文馆所制定复制施工说明、取材以及预算，并以最快时间将石刹复制完毕。一旦时机成熟，将携复制好的塔刹赴台再次商议重圆之事。

人们相信，随着中华民族的富裕强大，塔身和塔刹终究会有重归一体的那一天。

千佛塔

印象朔州

古社戏
踢鼓秧歌最传情

朔州地处内外长城之间，为历代北方游牧部落与中原汉族争夺之地，游牧文化与农耕文化在这里相互碰撞杂糅，从而形成独特的边塞文化、关隘文化。作为其表现形式之一的踢鼓秧歌，粗犷奔放率真见性，上千年来在晋北蒙南一带的民间流传延续，任岁月交替沧海桑田，总是呈现出一种鲜活的姿态。这种表现水泊梁山英雄好汉故事的大型古装民间舞蹈在2004年被列为山西省首批民族民间文化保护工程项目，入选意味着在今日文化产业葳蕤蓬勃的背景下再度被挖掘，被赋予新的审美内涵。而传承这些舞蹈剧种的一代又一代艺人，他们粉墨春秋经年累月，学人之优克己之劣，师徒为继代代相衍，脸上刻满了风霜，胸中燃烧着激情。你只要走近他们，你就会为他们的执着坚韧以及那一点点苦涩、一点点无奈，更多的却是那一份对秧歌艺术的一往情深而感动而回眸。

踢鼓秧歌在朔州比较普及，差不多村村都有，一般是在正月初即开始自行组班，正月十三日正式活动。这天上午先分公子(即由班社里最具业务能力的人分角色配"鼓对子")，再化妆、迎喜神。十四到十六日，上午是上门进院表演，一为拜年慰问，二为起布施(过去闹元宵的一切花销都是民间自筹出资)。进院很有讲究，一要锣鼓奏乐一路不绝，二要一户不漏。下午和晚上，多在街头广场表演。踢鼓秧歌进行到尾声配以一些小说唱节目，故称之为"土摊秧歌"。此外，十六日上午还要到有新生儿的家庭给孩子戴锁，下午在街面上请新女婿。这些传统节目既礼义又吉庆，颇受欢迎。所以，事主都要以礼品答谢，或钱、或烟、或食品等。

踢鼓秧歌演出时，有标会(比赛)和串

城市小品——《泥窑》

古韵 朔州

会(闯班或闯台)两种形式。标会不仅是本村各鼓对子比赛，有时还会有邻村的秧歌班社来参加比赛，观众就是评委。串会更引人入胜，有时是几个村的班社合在一起表演，这种表演叫"大摊子"，由若干人共踢一个摊子，往往参加的人数少则十余，多则六七十或更多。表演时常以两"踢鼓"(多扮戏曲老生的各种人物形象)引路，每一"踢鼓"后跟一个或一组"拉花"的旦角，舞蹈队形或成一字长蛇阵，或二路纵队相并而行，或四纵队对阵，时分时合，忽聚忽散，合如众星捧月，分如天女散花。穿插阵式单引场有九连环、满天星、万里长城、珍珠倒卷帘等等；双引场和四路引场有南瓜苑、双榜钟、蝴蝶阵、引魂阵、香炉腿、满堂红、八门套九星、十字八甲、蛇盘九颗蛋、十二连城、十字梅花、唐王乱点兵、四拜四方、剪子股、携四门、天地牌、双盘、八卦阵、滴海眼、花篮阵、双葫芦等40多种。小场子的前场叫"山子"，后来叫"摊子"，结尾叫"落帽"。小场表演的名目也很多：一生称备马场，一生一旦的称单凤朝阳，一生两旦的称双凤朝阳，两生两旦的称双挂印，一生多旦的称落毛场或多凤朝阳等。

串会，还有闯班和闯台之说。闯班一般是邻村的艺人加盟表演；闯台多指观众被临时拉上场，稍加妆饰即扮角表演。被拉上场闯台的艺人大多是在当地颇具影响且当年身手风韵犹存的老艺人，往往是公公当着儿媳面、大伯当着小婶子面被"突然袭击"的，或踢鼓、或拉花、或说唱，煞是热闹。此时此刻，整场表演高潮迭起。

在踢鼓秧歌中，生角的步伐刚健有力，基本动作有踢飞脚、跌叉(艺术高超者还能二踢飞脚双跌叉)、亮式、束袖、金刚扫地、蛟龙出水、一字四品步、扣步骑马式、凤凰展翅、猛狮抖身、

踢鼓秧歌

仙人指路等等，腿上的功夫相当了得，充分显示了男子汉大丈夫的阳刚之气，所以称之为"踢鼓"。旦角配合踢鼓的动作而表演，比如：踢鼓的踢飞脚，拉花的跌籽；踢鼓的亮相迈八字步，拉花的扭"拔陷泥"步，随之碎步跑圆场。她们一手持扇，一手持彩帕，动则轻移莲步，有如风摆杨柳；静则楚楚动人，宛若出水芙蓉。拉花的基本动作有跌籽、跑场、蹲转(俗名兔儿旋窝)、耍扇等等。耍扇和彩帕的动作有闪印、小武花、交叉扇、翻扇、花儿等等。踢鼓和拉花的还有交手戏，类似武术中的对打。这种艺术形式宜简宜繁，简则男角系根腰带，女角拿把扇子便可上场表演；繁则化妆、道具如舞台戏曲演员一样讲究。

踢鼓秧歌的音乐一般以大鼓、戏鼓、镲、锣等打击乐器为主。音乐节奏缓急轻重随着表演的变化而定，铿锵有力，热烈喜庆。大摊子有时配以唢呐伴奏，曲牌有《大得胜》、《小得胜》和《将军令》等。新中国成立后，踢鼓秧歌《落帽》曾获山西省第二届民间音乐舞蹈汇演二等奖、全国第一届民间音乐舞蹈汇演一等奖，直至在2003年、2004年的全省第二届、第三届广场文化艺术节上，大型踢鼓秧歌《满天星》、《庆小康》令观众叹为观止。

133

印象朔州

古民居
十二连城今犹在

在朔州市市区西南15公里的朔城区寇庄村,有一处风格独特的民居十二连城,这是民国时期朔城区一带有名的绅士李澍洲修建的。

雁门关外至内蒙古南部一带,有句俗话叫做"汉人有钱瞎修盖,蒙人有钱游五台"。李澍洲是个汉人,也不例外。他有了钱,就在朔城区寇庄村修了一处院落。这院落挺有特色,专门请偏关的匠人修建。在一座四面石窑围成的大院中间修了一座名为十二连城又叫八海窑的一栋石窑。所谓八海窑,就是从四面看,都是一般大的三间石窑,十二间窑互相连通。院内每间石窑前墙和各个大、小院门前的石头都一寸三錾,十分平整。院外窑墙上留有拴马石环。石窑有明室、暗室,都很宽敞,特别是西窑里面能耍开连枷打场。所有窑顶上全铺方砖,又平又光,能晒粮食。十二连城的东西两侧各建有一栋两面开窗的平房,名为过庭,主要是供长工吃饭用。院子的东北方留有大门一座,东南部和南部各留小门一座。院子建

好后,李澍洲在大门旁自题"半村半堡,可耕可读"八个字,又在东南边的小大门上自题一联:"常耻躬之不逮,欲寡过而未能,"横批是"静远",又请当时的朔县县长、有名的清官纪泽蒲给大门上题几个字。纪泽蒲说:"我不能给你题,题了怕不符合你的心思哩。"李澍洲说:"不用担心,你怎题也能。"纪泽蒲提笔写了"谁院"二字。李澍洲看了不住地点头。这处院落除了十二连城两侧的平房拆毁以外,其他仍在,上面的对联和题字清晰可见。这样一处具有独特风格的民居,没有列为国家保护文物,也没有辟为旅游景点,现濒临破毁,实为一件憾事。

十二连城

古韵 朔州

广武明长城

古长城 踏遍青山人未老

长城，是我国古代最伟大的建筑工程，是各族劳动人民的血汗和智慧的结晶，也是世界上最伟大的人工奇迹之一。朔州境内的长城就是其中的一部分。

现存朔州长城有内外两条。其中外长城从平鲁区北墩村算起，经右玉，到左云、大同；内长城由偏关县老营丫角墩入朔州，经过利民堡、歇头场、南西沟、石湖岭、阳方口、新旧广武城，沿山阴县南部经应县境内到达东部灵丘县平型关。年代最早的长城残垣是应县、山阴县等地的战国长城，即赵肃侯修筑的赵北长城。右玉县还有部分汉代长城（有些地段已为明长城所用）。北魏、北齐、北周也曾有修葺。我们现在所看到的长城大都是明代修筑的。明政府因重视北方防务，对朔州境内长城进行了较大规模的增筑和改扩建，筑堡增墩，特别是对雁门关一带和部分地段进行了大量的包砖加固。其分布情况是：朔城区段38公里，平鲁区段54公里，右玉县段80公里，山阴县段38.5公里，应县段58.5公里，全长约269公里。其中黄土夯筑的长城墙体较完整的约172.5公里，包砖的约17.5公里。这些长城大部分为黄土夯筑和土石并筑，有的地段也有石筑和石筑墙基的情况。由于长期战火和风雨侵蚀，大部分有损毁情况。长城平均高约2.5米，宽1.5米左右。长城沿线尚存有为数不多的砖砌敌楼，各种夯筑墩台最多。这些墩台有骑墙墩、墙外墩、大路墩、边墩等。平面布置大都为圆形和方形。

135

印象 朔州

古韵链接

我的家乡

故乡,位于闻名遐迩的雁门关脚下,一座刻满了狼烟、风尘,青台围砌的古城,村名叫旧广武。里面是一户户挂满了辣椒和蒜辫的人家,村前是一片白杨树,成片的鸟雀在那里落脚。村后是一片大水塘,远处是碧绿的田野,巍峨的大山。山上是起伏跌宕的长城,剥落的青砖暗示着远去的号角。透过云雾向下遥望平川,是一片片起起伏伏的汉墓坟冢。

故乡的古城,始修于辽代,城高约10米,宽2米,南北长500米,东西宽450米。上面分布着残缺的了望台和垛口,而整座城却保存较为完整。

最为奇特的是它没有北门。传说修建北门时,掘出一只被尊为神灵的千年巨鳖,因怕触恼神灵,故而没有再修,便建庙供奉,以佑城池完整,不被敌人攻破。

又听说故乡的古城,曾做过宋朝名将杨延昭即杨六郎的后花园与军备库。城南400米处则是杨六郎屯兵的营地,至今仍有残垣断壁的遗迹……留给了后人穿越时空的遐想。

然而古城所展现在世人面前的不光是战争遗留的证物和厚土文化的写实,更别具一格地反映出了一种边塞凄婉的古韵风情。

在晨风遍野、鸟啼蝶舞、绿肥花瘦抚绕城墙时,在农人倍忙、川流不息地出入城门时,朔北大地上,这座苍然而立的古城,便睁开了它浑浊的双眼,展望着世纪年轮前行的足痕。它是有生命的,它的躯体是先祖的血汗凝结而成,它的灵魂是先人一辈辈智慧的凝聚,它的气脉是集日月风霜与山河万里绘织成的暖流和柔息。

在午后,炎炎烈日的普照下,滚滚热浪拂过羊群的脊背,漫天而来。绿意盎然的庄稼,便搔首弄姿地起舞起来。蝈蝈也鼓足了劲配音鸣奏,于是炽热的绿浪愈加猖狂了,翻搅着向古城扑来,像海浪拥着一艘古老的舰船。城门口,赤胸、露脚、乡音满唇的农人,旁边的老榆树下,鸡抖着翅膀刨食,黄狗慵懒地卧着打盹,一辆载满了干草的牛车吱呀而去……

登时,呈出一副古韵悠然、声情并茂的图画来,展现出千古一辙纯朴的边塞古城的情韵来,俨然一片桃源胜地。

在凉风习习、鸟儿暮归之后,拾阶而上古城,抚着气息古朴的榆树,侧耳细听……牧人甩着鞭儿,高亢、低沉、浅徊的乡土小调;母亲唤儿归来,悠长、婉然的情调;农人互相盘问劳作成果,关心、暖人的话语;孩童打闹嬉戏,和着羊儿咩咩、牛儿哞哞、鸡鸣狗叫的沸然声……混杂在一起,回荡在古城四壁、砖缝的风影处,形成久久不落的余音在云烟飘游的夜空中,荡着一曲令人销魂蚀骨的歌谣。

俯首观望,灯火明暗交替的古城尽收眼底。溟朦的夜幕烟尘中,显出红、白、黑三色相染相融的屋顶来,蛛网似的电线,隐隐的凌架于上面。定睛细看,近可窥到一两户人家。光亮中,从紫色的窗棂望进去,铺着的油布、灯具、衣柜、电视、读书写字的少年、悠然品茗的老人、忙碌做饭的妇人……

而古城却在城南脚下那两棵已然千岁柏树的庇荫下与黑暗的包裹下,渐渐入睡了。看那合

古 韵 朔 州

围的四壁,就像揽儿入睡的怀抱……

与之相衬,故乡汉墓群的怡人,就如听夜雨的淅沥、感清风的吹香,是一种低唱浅吟的美。风景秀丽的美自是其一,其二历史的面貌,也能拨动人的心弦。二者结合,更能托浮而出一种超凡绝致、忘归留连的意境来。

汉墓群的历史背景,大致是汉朝英武的将士,为了捍卫山河,洒热血献忠魂。朝廷为了安抚烈士亡灵,以官职大小堆起高矮大小不一近三百座坟冢来。

置身其间,听松涛阵阵,若虎哮龙喧,若青浪击石,若少女低泣……看松林竦然、苍荫飘摇,如绿波轻荡,如沧海沉浮,又似摇旗列队的征人。听风吹绿草,如空谷足音,如天籁之声,如鹤唳之鸣……看萋萋草木拂然而动,如轻丝在舞,如草蛇互斗,如草木皆兵……踏青而行,穿林而入,寻古觅今,清风拂面,别有一番意趣。

登故乡的长城,亦如欣赏一副古意苍茫、秀丽奇绝的名画。当爬上山顶走近它时,心跳骤然加速,脚下的残砖废砾间挤满了浓密的蒿草,在蜿蜒崎岖的城墙上铺洒。悠然前行,蓦地冒出那么一截倒坍的城垛来,凄凄瑟瑟,参差不齐。而砖缝间的纹络却是清晰的,虽然包着厚厚的青苔,但依稀可寻得一两处,大约是刀剑刻印的轻痕……怎能不让人联想到刀光剑影、尔来我往的厮杀混战、血泪满襟的场面。俯首而望,长城脚下怪石陡然而立,有峰皆奇,有草皆盛,有林皆幽,有鸟皆脆,既呈地势之险,又呈山清景明。整个地透出峥嵘、清秀之风,绝尘之致。眺目而望,隐隐中伫立着一两座已被岁月的尖刀削得

旧广武城雌雄双柏

千疮百孔的烽火台与戍楼,就像一守望着时空的老僧,穿着灰旧的袈裟,垂首而立。

走进戍楼时很是吓人,就像小孩堆起的积木,摇摇欲坠,给人一种毛骨悚然、似乎要倒掉的危险之感。细辨其躯体,它的建造艺术也是令人称奇的。不经意中,一群群乌鸦和蝙蝠从露天的墙缝中飞出来,叫声戛然消失在森幽的空寂中,激起了田野荒旷的凄凉……隐然中又似在诉说着那个悲壮的"孟姜女哭长城"的故事,而那些惨鸣的乌鸦和蝙蝠,谁又能说不是征人寄宿的魂灵呢?

一缕轻薄的晚霞,从拱形的了望口处飘了进来,为古朴残碎的城堡,镀上了一层更为古老神秘的幻想色彩,尘迹斑驳的方砖上便写满了烽火峥嵘的历史。探身出去,晚霞遍洒山间林野、长城栈道,更幻出一种如恍如梦的美绝。潇潇的风儿,又似在聆听着征人夜语的苦诉……

源远流长的故乡魂,永永远远的故乡人。在我心中,故乡是一缕剪不断的思念。那里的山水、古木,那里的长城、汉墓,那里的文化、风情……它的美丽,它的古朴,它的典雅,让我幻想憧憬,让我倾心相恋,让我魂牵梦绕……

印 象 朔 州

苍头河风情

138

风 情 朔 州

风情朔州

印象朔州

村名来历释义

百年老村

朔州市四县二区六十九个乡镇人所共知，具体到多少个村庄，一直没有准确的答案。因为随着社会主义新农村建设步伐的加快，一个又一个边远的村子消失了，或许在这篇文章完成之后，又有哪一个自然村会从地图上抹去。

村庄会消失，但村名不会马上消失的，从秦时筑马邑城（朔州城）至今，朔州及所辖县区的隶属上有过多次更迭变革，但其所辖区域内人们赖以生息繁衍的村落及村落名称则是相对稳定的。

村名形成时间久远而古老

朔州市千年以上的村庄，各县区都有不少，最早的有两千多年，像山阴县的广武，公元前二百年就有记载：刘邦率军北伐匈奴，从晋阳追至楼烦，越过勾注山驻军广武，追至平城被匈奴军围困七日。

村名形成具有鲜明的规律和特征

具有深厚的历史文化内涵。不同时代的古老村名的采词都反映出当时的历史文化特征。全市一些古老地名多源于一些颇具神奇色彩的传说和历史事件。如吴儿城（山阴），三国时，曹魏为防

风情朔州

鲜卑族向南扩张,把对吴战争中的俘虏押到此地,强迫他们替魏筑城据守,故得名。

具有明显的地理文化特点。许多村庄历史命名体现了山川、河流、沟、梁、崖等地理地形特征。如暖崖(朔城)、担子山(平鲁)、小道沟(右玉)、口子梁(山阴)、担水沟(朔城)、上神泉(山阴)、玉井(山阴)、峙峰山(怀仁)、大临河(应县)等。

具有明显的方位特征。按照上下、前后、东西、南北方位取名的村庄大多数是和原村村名一致,因村落人口发展壮大,或因其他原因从原村分出后,冠以方位与原村加以区别的,如东榆林、南榆林(朔城)、东平太、西平太(平鲁)、上泥沟、下泥沟(右玉)、上海子、下海子(怀仁)、东崔庄、西崔庄(应县)。尤其是山阴县的小河,除东小河外,还有西小河、中小河、上小河,让人一时难以分辨。

具有明显的宗族姓氏文化特征。全市按照姓氏命名的村庄约有550个,涉及到的姓氏有61个,如朔城的曹庄、武庄,平鲁的白家窑、冯家窑,右玉的李家堡、周家堡,山阴的卫家沟、张家沟,怀仁的薛家店、田家坊,应县的温家坊、韩家坊。这些村多以在此建村最早人家的宗族姓氏得名,或者以村中宗族人口较多的姓氏得名。

具有明显的数序特征。如一堵墙(山阴)、二铺(山阴)、三里庄(怀仁)、四圣店(朔城)、五元井(平鲁)、六里庄(右玉)、七里铺(右玉)、八墩沟(右玉)、九股泉(应县)、十里台(应县)、百谷寨(怀仁)、千井(山阴)、万金桥(怀仁)等,汇聚了数学里除亿之外的所有数字。

具有明显的色彩特征。赤橙黄绿青蓝紫,色彩斑斓,应有尽有,黄土坡(朔城)、白圐圙(朔城)、红壕头(朔城)、赤谷村(朔城)、青圪塔(朔城)、黑土嘴(平鲁)、灰窑(应县)。

具有一些动物的特色。象马跳庄(朔城)、牛家岭(朔城)、羊圈铺(山阴)、狼儿村(朔城)、野狐梁(朔城)、大猪嘴(朔城)、大虫堡(山阴)、鸦儿沟(朔城)、鱼渠岭(朔城)、骆驼山(平鲁)、兔儿水(平鲁)、阻虎(平鲁)、打鹰沟(平鲁)、驴蹄沟(右玉)、鸟林村(右玉)、压鳖岭(右玉)、凤凰台(右玉)、黑龙池(山阴)、燕庄(山阴)、鸳鸯会(山阴)、鹅毛口(怀仁、)、狼峪(应县)、鹿圈掌(应县)、鸡儿沟(应县)、鹊儿沟(应县)、鹞子沟(应县)等,既有家畜家禽,又有山林猛兽。细从地图上分析,如一张百兽图,张牙舞爪,栩栩如生。

带有明显的希冀色彩。像福善庄(朔城)、朝阳湾(平鲁)、集贤庄(右玉)、安祥寺(山阴)、

山下古村

印象朔州

古关前的村庄

兴旺庄（怀仁）、长胜村（应县）等，起的名字既有文彩，又寄托了村民对建设富庶乡村的愿望。这说明对和谐社会的向往、对幸福的追求是每个时代人民的共同愿望。

带有明显的少数民族语言色彩。象薛圐圙、察罕铺（山阴），察罕、圐圙就是蒙古语，充分证明朔州历史上是个多民族交融的地区。

带有明显的特产色彩。如怀仁县西南部山区盛产陶瓷原料，先后有不少作坊出现。久之便形成诸如碗窑、吴家窑村名。

带有明显的军事色彩。如铺、营、所、堡、寨、卫。所谓"寨"，有两种含义，一是防卫用的木栅，引申为"安营扎寨"；二是设置在边区的军事行政单位，隶属于州或县。在村寨的周围慢慢就形成了一些村落，这些村落就以军寨行政长官的姓为名，如穆寨（朔城）就是以穆桂英的姓为名的。因此除了少数几个村落，一些村子虽然名为某某寨，实际上这个村子的这个姓很少。当此地叫寨的村子多了以后，一些同姓家族迁居到此地，入乡随俗，也以寨名。也有些村子是以本村大户姓氏为寨名的，如臧寨（应县），村子里大多是臧姓。堡是土筑的小城，后泛指军事防御建筑。兵荒马乱的时节，时刻有兵匪的侵扰，为此，筑村为城，在村的周围筑起高高的土围墙，值岗放哨，预防外族或土匪的侵袭，如朔城区的团堡、马营堡等。至于铺，多系元朝驿站制下的小站，如朔城区的十里铺等。所则是明洪武年间驻军屯田之处，如山阴的后所等。朔州地区边塞军事要地的作用不言自明。

朔州市行政村建村的文化特色，不论是就历史传说，还是按照姓氏、地理地形、方位划分，都鲜明地体现了朔州的历史文化和乡土文化内涵，并深刻地说明了朔州境内的地形特征，形象地展现了朔州的文化地理面貌。这也正是这些古老地名之所以能够沿用至今的原因所在。

烽火台下的村庄

风情朔州

构屋居家探究

长城脚下的村庄

朔州市境内山地、平原、丘陵均有分布，因而形成了各自的地貌特征。居住民俗差别虽然不是很大，但仔细观察，不同之处也很多。

居住地的选择

从古至今，朔州人对居住地点的选择是很重视的。古人言"宅，择也。言择吉处而营之"。人们总是把选择"风水宝地"摆到首要地位。择址标准为：

地势好，水源近。在选择居住地的时候，一般习惯在地势平坦或稍高一些地方，以求行动方便、通风防水。人们还要求离水井等饮用水源近一点。这主要是因为过去家用水井较少，一般都是公用水井，距离太远对生活会有诸多不便。山区村庄则尽量避开风口、河谷（尤其是谷底）而在背后有山坡依托的地方建房，以便防风防涝。桑干河沿岸村庄居民，还要尽可能避开滩地建房，以防止夏季洪水漫灌房屋，冲淘房基，影响住房安全。

安全可靠。一般选择"人烟稠密"之处营建房屋，认为群居可增强安全感。古人认为人多的地方人气旺盛，其后必然人丁兴旺、多子多福。同族同宗相邻而居（聚族而居），以此希望得到同族的互助。同时选择居住的地点，往往都比较注重选择道德高尚、家教有方的人家作自己的邻居。

经济方便。人口较多的乡镇、县城，许多人要考虑经商开作坊的因素；在矿产资源多的村庄，不少的

143

印 象 朔 州

山脚下的石窑

的历史发展来看，山区同平原地区，古代同现代，贫穷地区同富裕地区，村落规模的大小和村落的营建质量有着很大差别。一般来说，在平原地区村落的规模比较大，村落之间距离也相对较近，有的甚至相互毗连。而山区村落的规模相对较小，也比较分散。在富裕地区的村落则比在贫瘠地区的村落营建质量要好，这种对比表现得十分突出。

中国历史长期的封建土地私有制，制约了村落营建的合理布局，故直到今日一些村落还多呈不规则状态（近几十年新规划的除外）。清代以前村落的规模比现在要小的多，并且明清前后，因兵燹影响，呈现地广人稀之状。从村落的营建质量上看，因整体自然条件较差，不少村庄深处穷山恶水或风沙困扰之中。在新中国成立前，朔州农民住房多为土坯房，少数富户为砖木房。

人就要考虑开山、烧石灰、挖煤等因素对自己的影响；在平川区的居民，则要考虑房屋到自家土地的距离、道路交通、水井水渠等有关因素的影响。山区农村建房习惯选择背靠山坡地方，在西北高东南低的地势建筑村落或宅院，这是有其合理依据的。朔州西高东低的地貌特征和冬天刮西北风、夏秋季多雨的气候特征，使得山区必须正视冬季的御寒问题，而依托山坡挖建窑洞或盖筑平房，则正好解决了这一问题，居室冬暖夏凉。平原地区的宅院保持西北高东南低的基本格局，可以保证北正房冬季挡风和夏季雨水的通畅，维持农居的安全无虞。还有许多地方在选择居住地点时"宁在庙前，不在庙后；宁在庙左，不在庙右"，"宁在学房，不在庙堂"。实质上也是追求平安吉祥、后继有人意识的反映。

村落规模

朔州同全国其他地区一样，自古人们择吉营宅，连宅成村，居村为民，繁衍生息。从朔州

楼房林立的城市

144

新中国成立后出现的几次大规模新房营建高潮，使朔州的村居状况发生了翻天覆地的变化。20世纪60至70年代各地大量拆除土房和土坯房。80年代后期，单门独院增多；90年代普通平房的房间面积迅速扩增，内部结构向楼式化发展，甚至直接盖成了楼房。如今朔州各县区的村落和民居建设同历史上比较，已是全面改观。除极少数表砖房外，各地均是清一色的砖混结构房。由于70年代以后，许多村镇实行规划建房，故很多不规则的村落格局，已被排列整齐、高度一致、大小街道平坦的新村所代替。现在无论在平川农村，还是山区农村，随处都可以看到幢幢农家小院成排成片，甚至整村整庄自成体系。今日新农村的功能亦远非古代村落所能比附：居住、医疗、商业、通讯、交通、娱乐、供暖、供水、供气、排污等项都有比较完整的体现。农村居民不仅在住房面积上超越城镇不少，而且在住房的总体质量上也同城镇日益接近，有一部分则远远超出城镇。

冬暖夏凉的窑洞

当人类从穴居野处发展到构木为巢的时候，逐渐懂得了打洞、掏窑、搭棚、盖房，历朝历代都趋发展态势。朔州地处北温带北部，北面为正，四季分明，冬寒夏炎，居住一般有火炕。

房屋样式

傍崖掏窑——适于山坡区，把崖裁齐，掏一堂两屋，堂屋的门洞较长，一般有八尺多，旧社会穷人多住这种窑，冬暖夏凉。

土碹窑——用粘土和麦秸所脱的土坯碹的窑洞，三间或五间一幢，多在坡区，这种窑也是冬暖夏凉，没钱人修这种窑省钱。

石碹窑——用片石碹的窑洞，窑顶前沿用大而齐的片石出檐，其特点也是冬暖夏凉，而且结实耐久。

砖窑——这种窑有两种形式，一种同土窑和石窑，窑内上为圆弧；另一种窑内为漫弯形接近平顶，顶与墙衔接处为钝角。

牛槽窑——这种窑看面儿不是三孔或五孔，而是横着长筒形的，窑壁上开小门窗，屋内光亮较差，但较暖和。

连环窑——一排10间20间都可，石碹，都通着，两间之间的顶部都是十字，每间都有后窗户，隔间有前门和后炕，有前后炕的。

八海窑——有两种形式，一种和连环窑差不多，看面儿前后各三孔，东西两侧各一孔。一种是从四面看都是两孔，八孔都相通。

土崖下的石窑洞

砖碹窑

形式各异的平房

茅庵房——这是最简易的房，用茅草、树枝和泥土做成的独间小房，盖在院落墙角的为穷人居住，盖在田间地头、谷场等地方的为看护房。

一出水房——俗称"撅屁股房"，这种房的优点是房顶阳光直射面积大，冬天家暖，缺点是坡度小，下雨时易漏。后墙高，前檐低，有的两边砖封山墙。

鞍架房——中檩高，前后低，两出水，前后出檐，三檩三椽，后檐加一排短椽（娃娃椽），中、前檩加衬檩（俗称替）。

卷棚房——四檩三椽两出水，中檩两道都加衬檩，高低一样，中贯五尺长椽，前后檐低，出檐加"飞"，砖封山墙，砖马头，房顶加瓦（小板瓦扣筒瓦，前后檐猫头滴水），顶为圆弧。

起脊房——这种房较阔气，五檩四椽，云墩二担（柁），即中檩高，加衬檩，以短柱支于二柁中间，前后腰部各有檩替，以云墩架于大柁上之二柁两端，前檩二替置于大柁云头之上，如果有走廊，前面再加一檩二替，四根露明柱，再加一排椽，前后檐都加"飞"，窗户为九宫格（豆腐块），两边两扇小窗菱形眼，麻纸糊窗，堂屋为六扇槅扇门，中间两开，外重以连架。各屋之间的隔壁有的为土坯墙，有的为暖阁。脊上砖以砖雕脊花，两头为砖雕兽头，板筒瓦砌房顶，前后檐猫头滴水，山墙上部砖雕沿边，马头亦为砖雕。

走廊抱厦——这是在大房前面的附加部分，即在大房窗前多加露明柱和檩椽、飞檐，正房和东西南房都加露明柱，成为一条窗前通道，下雨时从走廊走，可以不湿衣服。抱厦即正厅堂屋前的月台突出到院中的一间房，不安门窗不垒墙，光有露明柱，椽檩飞檐再起脊，既威严又可乘凉。是中国民居中高档次的房院，朔州六县区过

弃置的水房

去都有这种样式。

混凝土房——这是近几十年水泥发展以后的产物。有两种盖法，一是支好模型现浇注；一是地面预制板吊装成屋顶，都是钢筋、水泥、石子做成，屋顶垫保温材料后沙浆抹面，再用油毡沥青盖顶。这种房在木材紧缺的情况下，省钱耐用。但缺点是浇注的为一茬货，不能移动。如果屋顶处理不好的话，冬冷夏热，并易漏雨水。

楼房——出现于战国晚期，到了汉代有了完整的多层楼。过去盖的多是砖木结构二层楼，第一层顶全用木板盖，上面再盖第二层起脊瓦

破旧的门楼

风情朔州

房，朔州六县区城内都有这种楼房，有的现在还比较完好。

在朔州各地，以北正房为主体的四合院式民居格式以及建房风格、建房材料和房屋功能，都是持续到上世纪五十年代初期才逐渐发生实质性的变化。

朔州各地的房屋结构，从古到今基本上经历了土木结构、砖木结构、钢筋水泥结构三个主要阶段。无论采用哪种结构建筑房屋，最基本的施工程序大都一样。

石碹窑房

近几十年来，朔州各县区乡村对住房的装修已必不可少。不少外墙用水泥、水刷石、瓷砖甚至大理石包装起来。内墙在白灰（掺麻刀或玻璃纤维）抹光或水泥压光之后，再用涂料涂刷，有的贴壁纸或进行木装修。新房都是水泥、瓷砖或水磨石地面，部分楼房铺装的是木制地板。屋内的房顶也要吊顶或制作灯池、灯饰。屋内墙壁要装饰壁灯、壁画、壁柜、时尚壁墙等。

睡炕、锅灶。 在室内设施上，过去最基本的就是火炕、锅灶。以北正房为例，火炕一般盘在东、西卧室的南面，高度一般为2尺。火炕的长度是整个房间的东西长度，宽度6尺左右。因为炕里留有烟道，故人们常以留几个烟道为宽度单位，叫"几洞炕"。如"八洞炕"就是内有八条烟道。烟道同灶台相通，只要烧火做饭，炊烟便通过火炕中的烟道进入烟囱道从房顶的烟囱排出。这样，既可以使烟气能够及时排出，又可以保持火炕的温热不潮，对冬季睡觉尤好。过去的火炕都是用土坯来盘，下边用大坯立插烟道，上面用炕板平铺，最后用泥抹平整。锅灶，有用砖垒的，也有用土坯垒的，高度一般为尺八，所谓"尺八锅台二尺炕"。锅台的外侧底部中间留有小风口，用于安插风箱的风嘴，抽拉风箱鼓风。

室内陈设。 新中国成立前，农村中的富裕户，居室内多布置成套的立橱，立橱前面是立柜；还有迎门橱、炕橱、方凳、条凳、洗脸盆架等。在迎门橱布置有梳妆镜、梳头匣、茶盘、茶壶、茶碗等。靠迎门橱上挂中堂画和条幅。堂屋内靠北墙布置有方桌、太师椅、条几，靠方桌的

旧时农村生产生活用具

墙壁上挂中堂画和条幅。少数大财主和巨商有专门客厅，摆设更加豪华，有名贵瓷器金银器皿和玩物等。

一般农户没有成套家俱，只在居室内摆一个立橱、一个迎门橱、一个坐柜，俗称"半套家俱"。穷苦农民的居室内，只有简单的破旧家俱，有的甚至一件家俱也没有，在放迎门橱的地方垒一个土台，以备放灯盏之用。

右玉农家

新中国建立后一个时期内，农民居室的摆设没有大的变化。20世纪60年代以后，城镇和农村中才出现了用人造板做的新式立柜、酒柜、高低柜、写字台等。80年代，祖祖辈辈住土屋、睡土炕的现象彻底改变，新式家俱普及，组合家俱流行，沙发、茶几、圆桌、折叠椅、双人床、席梦思床等进入普通百姓家。一些集镇和其他工副业较发达的村庄，不少住户室内摆放了洗衣机、电风扇、电冰箱、电视机等家用电器。为了不让传统的锅灶熏坏漂亮的住房和高档家具，许多家庭另盖了厨房，用上了沼气燃灶和太阳能热水器，睡上了床铺，有的还安装上土暖气，撤去了冬季室内取暖的火炉子。

照明。旧时，农村多用胡麻油灯照明，灯头如豆，灯光昏暗，少数富户用蜡烛照明。民国期间，随着"美孚牌煤油"的传入，少数富户或工商业者开始用煤油灯（分罩子灯、保险灯、马灯等）。演戏或集会用汽灯。

20世纪60年代至70年代，农村先后都通了电，电灯照明基本普及。居民家庭很重视灯饰，有的装了灯池，有的安了壁灯、顶灯、台灯。

神位摆放。受封建传统文化影响，部分农民有敬神求吉思想，一些家庭通过一定形式供奉各路"神仙"：土地神，供在一进大门的影壁墙上；没有影壁墙的就供在门左侧内墙上。天地神，供在上房堂屋门左侧外墙中部（盖房时预留神龛或直接在此贴纸像）。全神（集各路仙道的名、像于一龛）、观音，供奉于堂屋东北角处。财神，因受传统的金银不露白思想影响，一般放在里屋的东北角等处。关公神，供奉在堂屋东北角一人高的后山墙上的神

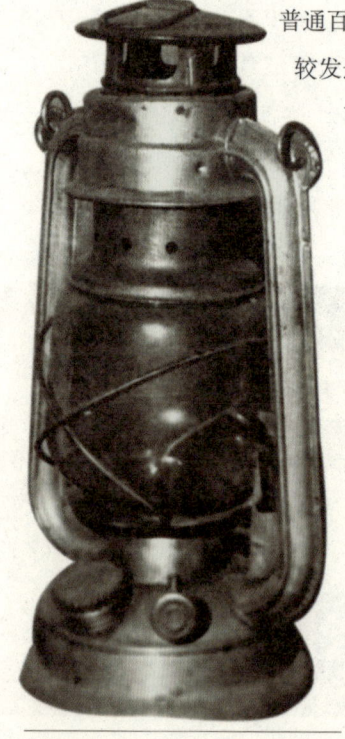

马灯

龛里，或专门制作的架板上。灶神，贴在灶台正上方的山墙上。门神，过年时贴在堂屋的门扇正面。信奉神道的人家，在过年过节或平时的初一、十五等时间，以中老年妇女为主，要焚香敬拜。

颇具特色的院落

不规则院——多在山区傍崖掏窑处，随地形留院，左右前面多为深沟，背靠山丘。过去穷人住这种院。

宅圃合一院——这是坡川区的一种农家大院，正面五间房或窑，东西厢房各三间，再往南则为菜园或有果树，一般有水井，最南面为大门和草棚。

三平院——即北为主或东、西为主的主房三间，院两侧或厢房各三间，或一面无房，正房对面院墙，如果是北为主，就是西南厕所，东南大门，即坎向正房，震向或兑向厢房，离向无房，坤向厕所，巽向大门。过去中等人家多为这种院。

四合院——这是标准中国民宅，即正房（北房）三大间，两侧两间耳房，东、西、南配房各三间，必须低于正房，西南厕所，东南大门，过去富裕人家住这种院。

二进过厅院——后院的正房和东西厢房同四合院，过厅在前后院之间，一般为五间，中间一间窗户为前后六扇枋扇，是前后的通道，既是后院的南房，又是前院的正房；前院东西厢房各三间，南房五间，中间一间为大门，

坍塌的土窑

西南为厕所，过去有钱人住在这种院。

三进过厅院——一般东西宽度为七间，南北三进院二过厅。过去有钱人住在这种院。

四合院、二进院、三进院住法，二进、三进的前院多为雇工住，二进的后院、三进的中院多为院主人住，三进的后院有的是二妻、三妻、保姆、丫环住，如果是花园菜圃，则为看管人住。

公益文化设施

在连宅成村的自然过程中，各地村落的公益文化体现特别突出：

舞台　有的叫戏台、乐楼。这种文化娱乐设施，有的是从建村之日就兴建的，有的随人口

建于20世纪60年代的戏台

印象朔州

增多又不断变换地址和规模。在保存比较好的村庄,今天也可以见到不同时代的戏台,它们早的建于明清时期,晚的建于文革后期或改革开放初期。舞台规模也从早期的一间房大小到现代几百平方米的舞台不等。舞台的筹建资金有的由个人捐献,有的由乡村集体筹集。许多舞台都会附有刻记捐建者姓名和捐献钱物数量的石碑。

村委会 是建于村落中央位置的村内公事处,是一个村的政治和文化中心。也叫"村公所"、"大队部"等,其功能主要体现在发布新闻、召开集会、商议村事等方面。附属设施一般有文体活动室、医疗室等,而把舞台建在其附近,则

雁门关下的李牧祠

更是文化功能的体现。

小庙 作为精神信仰的一个体现,小庙在朔州各地的修建比较普遍,历史上很少有哪个村庄没有小庙存在。实际上朔州各地对小庙的修建和供奉,有时并不是单纯出于宗教信仰,而往往体现了一种精神寄托,如供奉观音者,并不全是佛教徒,而仅是为了祈求观音去邪保安。正因为如此,人们对小庙的修建也五花八门:观音庙、龙王庙、娘娘庙、奶奶庙、三官庙、老爷庙,等等,无所不有。小庙的规模有大有小,有的就是"三块砖一个庙"。虽此,小庙建筑却是整个村落文化的重要组成部分,所处的位置一般都比较重要,或当路口,或临大道,或村中心,供人们在初一、十五等时间烧香叩拜。庙事又是反映农民愿望和心态的重要途径之一:久旱不雨,人们去龙王庙求雨,反映了对雨水强烈的祈盼愿望;久病不愈,人们去求观音菩萨,反映了人们摆脱疾病,强身健体的祈盼。

牌坊 主要是历史上的贞节牌坊和功德牌坊,对特定区域人群具有教育感化作用。在现代农村,这种教育功能建筑也同样存在,如各地的各类英模人物纪念牌、绿化碑、修路碑、建校碑等。

居住观念的变化

聚族而居成为历史,"张家巷子"、"李家院"之类的"聚族而居"已经不大可能。虽然多有四世共存者,但"四世同堂"却极少见。

美观实用已经取代因陋就简的建房理念。千百年受经济条件制约,使得朔州各地的人们,不仅没有实力追求好的居住条件,也缺少进一

新式窑洞

风情 朔州

步装修的美宅理念。人们普遍以因陋就简为建房原则，以遮风挡雨为住房目的。改革开放后的三十年，从建房物资到建房思想大为改变，整个建房群体中传统的"因陋就简"思想已经基本消失。人们不仅追求住房的结实、实用，而且还注意房屋的美观、时尚与舒适。平房和楼房的高度、跨度和进深度越来越大，内外装修的工序也越来越多。新建房屋不仅要盖出大人的居室，还要盖出子女的居室；不仅要有卧室，还要有客厅、厨房、卫生间或棋牌室；不仅要通过高门大窗采光取暖，还要安装暖气空调御寒纳凉。总之功能越来越齐全，外观越来越好看，质地越来越高档，面积越来越宽敞……

深藏不露的住房选择被交通便捷和便利商租所取代。从历史上看，人们都害怕抢劫与盗窃。所以在选择房址时，也就都尽量避开大道、路口等要冲之地，极力恪守"深藏不露"的千年古训。改革开放后，商品经济的迅猛发展，在充盈人们钱袋的同时，也扭转了人们的房居思想，只要有选择的余地，人们都乐于把房院营建在村中央或村内外的大道、路口附近，以求交通方便，出入便捷。还有一个更重要的原因就是为了经商盈利。许多家庭都把临街靠路的房间建成或改建成铺面房，自己经营或租给别人从事商业活动。这种情况在大村或经济发达的村镇更加突出，足见人们的思想观念变化之大。

庭院种植物选择的变化。千百年来，人们对庭院种植物的首选当属种树，希望通过种树特别是榆、杨等乔木取得部分经济收入，或将来木材自用节省一笔开支。有些不适合种树的人家，又以种植蔬菜为首选，借以弥补"糠菜半年粮"的饮食之虞。随着改革开放后经济收入的普遍增加，朔州各地的人们衣食无忧，因而对庭院种

村中老树

植物的选择就发生了很大变化，种乔木不再是首要的选择，瓜菜种植也不再是一种生活的需要。人们把目光转移到了享受性、观赏性的葡萄、桃、李与各种花草的种植上。既愉悦身心、提高品味，又美化了居住环境。

虽然早在上世纪五十年代初期，"楼上楼下，电灯电话"就作为一种美好的憧憬深深烙印在人们的脑海里，但直至80年代以前，除电灯之外，其他两项对普通百姓而言还完全是可望而不可及的东西，而且许多农民（年岁越大程度越严重）还对楼居生活怀有一种天然的抗拒心理。认为那不是农民的生活，也远不如平房舒服自在。经过三十年的改革开放，把楼居生活的优越性充分展示出来，使得农民特别是年轻一代农民对楼居生活产生了全新感受。在15~45岁年龄段中的绝大多数人，已经成为支持楼居生活的最基本力量，只要条件许可，都会积极向楼房进军。

总而言之，朔州各地的居住习俗，随时代发展而发生了很大变化，这是人民群众生活水平提高的重要标志。但是，在发展过程中各地独具特色的传统居住方式大量消亡，趋同性极强的现代居住习俗逐步占据主导地位，对民俗事业来说，抑或是一个损失。

印象朔州

为人处世礼仪

旧时婚礼情景

每个人在一生中的各个重要时期，都要举行一系列的礼仪，反映在诞生、婚姻、寿诞、丧葬几个方面。每个仪式也都有一定的讲究、说法。当然，一代代传下来，习俗讲究都是善意的祈愿。朔州地区由于独特的地理环境，人生礼仪具有某种程度的独特性。但其大端则和整个中华民族，特别是广大汉族地区的习俗有着千丝万缕的联系。

在朔州，添丁进口，是家庭兴旺发达的重要标志。妇女怀孕，人们叫"有喜"，婴儿出生叫"添喜"。过去由于重男轻女的习俗，生下男孩称为"大喜"，得了女婴叫"小喜"，现在人们接受了新观念，男女一个样，也很少这样区别了。

如果婚后久不怀孕，还有去"娘娘庙"求子的习俗，认为生儿育女是出于神灵的恩赐，所以在民间很崇拜"送子娘娘"和观音菩萨。

怀孕后，都很重视"胎教"，就是要求孕妇的思想、视听、举动要合乎礼仪。也就是要求孕妇思想保持纯洁，精神保持愉快，举止保持端庄……先辈是聪明的，这些习俗和现代科学大有相同之处。

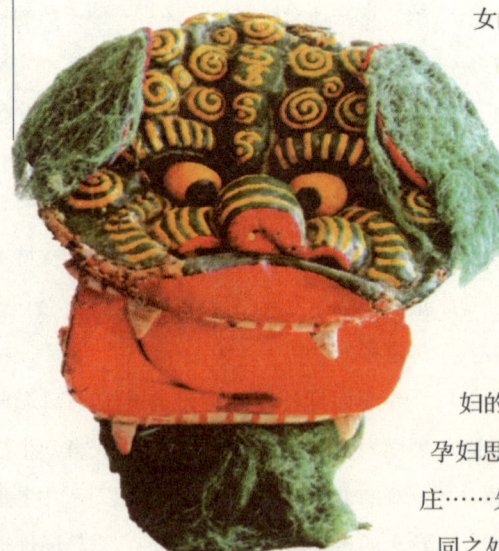

布狮子

民间对孕妇的饮食有一些讲究和禁忌，像"酸儿辣女"的说法。因此，想要男孩的人便忌

风情 朔州

讳孕妇吃辛辣食物。兔肉也不让吃,因为兔子嘴豁,怕生下孩子也是豁嘴。尽管都是些荒诞无稽的讲究和禁忌,但从古至今,一代又一代,都是从"不怕一万,就怕万一"的心态出发,"宁可信其有,不可信其无"。

婴儿诞生后,女婿要去岳父家"报喜",而娘家便要馈送各种食物。除送小米外,还要送炒熟后用盐拌和的芝麻,供女儿喝米汤时就着吃。

朔州把生小孩称作"坐月子",指的是产妇分娩后调养身体、哺育新生儿的最初的一个月。在这一个月里,不让产妇出房走动,日常生活要由专人侍候。一般侍候女儿坐月子是母亲的义务。"坐月子"期间,产妇在饮食上还有讲究,要喝一个月"清得照见人影"的稀米汤。这一个月里,还有"忌门"的习俗。说是怕生人冲克,还怕产房的血气给来人带来不利,所以便在门上拴一红布条以示来人。而孕妇不能回娘家生孩子更是人人皆知的习俗,一直沿用至今。

婴儿出生的第三天,有一个礼仪,叫"洗三",就是给婴儿洗浴,并设宴款待亲友。民间认为"洗三"能给婴儿去"风",并驱恶避邪。由于它具有清洁卫生的作用,至今仍很流行。第十二天还有一个活动"过十二日"。这天,家长要邀请同族长辈和婴儿的外祖家来吃油炸糕和面条,取谐音"高"和寓意"长",祝孩子步步登高,快快长大成人。

婴儿出生满一个月,就要为孩子办满月酒,称 "过满月"。做过满月之后,婴儿就可以随母亲一块回姥姥家了,这个时间一般30天左右。"坐月子"加上这30天,产妇体质就可以完全恢复过来,开始正常生活和工作。

在婴儿出生100天,朔州地区叫做"百岁岁",其本身就含有祝愿孩子长命百岁的意思。

孩子一周岁时,父母除请客祝贺外,过去还举行"抓周"仪式。就是把笔、书、算盘、刀剑、丝线、脂粉、玩具等小物品摆在孩子面前,让小儿随意抓取,借此占卜预测孩子未来的志趣爱好。

为了把孩子抚养成人,人们竭尽心思,想出了许多好办法。这些办法经过代代口耳相传,逐渐演变成种种非常虔诚的习俗。像小时候戴的"长命锁",就有根基永固、吉祥长命之意。当然,除了好看的"长命锁",每个人小时还都戴过"围嘴嘴",那是一个圆环形垫子,套在脖子上,涎水打湿一片,就转动一下,使下巴颏接触部位总是干的。"围嘴嘴"的形状很多,有老虎形的,有青蛙形的,还有莲花形的,既实用又美观。

还有一个有趣的习俗,就是一些人家为防止男孩特别是独子夭折,每次理发时都要特意在脑袋后脖颈中间留一撮头发,俗称"揪揪毛"。

婚礼上的鼓匠班子

印象 朔州

娶亲用的车轿

"揪揪毛"越长越长，越长越好，干脆就梳成一条小辫子，直到满十二岁时才剪掉。

这里，每个人都有两个名字，第一个叫"小名"，也叫"乳名"。入学时的正式名字叫"学名"，也叫"官名"。但乳名往往被长辈和一同长大的人沿用，有的甚至到老都叫。

每个人到13虚岁生日时，还要举行一个较为重要的活动，这就是"圆锁"。这一习俗现在愈演愈烈，由欢宴家人亲友扩大到孩子的同学、父母的同事、同学等，人数和婚礼不相上下。注重孩子大大超过了给老人过寿，以孝为先已改变为以后代为主，体现了时代的特征和观念的变迁。

民间旧的礼仪主要是表达人们希望孩子平安无恙、健康成长的美好心愿，同时也是对孩子美好未来的祝福。现在有些已不太讲究，像产妇生孩子，一般都到医院妇产科，"忌门"的习俗自然而然地消失了。还有婴儿的健康成长，人们早已不再乞灵于各式各样的"锁"，而是及时到防疫部门去注射预防疫苗。

"逢九"在朔州地区也比较讲究，有"明九"、"暗九"之分。虚岁逢到有"九"的年龄是"明九"，逢到九的倍数的年龄是"暗九"；一般"暗九"比"明九"重要。"逢九"这年，分外要谨言慎行，一般不出远门，不参加丧事活动，穿红色衣裤鞋袜，至少要穿红色内衣裤，系红裤带，衬红鞋垫，以红避邪。

一个孩子长大成人，婚姻问题便摆在议事日程上。随着社会的发展，婚俗的演进趋势也由繁到简，大致分为四个阶段。

"议婚"，是商议男女婚姻之事的最初阶段，旧时包括"求婚"、"过贴"、"相亲"等几道程序。老一代讲，他们那时往往是由男女双方父母根据对方的门第、家境及品貌等条件决定婚事成否，另一个重要因素

农家婚礼

是双方的八字、属相是否和合,男女当事人是没有多大发言权的。现在虽然仍有这种习俗,但"相亲"的主角已由双方家长变为男女双方当事人,"相亲"的意义已不在于认亲家,而是通过面对面的接触,进一步加深相互了解。男女双方初次见面时,一般由媒人或介绍人引见,两人对面而坐,互相窥视对方的容貌举止,也就是我们常说的"相对象"。

经过议婚阶段,如果男女两家对婚事都持肯定意见,就可以正式订婚,俗称"许亲"、"定亲"。男方便郑重地往女方家中送去聘礼,数量多少,一般因时因地,视家境贫富而定。这一程序朔州称之为"下茶"。订婚后双方便选吉日分别设筵款待亲友,名为"定亲饭"。

订婚后,如果男女双方都已到当地认可的结婚年龄,男方家长便设筵邀请女方家长和媒人,一块选定迎娶的日子。早先一般要事先请阴阳先生看黄道吉日,由于民间认为迎娶之期关系到男女双方的一生,所以非常慎重,双方家长往来磋商,往往从定亲到成婚要迁延一年,甚至更长时间。

迎娶的日子选定以后,男方便正式写帖通知女方,称为"通书"。迎娶的前几天或当日早上,男方要打发人往女方送首饰、衣妆、酒肉等礼物,叫做"催妆",意思是催促女方做好出嫁准备。送去的面粉叫"离娘面",肉叫做"离娘肉"。

出嫁前,女方要把陪送女儿的妆奁送往男家,称为"送嫁妆",还要贴上大红喜字或蒙上红布,嫁妆的面盆里放核桃和枣,这些习俗是希望新婚夫妇早生贵子、儿女双全及夫妻感情和美、有福有缘。

出嫁前夕,还有一个讲究就是女方家要给

传统服饰

女儿"上头"和"开脸"。"上头"就是改变头发式样,过去的姑娘梳有辫子,即把辫子盘成发髻。"开脸"还叫"开面",其实就是我们现在说的美容修面,并以此表示少女时代的结束。这一程序必须请一个"全福人"负责,就是公婆、父母、丈夫俱在,儿女双全的妇女,由她用细线绞去姑娘脸上的汗毛,并修细眉毛,剪齐鬓角。

下一步就到了迎娶,也叫"迎亲"、"娶媳妇"。由媒人或小叔子带领迎亲队伍前去迎娶,新郎新娘的哥哥嫂嫂担任娶、送亲,也有请长辈娶、送亲的,但讲究"姑不娶、姨不送"。新郎则在家等候。迎娶队伍进门后,女方家要烧茶盛情款待。迎娶的路线一般讲究大回环,回时不走来时路。迎娶队伍要随带红毡或红布,除了供新娘上下轿踩踏外,路经寺庙、井台或石碾、石磨时,还要用来遮掩轿窗和新娘,意在防止白虎星等鬼祟邪怪相扰。若路遇另一家婚娶队伍时,双方要互换"针线",即新娘的女红消灾。现在迎亲队伍相遇时互赠手帕就是这个遗风。

旧时迎娶多用轿或马车,但朔州市的朔城区、平鲁区另有特色,用的是"骡驮轿"这样一种特殊交通工具,就是用两头骡子一前一后驮着一乘长轿。娶亲这一天,"骡夫"最受人尊敬,

印象朔州

花轿

他们身穿黑色新衣，头缠白色毛巾，装束得精精干干。他们既能把"骡驮轿"赶得稳稳当当，也能使人饱受颠簸之苦，所以喜钱也不能少给。

迎娶那天，新郎和新娘的妆束过去和现在大不相同。老年人说，他们结婚时，头上戴的是宽边黑色硬礼帽，身上穿的是长袍马褂。解放后改穿制服，改革开放后，就改成是西装婚纱了，也有穿中式绸缎棉衣的。迎娶队伍回到男家后，鼓乐大作，鞭炮连声，亲友、邻里一拥而出，迎接新娘。新娘未出轿前，是由婆婆为她搽点粉，名为"添胭粉"。随后新郎手捧古书《春秋》或《礼记》和引亲先生到轿前迎接新娘。新娘头蒙红盖头，又叫"遮头红"，手捧里面盛有米、谷等物的"宝壶"，由引亲先生抛撒五谷开路，与新郎脚踩红毡，步入院内。

喜房

新郎、新娘"拜堂"又称"拜天地"。拜堂的地方一般在洞房门前，设一张供桌，旧时上面供有天地君亲师的牌位，供桌后方悬挂祖宗神幔。解放后改为两面红旗，中间是毛主席画像；现多为两面国旗，中间为大红双喜字。新郎、新娘就位后，由两位男宾唱导，行三跪九叩礼，参拜天地、祖宗和父母。然后女东男西，夫妻对拜礼。拜堂完毕，在众人簇拥下进入洞房。

洞房内除有一些生活用品外，门口还要贴喜联，窗户贴大红双喜字，屋内点大红花烛。入洞房后，新郎要手持弓箭向四面虚射，名为"撵白虎"。之后新郎、新娘共喝一盅酒，称为"玉皇酒"或"和好酒"。

和全国各地一样，朔州也有"闹洞房"的习俗，洞房之夜，热闹非凡，民间有"新婚三日无大小"的习惯，婚后三天，宾客亲友不分辈份高低，男女老幼都可以汇聚新房参与逗闹新郎、新娘。人们认为闹新房或耍笑不仅能增添新婚的喜庆气氛，还能驱邪避恶，保佑新郎、新娘婚后吉祥如意，兴旺发达。

婚后，新婚夫妇双双回女方家省亲，称之为"回门"。回门时间不一，有在当天下午的，有在婚后第二天的，也有第三天的。这一习俗是婚姻礼仪中最后一项内容。至此，热热闹闹、红红火火的人生大礼才算落下帷幕。

生老病死，是任何人都不可避免的。而朔州一带的丧俗，其礼仪程序比婚俗更为繁琐。诸如小敛、大敛、烧纸、送灯、辞灵、出殡、复二（或复三）等，让生者、死者都不得安宁。但因为千百年一代代都这样搞，所以，每一个程序都不可少。其实，这样的大操大办，固然与死者为大、厚葬薄养习俗有关，很大程度上却是为活人脸上好看。

风情朔州

人死后先穿好寿衣，之后把一孔窗户纸打破，把尸体放门板上，停于后炕，再杀一只"倒头鸡"。下面一系列的程序是在亡者头下烧纸、点灯、上香致祭、子女放声哭号，这就是常说的小敛。然后是贴"殃状"，并挂"告白纸"于街门外，讣告乡里。晚辈则披麻戴孝，孝子重孝到"人主"家稽首报丧。"人主"是死者娘舅家亲人。次日晚移尸入棺，称之为"入殓"，尸体蒙红布，棺盖虚掩，停柩于堂屋，棺前置供品，点长明灯，朝夕奠。在此期间，亲友、族人、乡邻均前往灵前烧纸吊唁。

第三天后，待死者"人主"及至亲瞻过容颜后，便可盖棺铆"银锭"，油画棺木，赶制纸扎。古往今来，富有之家还要请僧道修佛事，做道场，超度亡灵，有的一连五天，直至埋葬。

朔州地区虽不大，但丧葬习俗不尽相同，分为三天"叫夜"五天"发引"与五天"叫夜"七天"发引"两种，一般后者居多，当然，也有因故推迟九天或更长的，也有三天、五天草草埋葬的。死者死后三日或五日晚，孝子及族人沿街到庙宇（庙拆后在旧址）上烧纸、祭奠，这个习俗就是我们常说的"叫夜"。次日白天，孝子们一行还要沿街头迎接至亲之祭礼，名曰"近祭"，常雇鼓乐陪同迎接。叫夜时孝子披麻戴孝，亲朋手提灯笼，在鼓乐的陪同下，沿主要街道穿行，沿途点一些油芯子，称为"散灯"。以后女儿、女婿及至亲轮番邀鼓乐吹奏，称为"夜叩"。

葬日这一天俗称"发引"。五更时，孝子先以红布将棺材的帮底擦净，之后将棺稍作移动，俗称"移灵"。随即长媳用笤帚从灵前扫路至街门外，谓之"开道"，后由近族女眷哭泣于灵前"吵灵"。天明出殡前，先在堂前"斩碗"，也有的称"打砂锅"，街门口烧亡者枕头。棺以杠抬

相伴一生

或车运，长子执绋拉灵，长孙打"引魂幡"前行，灵柩至街道宽敞的地方后，女儿、"人主"家或亲友均去棺前拜祭，称为"做道场"，一般为摆供、烧纸。随后将棺运往墓地下葬。下葬还要有时辰讲究，棺前放"衣饭钵子"，"人主"先埋第一锹土后，众人才能随后挥锹，埋平后还要敛成圆锥坟堆，"引魂幡"插于坟头，其余纸扎在坟前焚烧。

葬后二日或三日，子、媳、女、婿要到坟前祭奠，并于坟前埋入砂锅、杂粮等。意思是为死者"安家"，俗称"复二"、"复三"或"安锅灶"。这一带多为土葬，埋地下2—3米深。葬后还要过"七"，即从亡人死日算起每隔七日到坟上祭祀一回，到四十九天叫"尽七"，过了这天，"过七"即告结束，之后到百天再祭奠一次，称"过百日"。满一年到墓地摆供烧纸，称"过周年"，一般都要过三个周年，之后只有清明、七月十五、十月一、年三十等节日才到祖坟祭祀。

印象朔州

元宵节的彩灯门楼

岁时节日趣谈

节日是人类生活长河中的浪花，在朔州历史文明发展中，形成了丰富多样、纷呈异彩的民俗节日，大体上可分为农事祭礼节日习俗，如二月二、六月六、重阳、冬至等；纪念节日习俗，如春节、端五、腊八等；传统节日习俗，如元宵、清明等；宗教节日习俗，如四月八、中元节等。这些节日，有的标志着农事节令，有的关联着某些历史事件，有的延续着民间传说，有的寄托着人们的思想愿望，有的总结了生产生活中的某些经验、教训，有的保存了丰富的文化艺术遗产。

"过大年"，它在农历年的第一天，也是全年的第一个重大节日，一年之中最隆重的节日。有许多关于过大年的话一直流传着，像"有钱无钱，剃头过年"和"有钱无钱，回家过年"就是人们的传统心理。在我们的记忆里，许多人进入腊月就开始为过春节做准备。春节前为准备阶段，春节后为庆贺阶段，并一直延续到正月十五，甚至二月初二。民俗中就有"忙腊月，闹正月，拖拖拉拉到二月"的说法。这其间节中套节，节日不断，喜庆祥和是最大的特征。

其实，真正进入春节，是正月初一的零点。接神为民间庆贺活动的第一项。老年人说接神是迎接天地诸神下界与民同乐，而青年人则不想这些，只是把这作为迎新辞旧的主要象征。内容首先是点旺火、响鞭炮等。旺火位于当院。点旺火要称发旺火，取意发财、旺盛、红火。在大人们发旺火时，穿着新衣的孩子们兴高采烈地围着旺火燃放烟花炮竹。那一时

迎春彩灯

风情朔州

间，村村户户，鞭炮齐鸣，万里长空响成一片。硝烟中夹杂着旺火，天上人间全部沉浸在热烈欢乐的气氛之中。

旧俗在接神之后要祭祀天地诸神。家长要率领全家依次给各个神位点灯、敬香、摆供、奠酒、三跪九叩。而祭祀列祖列宗，是与祭神同样隆重的大事，祭神的所有议程都要在祭祖中重演，祖与神已经成了同一概念。上年纪的老人回忆，他们的上辈人在祭祖时，要面对列祖列宗的牌位，逐项禀报家中一年来发生的喜庆事件，大到起房盖屋、娶媳嫁女、生儿增丁，小到粮收多少。祭祖时神情庄重，态度严肃，充分反映了传统的尊祖孝先风范。

春节期间，还有一个高潮，这就是拜年。"三十晚上熬一宿，正月初一绕街走"。早饭吃过后，人们开始走街串巷，亲朋邻里相互拜年，礼节是颇多的：年长的辈分较高的人，这天是不出门的，专在家中等着晚辈来拜，辈份相同的见面，要点头哈腰、打拱作揖，互道"过年好"或"恭喜发财"之类的贺语。当然，晚辈的给长辈拜年是不白拜的，长辈是要给钱的，钱曰"压岁钱"。而机关、单位，则举行团拜，共聚一堂，互相祝福。拜年时路遇熟人，均拱手作揖，互相祝贺。

现在则多用电话或手机短信拜年。拜年活动，子孙尊敬老人，长者慈爱幼小，平辈互相尊重，人与人真诚祝愿，和谐了人际关系，加深了感情联络。

春节这一天，家家习惯吃饺子是有来历的。饺子谐音角子，而角子是古代的一种钱币。饺子的形状又好像元宝，而元宝呢，又是古代一种较大的金银锭。所以大年初一吃饺子，取意是一年四季招财进宝。

在这个喜庆的日子里，还有许多禁忌呢。一代代传下来，竟没有失传。像忌扫院，忌洗衣，忌使针，嫁出去的姑娘忌在娘家过年，忌说有碍吉利的话。大人在除夕晚上总要一再叮咛小孩，说年初一要特别欢乐，不要使小性子，说话要尽说好话。

剪窗花

春节后，习惯选择第一个吉日外出郊游，这就是迎喜神，也叫游喜神。这个日子一般在正月初二或初三。

查黄历确定喜神所在的方位后，大人小孩结队前往。进入旷野后，以前还要举行一定的礼仪，领头人先从木盘内取出各种祭物，呈品字形在地上摆供，然后用手垒三个小土堆，中间代表天神，左边代表地神，右边代表喜神。土堆上各插香三炷，烧纸三张，大家三跪九拜，祈祷喜神

剪纸

159

印象朔州

保佑，出门顺利等等，小孩子则鸣放鞭炮。回家的时候，习惯捡根柴，取谐音财，意喻招财进宝。因故不能出门者，则把自己的衣服让出去者带上，作为自己的代表。迎喜神之后，尤其是初五过后，外出工作者可远行。

正月初五日，旧称送穷节，俗称"破五"。这天，民间习惯用彩色纸剪成人的图像让小孩子拿到街头互相交换。把自己的纸人送给别人，称为"送走穷媳妇"，把别人的纸人换回来，称为"得到有福人"。

过去，朔州流传着一副送穷时的联语，上联是"爆竹三声，嘣出一伙穷鬼。呸！贼狗日的，害的老子七死八活"；下联是"焚香九炷，迎来五路财神。呀！好老人家，保佑小人六合四喜"。活灵活现地刻画出旧时人们"送穷"的心理，也反映出历史上人们对穷困生活的恐惧与憎恶，对美好生活的向往与追求。

正月十五前，虽然还有正月初七的人节，初八的谷神节，初十的石头节和二十四节气中的立春节，但和元宵节相比，是提都不能提的。元宵节是年节期间最大的娱乐性节日，因为万民张灯，也被叫做灯节。又因为是一年中的第一个月圆之夜，家家都要吃元宵，所以亦称元宵节。道教还称之为上元节，民间则笼而统之总称为"正月十五闹红火"。

福牛彩灯

元宵节的灯展多彩壮观，一般分传统工艺灯和现代工艺灯两种类型。传统工艺灯多用纸、纱类制作。精致者属走马灯一类，转动的画面，多为八仙过海、唐僧取经、三国演义、水浒英雄等故事，各式各样，无所不有。再看那场面四周，街道两旁，人山人海，观众如潮。内内外外，鞭炮齐鸣，锣鼓齐声，惊天动地，灿烂如星，欢言笑语，热闹非凡。人们把疲劳忘得净光，乐在闹中，逸在乐中，通宵达旦，无愧民族风情，人们往往看得留连忘返。吸引孩子们的是用各种花炮制作的烟火灯，如猪八戒撒尿、老母鸡下蛋、猴子爬杆、炮打连城等，点着后连响带炸，五彩缤纷，动态逼真。最大众的灯是五谷、六畜、蔬菜、瓜果、花卉、鸟兽、鱼虫等造型，多题灯谜，供人猜测。这类灯象征五谷丰登、六畜兴旺、政通人和、国泰民安。现代工艺灯则是利用新型材料，集声、光、电新技术于一体，制作各种豪华气派的彩灯、组灯、车灯，具有新颖、科技等时代感。近年来盛行装饰花树，就是将马路边的树木彩扮成丰收季节的梨果树，用各色灯泡做成果实，电一通，绿叶招展，硕果累累，看上去非

彩灯《张辽大战逍遥津》

常逼真。

朔州盛产煤炭，号称煤乡、煤海，所以元宵节各机关、厂矿都要在门前垒旺火，一为照明，二为取暖，三为兴旺。旺火富于特色又各具情趣，特别讲究旺火高大，表现出一种粗犷、豪迈的气势，有的直径两米，高达八至十三米，用炭竟达百吨之多。

正月十五闹红火，乡村的秧歌队伍要集中在县城或中心集镇进行汇演。白天多在广场进行，各队轮流上场，带有竞赛性质。形式多为龙灯、狮子、高跷、旱船、车队、踢鼓拉花、大头娃娃等。晚上则要沿街进行表演，讲究见旺火就耍。各家一见秧歌到来，就要大放花炮迎接。

人们刚刚辞去正月，就迎来了龙的节日二月二。常言道："二月二，龙抬头，王三姐梳妆上彩楼，公子王孙看春景，白金子儿花儿红。"所谓这龙的节日，人们是把它当作一个季节来看的，二月一到，暖风正吹，大地将绿，春天已经到了。天上的行云再已不是无声无息，要打雷下雨了，龙就是行云布雨的信物。这一天，风俗是盛行"引钱龙"。早上太阳还没有出来时，家家户户都要派人提一把茶壶，到河边或井上去汲

闹红火

水。按照这一年几龙治水的推算，在茶壶内放几枚铜钱或硬币。汲水之后，随走随倾地洒一条水迹回到家，将剩下的水与钱全部倒入水缸，钱龙就引回家了，意喻一年发财。引钱龙时特别忌说话，以免惊跑了钱龙。

"先祖虽远，祭祀不可不诚"，这是在朔州常听到的一句话。祭祖之风，可谓远矣。清明是农历的二十四节气之一，是朔州人一年中最重视的祭祖日。春天，民间多修补房舍，以防夏季的雨漏。由活人联想到死人，田间坟头，经过风吹雨淋，往往塌陷破落。清明时节上坟，最大的特点就是铲除坟头杂草，用新土将坟堆加高加固，习惯称为整修阴宅，表现了子孙后代对先人的怀思。有一首民谣，是讲清明时人们上坟

朔州元宵街景

祭祖的情况："三月时来清明天，家家户户上南山，上坟祭祖去扫墓，要在坟头把土添。坟头添土为了啥？坟头把土添，铭记先祖创业难，后辈儿孙好好干，前辈心里才安然。"风情习俗，跃于字里行间。

清明时节，气候转暖，大地复苏，柳绿杏红。田野里，时有三五少年，聚集于宽阔场地，升纸鸢、放风筝，禽鸟鱼龟，在天空随风飘舞。在房前屋后，山坡沟壑，还有无数的人，植树育苗，装点河山。这是我们民族的美习。

四月初八日，本为佛诞节，属于我国佛教一年之中最大的节日之一，即释迦牟尼的生日纪念。佛诞节流传到民间，又形成了庙会。同时在民间的传承中，又演变成纪念其他神灵和别的民俗活动。在朔州，就演变成奶奶庙会。祭祀的对象由男性变成了女性，外来神变成了本地神。奶奶神又称送子奶奶，往往伴着当地民间盛传不衰的各种故事，显得神秘离奇。其神通除包医百病、驱邪赐福以外，还有一种神奇的本领，就是给盼望子孙的人家赠送孩童。求拜者只要心诚，便可得子。今天看来当然是迷信，但在历史上却影响颇大，反映了中华民族的"不孝有三，无后为大"的传统心理。

在上古时代，五月为恶月，五月初五是恶日，这一天生下的孩子被认为是很不吉利的。到了秦汉以后，五月初五逐渐地融为端午节。端午节吃粽子，是城乡人民传统的习俗，饮雄黄酒，也是端午节的重要习俗。另外，在宅院中还有"端午到，插艾蒿"的习俗。据说艾蒿干了以后熬汤喝，可以解毒祛病，免疲逸劳，因此特别诱人去采。田野里，一片片的欢声笑语，节日气氛在这里加大变浓。端午节避邪表现在家人安全方面，小孩子一直是重点保护对象，民间传有"端午到，戴香包"的说法。除香包外，还要用五色花钱搓成索，在神灵前摆供祈祷后，拴在孩子的手腕、脚腕、脖子上，称为"百索"，要戴够一百天方才解除。朔州的端午节还有一个特别处，就是家家户户门口贴上用红、黄纸剪成的公鸡，雄赳赳，气昂昂，避邪祈福，美观大方。

日历马上展到农历六月初六日了，这里习惯称之为"虫王节"和"晒衣节"。之所以称"虫王节"，是因为季节上正是农作物害虫繁衍的时期。这个时期也是农家盼望雨水的季节，俗语称"有钱难买五月旱，六月连雨吃饱饭"。而下雨又能有效地抑制虫害的泛滥。是日，农家要进行集会、宰牲、设供、焚香、敬纸，祈求保佑庄稼丰收。

民间称"晒衣节"，也有一套习俗，是日，要

要想富羊踩墓

将保存的皮大衣、皮褂子、毛衣之类统统拿到太阳底下曝晒，这样可以一年之内不生虫且不返潮。农民家这一天还盛行做曲。说是用这一天做的曲拌醋，做出的醋特别酸，味道特别醇美。

和其他一些节日一样，朔州地区有些地方把这一天也演化成了庙会。

七月初七日为七夕节，亦称"乞巧节"、"少女节"、"情人节"。俗话说："七月七，牛郎织女会一起。"因此，七夕节主要是庆贺天上牛郎与织女的一年一会，来源于神话故事，民间习惯称为天河配。民间传说，七夕节如果天上降雨，就是牛郎与织女哭诉衷肠，预兆着夫妻和睦，家庭兴旺。七夕节里，姑娘媳妇还有许多向织女讨教手艺的活动，称为乞巧。有的人家习惯在院里晒一盆水，因微尘飘落，盆水表面形成了一层薄薄的膜，将绣花针涂油之后，轻轻放置水面，能够飘浮者则被认为是乞得了巧。因牛郎织女忠贞不渝的爱情故事，时下人们又古为今用，中为洋用，将七月七演绎成中国的情人节，给这个节日平添了几分凄美婉约和浪漫情调。

七月十五日，道教称为中元节，佛教称为盂兰节，民间旧称鬼节，朔州也叫面塑节。这一天家家要上坟祭祀祖宗，祭品喜用馍馍，馍馍为圆形，中间点一个红点。摆完供，烧完纸，回家时要从地里拔几棵谷子和麻；用绿色纸条缠绕，立置窗前，供奉面人一尊。节后移置房顶，根朝里，谷穗露在外面，称为拣麻谷。民间流行的说法是保佑五谷丰登。然而供奉面人的仪规，分析起来，似乎是早期人殉习俗的遗迹。

七月十五前，最盛行的是面塑活动。一家蒸花馍，四邻来帮忙。要给家里的每一个人先捏一个大花馍。送给小辈的捏成羊型，称为面羊，取意羊羔吃奶双膝下跪。送给老辈的捏成人形，称为面人，意喻儿孙满堂，福寿双全。送给平辈的捏成鱼型，称为面鱼，意喻连年有余。这些面塑蒸熟之后，再经过五色着彩，看上去栩栩如生，每一件都可以称为绝佳的手工艺品。七月十五看面塑，已经成为农家妇女一展灵巧手艺的节日了。

金色的秋天到了，当丰硕的农家把大部分果实收回到院舍的时候，欢愉的人们迎来了一年中仅次于春节的重大节日，即八月十五中秋节。真所谓人逢喜事精神爽，月到中秋分外亮。

月饼是祭月供品，又是全家人欢度节日的食品，还作为赠送亲友的礼品。农村习惯自己制作，每逢节日来临，各家准备好面、油、糖、馅，

面塑

面塑

由精通手艺的老师傅操持，也有不少人家是自己精制。近年来农村经济活跃，农民生活富裕，中秋节的月饼品种也越来越丰富。

八月十五日，天上月圆，地下饼圆，所以人们又把中秋节称为团圆节。民间特别注重此时此刻的全家团聚。外出的人一般都要在这天回家过节，并且还习惯买上一些高级月饼。但和年三十一样，有一个乡俗例外，就是出嫁的女儿切忌在娘家过中秋节。

民间祭月，除月饼以外，西瓜等也是必不可少的供品，西瓜取音于喜，取形于圆，取瓤于红，取子于多，意喻一家人团团圆圆、欢欢喜喜、红红火火、多子多福。在收获季节就精心挑选，特意保存下来，准备节日祭月。另外还有苹果、葡萄、香蕉、梨等水果。

傍晚，皓月中天时，要在院里摆上供桌，置月饼、西瓜等物。西瓜特别讲究切成莲花形状，其原因可能是受到佛家的影响。

拜月时全家人围坐一起，共享祭品，同赏明月，谈天说地，说古道今，天伦之乐，在这里表现得最为充分。赏月的小孩子一边饱餐瓜果，一边观望月亮，提出种种问题。爷爷奶奶会讲起代代相传的各种民间故事，今天有文化的父母则以科普知识对传统神话进行注释，爱好文学的人还喜欢写首诗，抒发情怀。

布老虎

"九月九，家家有，没有也要借二斗"。这是老语，意思是说，九月九的时候，秋收已经结束，家家都应该有新粮食置于粮仓。过去人们为了庆祝一年间地里的农活已经结束，辛勤的劳动也已有了收获，在这天都须做顿好饭吃。那时的所谓"好饭"，今天人们是天天在吃，顿顿都是。因此，这一习俗便淡薄了。这天，不少年轻人习惯去打兔子或山鸡，属于古代北方少数民族骑马练射的遗风。是日，习惯慰问老人，成了象征老年人长寿的佳节。老人们喜欢到门外遛达遛达，锻炼锻炼，体魄强壮者还要走得远点、高点。

举国大有名气的重阳节在朔州并不引人注目，而躲于一隅的二十四节气之一冬至，却引得家家户户翘首相迎。

冬至的到来，标志着"三忙"（春耕、夏耘、秋收）的彻底逝去，冬闲到来了。从此，白昼日日见长，黑夜天天在短；从此，勤劳的人们可以较安闲地享用亲手劳作下的果实，温暖地在家里安度"数九寒冬"了。所以冬至是民间在农历十一月的重要节日，俗称"冬节"。冬至节，民

月饼

风情朔州

间习惯赠鞋，其源甚古，主要体现在孩童身上。过去主要是手工刺绣，送给男子的礼物，鞋子多做成虎形、狗形，鞋上刺绣也是猛兽。送给女孩的礼物，帽子多做成凤形，鞋上刺绣多为花鸟。过去，朔州的孩子们习惯玩打岗游戏，各持一块手掌大的方形石块，一方立起，另一方按规定的成套动作，依次序掷击；打倒对方所立的岗时，继续往下进行，失败后即与对方交换掷打，先完成全部程序者为赢。女孩子则习惯踢毽子，叫做"踢猫儿"，形式也是各种各样。大人们往往也要凑热闹参加玩耍。冬至时气候已寒冷了，羊肉吃起来已少有膻味，因此宰羊者颇多，各家各户都讲究在这天吃顿羊肉馅饺子。俗语说"冬至不吃肉，冻了脚趾头"。剩下的羊肉大都留于春节时食用，可以说，爽直的朔州人在此时就准备过年了。

老年人回忆，过去为人佣工扛活时，习惯在冬至节与东家结算工钱，准备回家。东家按传统要设宴招待伙计，并且相互商议下一年的事宜。现在，一些农村个体户企业，还保留此俗，在冬至节设宴共饮。

而在煤矿，冬至这一天是不亚于春节的重大节日，因为这天是传说中"窑神爷"的生日。旧时小煤窑安全毫无保障，窑主和矿工想靠"窑神爷"保佑平安发财。时至今日，一些煤矿仍要摆席宴客，唱戏欢娱，发红包，放焰火，与过年一般。

腊八节源于印度，为佛教的创始人释迦牟

窑神画像

尼得道而设立，东汉至隋唐时期，佛教传至我国并广泛传播。每年腊月初八，各寺庙和尚均煮米自食并招待香客和过往行人。年复一年，崇奉佛义或求神保佑的百姓，亦在这天做粥以食。世代相传，忠厚的中国人不知不觉地将此染为一种风俗习惯。显然，这风俗在早先，因为有求神保佑的讲究，使它带有事实上的迷信色彩。但是到后来，尤其是今天，每逢腊八，已经再无人去回忆那食粥的本来目的，更多的则是认为时令已到了寒冬，俗话说："腊七，腊八，冻掉下巴"，说明人们是从普通肤浅的理解上去过腊八节的。

腊八粥的主米以红色的豆米为大宗，还有莲豆、黄米等。佐料习惯有红枣、果脯、核桃仁等。八主八佐的腊八粥，色泽斑斓，味道甚佳，吃时绵软而又不糊口。一般的腊八粥，则是用高粱米、小米和黄米加红豆、红枣煮成，吃时加糖。山区百姓，腊八粥里习惯熬煮一些蔬菜，所以本地有"荤年素腊八"的说法。

民间吃腊八粥，讲究在太阳出山以前。吃饭时小孩端一碗粥，先用筷子往院内各棵树上抹

印象朔州

元宵节的彩灯街

一些，然后用斧头或木棍子敲打树杆三下，口中还唱道"管你结枣不结枣，年年打你三斧头"，"管你结杏不结杏，年年打你三大棍"等。习惯称之为祭树，却有防虫除虫之效益。

有的地方，腊月初七日，下河取冰块，除留一部分供神外，全部倒在水缸内溶化，以备次日早晨做"腊八粥"使用。还有的地方做腊八粥所用的水全部是冰块所化。

过了腊八节，民间就认为是已进入年节，要为过大年做准备工作了。碾米、磨面、生豆芽、做豆腐、摊黄儿，赶紧置办年货。正如一首儿歌所唱："腊八到，过年了。爷爷好喝老白烧，奶奶爱吃胡花椒，妈妈要扯花布料，娃娃要响大麻炮，乐得爸爸哈哈笑"。

"腊月二十三，灶神上青天。"这是民谣。

腊月二十三，民间称为过小年，是祭祀灶君的节日。据传，灶君原为上界天神，因为犯天庭之条规，玉皇大帝降他来到人间，督管居室人事，并要他每年腊月二十三日回天叙职，向玉帝面奏各家各户过的光景，遵礼义、勤劳俭朴者给奖福禄；违礼义、铺张浪费者予罚灾难。多少年来，世代百姓一直这样信奉着灶君，并创作了他的画像，贴在灶后墙上专门设置的位子，予以虔诚的供祭。还送他一副对联："上天言好事，下界保平安"，表现了一种民众的心意寄托。祭灶君时祭品中最突出的是麻糖。麻糖既甜又粘，取意灶君顾了吃，顾不了说，上天后嘴被粘住，免生是非。

过了二十三民间认为诸神上了天，百无禁忌。娶媳妇、娉闺女不用择日子，称赶乱婚。至年底，举行结婚典礼的特别多。

过了二十三，离春节只剩下六、七天了，过年的准备工作显得更加热烈。要彻底打扫室内，俗称扫家；清理箱、柜、炕席底下的尘土，粉刷墙壁、擦洗玻璃、剪窗花、贴年画等。在准备工作中，剪贴窗花是最盛行的民俗活动。过了二十三后，家家户户要蒸花馍，写春联。民间讲究有神必贴，每门必贴，每物必贴，所以春节的对联数量最多内容最全。腊月二十三后，大人、小孩都要洗浴、理发。民间有"有钱没钱，剃头过年"的说法。

除夕，除旧迎新也，是一年的最后一天，是民间传统时节中一年最后一个节日，民间俗称"年三十"，这天晚上称为"除夕"。这天，成人的心情很复杂，说不出的高兴，说不出来的怅

市内街道亮化工程

风情朔州

朔州街道夜景

然。小心谨慎地做事，和颜悦色地讲话，忌讳着各种不吉利的事情发生。根据自家的经济物质条件，大人们忙活着，做最好的年饭、年菜。要彻底清理室内、外环境，即使平时很少光顾的旮旯，这一天也要特别认真地打扫干净。民间认为春节期间天地诸神要降临人间，与民间同乐，要为诸神精心安排宫寝，对天地神与灶君神尤为隆重。还要邀请列祖列宗等亡故亲人的灵魂，回家与生者共度佳节。当然，每项工作都不能落下，垒旺火、贴对联、挂灯笼，一项接着一项，整整一个白天，忙了个不亦乐乎。街道上，此时反而冷冷清清，可小孩子是不管这些的，他们跑里跑外，欢天喜地，从童心中发散出一股天真的欢愉。

安神炮响过，一般不再上街行动。一家人围坐在一起包饺子，谈天说地。一夜连双岁，三更分二年。除夕，人们很少睡觉。老年人珍惜时间，不愿意在睡梦中度过最后的时刻。青年人情绪活跃，更不睡觉了。家庭主妇则要把每个人的新衣服拿出来，进行最后一次检查，然后交给各人保管，第二天换穿。一家人围坐或玩耍或闲谈。这种不睡觉活动民间习惯称为"熬年"。

钟声敲响十二点，便迎来了最隆重的新春佳节，春节的一切祝贺活动便开始了。

旺气冲天

印象 朔州

民间交往禁忌

入乡问俗,洞察民情,不犯所忌,不违所讳。十里乡俗不一般,朔州六县区禁忌避讳,大都有其由来,未可全以封建迷信对待。随着时代的前进,科学文化的发展,有些禁忌已不再讲究,有

抽水烟的老者

些仍在社会流传。

一、生活的禁忌:此类禁忌颇多,如不准对着太阳、月亮和星星小便,因为这表示对"三光"的不敬。借他人药具忌主动送还,借用锅笼忌空还,馈赠礼品忌双数,公公与儿媳、兄与弟妻、妹夫与大姨(妻之姐)之间忌玩笑逗趣,除夕忌打碎器物,狗肉忌上席等。

二、日子的忌讳:群众有出门办事看日子的习俗,一般看个"三、六、九",也就是农历初三、十三、二十三、初六、十六、二十六、初九、十九、二十九。

三、称谓的避忌:未婚女子忌称"小姐",其实,小姐在过去曾是一个美好的称呼,因近些年歌厅、舞厅的女子被人称为"小姐",再称其他的女子带有侮辱性质。

四、搬家的避忌:搬家走后,忌别人将其打扫干净,说这意味着"扫地出门",为大不吉利。所以都是自己搬、自己扫。新住户如果要扫也是在老户搬走后,稍隔时日再扫。

五、缺陷的避忌:有生理缺陷的人,如瞎子、聋子、背锅、拐子、疤子、哑子、秃子、残废以及某些不雅的绰号等,最怕人提及,为尊重人格起见,最好不要触及这些与其有关的字眼。有生活缺陷的,如没儿没女的,妇女再嫁的,男子招赘的,当后妈的,随母再嫁带到别家的,以及其他所谓短欠等,也要注意不要伤其自尊心,不要触动其伤心事,不要使其处于难堪的境地。

六、名讳的避忌:子女避称老人名讳,以示敬重,也是一种礼貌。

七、生孩子的避忌:产妇未满月忌入他人之家,亦忌生人到家。其实本意是要保护产妇使之有充裕的时间恢复体力。

老戏迷

风情朔州

20世纪70年代的牲畜交易大会

八、丧葬的避忌:身穿重孝忌到别人家。向亲朋报丧的,忌讳直说"死了"等不吉利言语,以"老了"代之。死在外面的人,忌讳把尸体灵柩拉回家中停放。在给死者启棺"开光"时,忌讳彼此说话和哭泣,怕眼泪掉入棺内让死者带"赖"(泪)而去。家中有人亡故后当年春节忌贴年画和红对联,以示哀悼;第二年可贴素色(兰或绿)对联。

九、结婚的忌讳:新婚用品忌讳由孤、寡或未婚者动手,须由父母子女较为齐全的"全人"制作和放置,为的是新人婚后的齐全,人丁旺盛。新婚洞房从布置起到新娘回门这一段时间内忌讳寡妇进入,怕带进晦气,影响新人白头偕老。迎娶新娘时,车轿忌素色往返,须在车轿上挂带红布或红绸,一方面予以"镇邪",一方面增加喜庆气氛。娶新娘忌用西房作洞房,因为"西房"与"凄惶"是谐音,故忌之。两户娶亲的在路上相遇躲不开时要互换一块手帕,以破新见新的不吉。

十、其他禁忌:也非常之多,不了解这些禁忌,容易冒失,容易失礼,容易无端得罪人。你虽无所谓,别人很看重,人对己不要讲究,己对人还须在意。

除夕夜间忌脱光衣服睡觉,怕魂不守舍。

男女忌不理发过大年,怕戴上"愁"。在年节和喜事中制作饮食、糕点等,互相忌说"够了"或"光了"

石碾

印象朔州

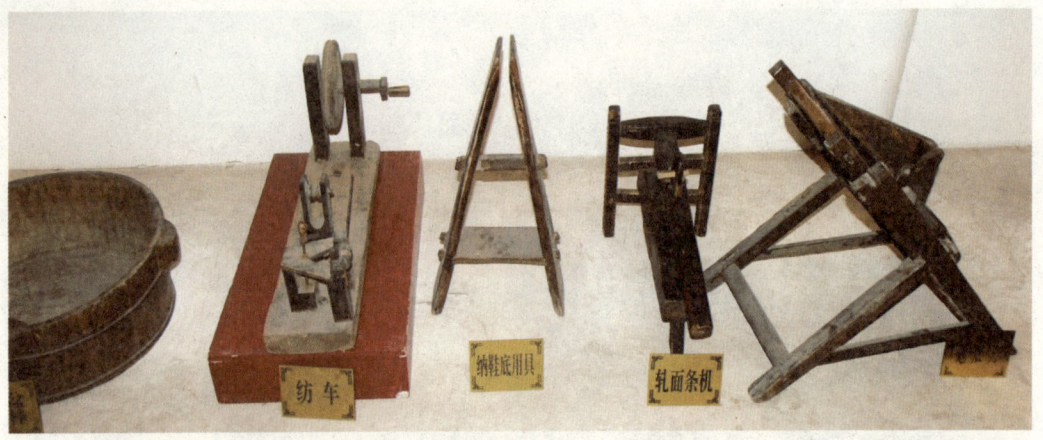

旧时生产生活用具

之类词语，代之以"满了"或"齐了"等词，以图吉利。

大年初四以前忌倒垃圾，需在初五清晨洒扫集中倒出，叫做"倒穷土"或"送穷"。

从年初一到二十三日，妇女忌做针线活。

出嫁的闺女忌讳在娘家过大年和中秋节，否则对娘家不利。

做了媳妇的妇女忌在别人家过"端午"节，怕把自家的光景"耽误"了（端午的谐音）。

中秋节为月亮供奉的月饼、瓜果只许自家人分吃，忌讳外姓人吃，恐怕影响全家团圆。

年画须在正月底前揭去，忌讳贴到二月里，有"年画贴到二月尽，养下女儿没人问"的说法。

亲友离家忌扫地。

拜天地忌寡妇在场。

父母故，忌当年嫁娶。

探亲送礼忌在下午、晚上。

做棺材忌用榆木和桦木。

老人生病忌说病，称"不精神"。

宴请宾客，忌说"完了"、"没了"，而说"齐了"。

问客吃饭、喝酒忌说"吃完了"、"喝完了"，而说"吃好了"、"喝好了"。

亲朋好友来家做客，忌说"又来了"，称"来了"。

守孝妇女忌穿红。

闰年不添坟。

逢九年忌见丧事。

请客茶、酒、醋壶口忌对人。

递刀忌给刀刃。

外甥忌在姥爷、舅舅家剃头。

垒好旺火忌说倒塌。

出殡抬棺忌碰门框。

同一年一家不办两件婚事。

吃糕忌吃糕头，怕死岳母。

农历三月九月忌打炕、搬家。

写信忌用红笔。

旧时生产生活用具

风情朔州

祝寿匾

腊月忌栽葱。

忌分梨吃,因分梨谐音"分离"。

父母亡后百天内忌理发。

出嫁的闺女忌讳在娘家的房院长期居住,怕冲了娘家的运气。

探视产妇的亲朋眷属忌讳不声不响进屋,须唤"抱起孩子"。屋里有人应声后方可进入,不经呼唤是怕"踩着"孩子。

与人交谈时,忌一脚里一脚外站在门上,怕以后办事没深浅,进退两难。

搬家时,忌在日出之后动锅及炕席。

木匠忌讳给人修旧锅盖,怕受他人的气。

纸扎匠裱制好纸房院后,忌当时把门和烟囱捅开。

妇女在制作鞋垫时忌用花布,怕穿鞋人犯了"花心"(即爱情不专一)。

纳鞋底忌讳纳满,须在中间留一小空隙,怕穿鞋人"没心"。

妇女们在做针线活时,忌讳由亲人在线上挽疙瘩,怕彼此结下"仇疙瘩"。

煎炸食品遇到油锅溢油时,切忌惊慌失措呼喊"溢了"。在炸的过程中忌说"省油"或"费油"之类的话,以图吉利。

在不脱衣服的情况下,缝补或缀扣,穿衣人忌空嘴,须在嘴里含点东西,避免"贼攀"。

行路中忌讳拾别人丢掉的烟袋,怕拾上"受气筒",也忌讳拾帽子,怕捡到"愁帽"。

给人盛饭时忌向外倾倒,因为向外翻倒是给犯人盛饭的做法。

修建南房或东西厢房的高度切忌超过正房,怕颠倒了"阴阳"。

盖房时忌下首梁压上首梁。

出嫁时忌姐姐和姨姨送亲,姑姑娶亲。有"姑不娶,姨不送,姐姐送走妹妹的命"之说。

十二岁以下的儿童死亡和亡故在外的"恶死"家人,忌讳马上埋入祖坟,待有正常死亡的成年人掩埋时或没有闰月年的清明时一并带入,怕以后再出现少亡或恶死现象。

死婴忌讳埋葬,也忌讳家人抛扔,须雇人抛扔,并付给劳务费,而且忌讳主动付给,须经上门再三催要,并要假意漫骂后,才能付给。

娶亲和送殡的车相遇时,娶亲的须让灵车先过。

马车轿

印象朔州

出门行走习俗

旧时交通不便，行旅多靠步行，千里路程，往往需跋涉半月时间方能到达。经过之处多为荒山野岭、羊肠小径，免不了披星戴月、风餐露宿之苦。有时途中还常遇到洪水猛兽、盗匪抢劫，甚至危及生命，无怪乎古代文人常常发出"行路难"的喟叹。

漫漫关山路

由于行旅艰难，先辈们凡出门远行者，为了求得心理上的平衡和慰藉，便要首先选择出行的黄道吉日。择吉日的方法有多种，一种是请算命先生卜定，目的是为了避开"恶煞"当道的"凶日"，据说"白虎日"、"朱雀日"、"罗猴日"、"羊红日"等都是凶日，这些日子都不能出外；另一种是从历书上查找，旧时的黄历对每天宜做什么，不宜做什么，是否宜于出行，利于何方，都有相关的文字注释。据说选准了出行的吉日，路上没有凶神恶煞作祟，才能确保行程的顺利和安宁；第三种是根据民间行旅俗信选择出行吉日，民间有"三六九，尽得走；二五八，好回家"的说法，人们相信每月上旬、中旬、下旬的三、六、九日是出门的吉祥日子，这几天没有任何禁忌，所以大多选择在这几个日子里出门。

除了选择吉日，还要祭祀神祇，走陆路的要祭祀土神和路神；走水路的要祭祀禹王和龙王，禹王是治水的大禹，龙王是主管江河湖海的神灵。祭祀时，神祇有庙的，要到庙里去祭祀，附近无庙宇的，可在郊外祭祀。无论庙祭或郊祭，都要点三炷香，燃一对蜡，烧三张黄表纸，并燃放一串鞭炮，最后折几支木柴带回家当柴禾，以兆"平安发财"。

有的外出远行者，还要请僧

独轮两开货车

风情朔州

道或巫师画一张"护身符",以求消除灾祸,保佑平安吉祥。护身符是用一张黄表纸以朱砂画成的,上面画上几条歪歪扭扭的线条,再写上几个谁也不认识的蝌蚪文字,将它摺成小三角形,缝进远行者的衣襟里,所谓"神的画,鬼害怕",据说有了这张符,妖魔不敢靠近,途中就可逢凶化吉、遇难呈祥了。佩戴护身符的人,往往把这张符看成自己的命根子,万一遇到兵匪猛兽等意外,宁肯丢掉银钱包裹,也决不愿把这张护身符丢掉。

行期确定后,要向至亲厚友逐一登门辞行,讲明自己的动身日期,要去的地方和行旅目的,并询问亲友们是否带信物,或是否需在外地购买什么物品。若不辞而行,会被人认为是"不知礼"和"没教养"的人。辞行时,长辈亲友们为了表示关怀,免不了要根据自己的经历和见闻,嘱咐些乘船、住店、防匪、防盗等行路的安全知识,辞行者也要毕恭毕敬地认真聆听。关系亲密的亲友,亦有向远行者馈赠路费的习俗,名为"送盘缠"。赠金不在乎多少,重在一个"情"字,对亲友的馈赠,为了不拂盛情,一般都要酌情收受一部分。

旧时农村人外出远行,在启程时大多要包一撮家乡干净的黄土在身边,据上了年岁的老人们说,旅人游子初至异地他乡,肠胃一时还不能适应当地水土,往往会头昏脑胀,不思饮食,甚至拉肚子,这就是不服水土的症状反应。据说只要把家乡带来的黄土用开水一冲,喝下去病就好了。

此外,临上路时,随身携带雨具和食品,也是人们外出远行的惯常习俗。俗语说"晴带雨伞,饱带干粮","一天带上三天的干粮,一年带上四季的衣裳",又说"穷家富路",这些话都是提醒旅者要"未雨绸缪",做到有备无患。因随身带有雨具,行至荒山野岭,途中偶然遇雨,就不会被困于崖下山洞,或被淋成落汤鸡了;包裹

花轱辘车早已成历史

里装有干粮,到了前不靠村后不着店的地方,也可取出聊以充饥,所以远行者必须做好了这些物质准备,才能启程赶路。即使到了交通和饮食业都很发达的现代,许多行旅者为了方便卫生,出门时仍有携带雨具和食品饮料的习惯。

家人出门远行,家属都要送一段路程,一般亲属送至村外便可返回,但妻子送丈夫则要送得远一些。相爱男女之间离别时,也要执手相送,女人把男人送了一程又一程,千叮咛、万嘱咐,要他处处小心,以免发生意外事故;更希望

印象朔州

他在外头不要沾花惹草，要永远记住心上人。

民歌《走西口》就生动地反映了这一送别情景："正月里娶过奴，二月里走西口。提起哥哥走西口，两眼泪汪流。哥哥你走西口，小妹我实难留。手拉着哥的手，送你到大门口。走路你走大路，万不要走小路！大路上行人多，拉话儿解忧愁。住店你住大店，万不要住小店！大店里人儿多，小店里怕贼偷。坐船你坐船后，万不要坐船头！船头上风浪大，怕你跌进水里头。哥哥你走西口，万不要交朋友！交下的朋友多，就怕你忘了奴。有钱的是朋友，没钱的两眼瞅一瞅。只有小妹妹奴，才和你天长地又久。"

旧时出门跋涉要过好多山隘

在交通不发达的古代，带东西主要依靠步行和背负或肩负，这种习俗一直持续到上世纪中期，广大穷百姓还有长途步行跋涉与肩挑背背的习惯。自古徒步行走是天生的自然习惯，短途步行，负重自不必说，长途跋涉也是走遍四面八方。朔州六县区的老百姓为了谋求生路，共同的长途是：向北，通过杀虎口出口外，近到大青山南的土默川，远达西包头和大青山北的熬尔忽洞（今四子王旗），步行十一天到，以及西兴地百灵地（今达茂旗百灵庙），主要揽工割小麦割莜麦。其次是贩牛、羊、马。有不少朔州人在这些地方落了户，建起村，如应州窑子、赵家窑子、王家滩、刘宴圪堵等。再远有很多朔州人到了大库伦（今乌兰巴托），现成了华侨。向南，经过雁门关下关南，到代县、崞县（今原平）、忻州、太原等。向西，走同宁古道出大水口到神池、保德，过黄河到陕北，步行7—9天到达。

肩挑背背，这是负重步行。山区背篓头，背背架子，平川长扁担肩挑。除种庄稼送粪，背禾捆子以外，搞一些小买卖，如卖山条编织的箩筐等，下关南贩辣椒、梨，到保德贩红枣，到应县贩蒜，到怀仁贩黄花儿、瓷器等，卖豆腐，卖刷墙圪子（白土），担上朔、山、应一带盐碱滩土法熬制的盐碱到西山、北山换豌豆、莜麦等，还有货郎担。

畜力乘驮主要是指驴、马、骡及少数骆驼。既可骑乘又可驮运，马能长途快速驰骋，骆驼能长途重载，驴、骡能中短途骑乘和驮运。过去妇女回娘家多骑毛驴，山区农民种地多用驴、骡驮运，山区平川都用驴、骡到煤窑驮炭。赶骆驼的常常下关南，出口外。

旧时街头

风情朔州

千百年来，人们除步行，骑驴、马、骡子、骆驼作为一般出行形式外，还有一些必要的交通工具作为乘坐和拉运东西之用。

山区人因受山路崎岖不易行车的限制，发明了一种可载人运物兼顾的驮运工具"驮筐"，也叫"驮子"、"驮搭子"。用木头做一个拱形驮架，垫鞍衬搭于牲口背上，一头固定一个编筐，外出时东西放筐内，人骑坐中间。有时赶集探亲，一头筐里放东西，一头放走累了的小孩，大人们吆赶着。一路悠悠然，一路春风。在弯弯的山道之上，路长人少，赶牲灵的人耐不住空旷的

那时有辆独轮车很时尚

寂寞，便放声吼喊几句粗犷的小曲，山谷中回音阵阵，有如大自然的应声。

独轮车。这种车子有两种：一种是小轮平底盘，把要运的物品放在上面。一种是大轮两开货台，把物品放在两边货台上。两种独轮车都是车在前人在后，两手紧握两车把，肩膀系"襻"，推着前进，腰、臂、腿必须扭好，否则要跌倒。独轮车适合于平川运输。过去，怀仁的独轮车制造工艺较好，油成紫红色，连毛生牛皮条缠绕条档，前面缀两打响铁环，推起来发出"哐、哐"的声音，在当时是很时兴的。独轮车为中、短途运输，除庄稼地里推禾送粪外，还上煤窑推烧炭，卖换一些农副产品。怀仁出名的红瓦盆用两开车推遍朔州全境及关南、大同、浑源等地，应县紫皮蒜、炒蚕豆用两开车推遍朔州全境及大同、浑源、左云等地，朔城区峙峪和怀仁吴家窑的瓷器，也推到各地，朔、山、应南山的桦编农具推到各地。

轿子。多人抬的较豪华的轿子为官轿，为达官显贵们出行时乘坐，老百姓无权享受。即使一般民轿也只能在新婚大典时享受一下。在山区有骡驮轿，平川有带轿篷的畜拉轿车，比轿子档次低一些，只在架起的垫板上面拱起席筒，里边乘坐人员，称为架窝，适用于老人们出行时乘坐。

二牛抬杠车。是一种双轮单辕车，流行于神池、宁武一带，明清时代顺着同太古道和同宁古道传入朔州六县区的部分村。是由几根木挡组成的长方形载货车盘，从前到后，一根长杠置于车盘的中间部，前面长于车盘五尺，前端"丁字"式，横接一根短杠置于二牛的脖子上。

旱板板车。车轮、车盘等构件与二牛抬杠车相同，惟有单辕改革为双辕，从内蒙古丰镇、凉城传入朔州，用于庄田和运输。

双轮大车。是以大牲畜为动力的载重车，是过去广大农村的普遍运输工具，初为木轮铁角车，后改为胶皮充气轮胎，称之为"大皮车"，三套马拉，那时人家养个大皮车其神气劲不亚于今日养宝马汽车者。赶事筵、走亲戚，车上架个

四轮马车

175

印象朔州

桑干河

窝棚,合家老小一坐,人喊马叫,串铃声声,风光得很。

筏。朔州虽然没有船,但沿桑干河流域自古以来有渡筏,如朔城区的水磨头、肖西河底、南西河底、东榆林,山阴的东鄱河、泥河、安荣、麻疃、西小河、河头,应县的梁亭、米寨、南贾寨、北贾寨、西朱庄、韩家坊、西店、小刘霍庄、北张寨、下桥头、怀仁的神嘴窝、新桥、大滩头、古家坡等大小渡口,曾经历代断断续续都有渡筏。桑干河如今沿河架起许多桥,可在过去是没有的,尤其又是季节性河流,遇到雨季水位暴涨后,有专职的人力渡河者,靠苦力和冒险混个饭钱,也为行走出门人提供了便利。

道路、桥梁与旅店

道路 先人出门不论远近,总得有道可走。道路有人工开掘和自然踩成的两种。一般地讲,

石桥

供单人单畜行走的,不具有共同指向的偏道、便道、斜插近道多为自然踩出。

大道古代称"驿道",俗称"官道"、"马路"。大路的构造以黄土沙石为材料,一到雨季泥泞不堪、异常不便。过去也多由官家出面群众集资出力维修。遇有险峻地方修筑路桩、石墩等防护设施。古代朔州的交通,干线驿道南北通达、东

涉水过桑干河(20世纪70年代)

西贯穿,沿途都有许多驿站。

平川地方沿河设道,绕树穿行;进入山区后,顺沟摸坡,盘蜓而上。陡峭之处修筑石阶,险峻地方要靠凿于石壁上的石窝脚蹬手攀才能通过。乡村中的街道、胡同是主要交通道路,因墙基之故,多呈两旁高中间低之状。加上平时各家依墙而立的秸秆、粪堆、柴草,显得狭窄拥挤。

过去道路计程多以路边固定景物为标志,如桥梁、老树、碑幢、村庄、坟地等,路段名称以地名而定。道路的远程标志为关口,因为过去以关定界,出了关如同出了境,对一个行旅人来讲,在关内关外心情和遭遇会大不一样。连唐人都讲:"劝君更进一杯酒,西出阳关无故人"。

桥梁 乡间道路桥梁样式颇多,又各有特色。大路上以造型优美、用料讲究、经久结实的石拱桥为主要桥梁。拱桥的孔数以单孔居多。著

风情朔州

重走西口道

名的右玉万全桥全部用青石条砌成，系单孔跨石桥，桥墩刚劲而坚厚，具有单向推力礅的作用，一孔倒塌不波及邻孔。这种结构能有效地抵御狂浪急流的冲击，且因朔州山多石多取料方便，比较经济。

如果说石拱桥是官道的主要桥梁的话，石墩桥、木桥则只能算是"一般"路上的交通设施。这些桥结构简单、营造方便。有的石块砌礅，上面架以石条。有的在水中打入木桩，下边横架木料，再垫以树枝黄土，是小型河和季节河的常用桥。

便道延伸到河上，老乡们用荆笆编成一个或数个大筐放于水中，里面装满石头，成为桥墩，上面架几根树木再铺上平整的荆笆和柴草，压上黄土。还有更为简陋的如独木桥、双木桥，多是小河上的临时性桥梁。

在沟深水急的山间道路上，常常可见到横跨两岸的铁索吊桥。在三、五根并行的铁索上面铺陈固定木板，两旁有扶手铁缆。胆小的人上了桥，脚下桥晃、桥下水流，真是两腿战战、举步维艰。而走惯的人上了桥，一步三晃，乘晃向前，悠然自得。铁索吊桥不但是山区河流必行通道，而且是一个自然景观。如今右玉县的苍头河吊桥就是昔日吊桥的再现。

旅店是出门人歇脚的临时归宿。过去在县城、重镇、大村交通要道地方都有私办的"客栈"，"车马店"，留人小店。讲究一点的还有字号。店前用灯笼、旗子、门匾做招幌，有的干脆以门墙写字做广告。

这些旅店服务设施比较简单。稍为好一点的客栈，室内有卧具、被褥、桌椅、茶具、脸盆等，并备有饭菜。店家视客人身份迎来送往，离店结账。次一点的一室多人，有被褥但无其它设施，也有些粗茶淡饭。

有一个笑话，是对车马店的最真实描述：一人天黑赶到一个车马店求宿，进了屋一看，炕上早睡满了人，便说："没地方了吧？"店老板说："有"。说着手拿一木杠跳上炕，在俩人中间一搅，搅出一点空隙说："你侧过身子睡进去吧。"这人好不容易挤进去睡下，但连身也不能翻。谁知半夜起来撒了一泡尿回来，无论如何也找不到那个空了，只好在炕沿边爬了一夜。出门人衣食艰难，也只能住个这店了。过去一些不法店为了索取行旅人的财物，在店里设赌场，开窑子，甚至开黑店谋财害命时有发生，使行人每住店都提心吊胆、唯恐受害。有亲戚朋友的多投亲靠友，付不起店钱的穷苦人只好夜宿破庙、土窑，常有落个狼吞狗啃的悲惨命运。

全面了解了朔州的旧时行走习俗，会使我

苍头河上吊索桥

印 象 朔 州

祭祖上坟惯例

张辽衣冠冢

人们生活水平提高了，怀念先人之情更浓。逝者没有赶上今天的好日子，生者过去因生活拮据，未能给先辈生时以物质上丰裕的孝敬，有的先辈生时清苦一生，都成了生者的遗憾和惋叹。怎么办？"每逢佳节倍思亲"，"家祭无忘告乃翁"。祭祖之风盛行，厚待逝者，逢节必祭，成为朔州一大民俗特色。这种活动，有封建迷信的因素，然而更多的是人们怀念惦恋逝者的一种心情发泄，也是人们更加珍惜美好生活、享受美好人生的一种心理平衡。

一年之中，大大小小的节日不少，祭祖的节日更是家家户户都要过的。像年三十的请王、清明节、七月十五、十月一，每家每户都要烧香摆供。家住本地的要去坟地祭奠，路途遥远者则在十字路口焚烧纸钱。这些均反映了朔州人不忘本、不忘祖先的文化积淀。今天一代比一代生活得好，人们就说，社会好加上祖上积了德使然，祭奠先人也是情理之中。

一年之中第一个祭祖活动其实在上年的年三十进行，叫"请王"。"请王"和其他几个节日不同，是在年三十把去世的祖先请回家来一块欢度团圆年。有上午去的，也有下午去的。去后先到祖坟上烧纸钱、撒供品，之后叫声祖先的称谓，"回家过年吧"。过去应县一带还要赶着车到坟地里去请祖先回家过年。家里则把先人的牌位或像框摆出，配以香炉、供碟，请回后每顿饭都要先供给祖先吃，直至元宵节后的正月十六再送走，谓之"送王"。

朔州人在清明寒食节的祭祖习俗比较丰富。这天可以扫墓添坟，添坟是从坟盘外取土，培到风刮雨淋受损的坟堆上，但闰月年是不添坟的。

清明这天，还要给祖先烧钱垛、金银箔、奠酒、撒供品。有的人家因旧坟埋不下或其他原因要选择新坟，并把祖辈或父辈尸骸迁葬过来；有的是亲人死于外地或因特殊原因死在当地寄埋的，可迁回旧坟或新坟，与早死的配偶合葬；也有是鳏、寡、孤、独埋葬的，选择异性尸骸冥婚在这天合葬的。但同样在有闰月的年份不能动土迁坟。

七月十五这天，朔州人也有祭祀的习俗，上午男性到祖坟烧纸焚香，夜里女性在街道口或大门一侧烧纸哭泣。

十月一的祭祖习俗很多，最明显的是送寒衣。这天，家家户户用五色油光纸做成袄、裤、鞋、帽等，与香纸一起上坟烧尽，意在给亡故者送衣以防即将来临的冬寒。旧时，十月一日还有个忌前三后四出门的习俗，即十月一日的前三天、后四天，包括当天，前后共八天不出远门，不拆洗衣被，不拆修房墙，不扫舍粉墙，不探望病人，不嫁娶等。

现在的祭祖习俗，讲究越来越少，更注重情感需求的实际，特别是中青年，对于传统的祭祀要求和禁忌知之甚少，干脆置之不理，只要利于表达怀思，寄托情感，不拘形式，不受束缚，在条件许可的情况下，一定要到祖坟上看看，视逝者如生者，不亲去亲祭不足以释怀也！

风情朔州

扭秧歌

民间艺术集锦

朔州市是我国古老文化和悠久历史的发祥地之一。生活在这片黄土地上的人物，经历数千年的变迁，逐渐创造了璀璨夺目的民间文化，也形成了色彩独特的乡风民俗和优美动人的民间传说。

朔州民间艺术，同内长城以南的中原有别，与外长城以外的大漠亦相异。朔州民间文艺具有浓重的区域韵味，浸透着农耕民族与游牧民族的复合风采。

朔州民间文艺形式多样，内容丰富，其中最具特色的是秧歌、道情、耍孩儿、二人台、踢鼓拉花、打狮子、跑旱船、龙灯、高跷、腰鼓等十多种。这些民间艺术都以其动人的形象、轻盈的表演、娴熟的技艺、巧妙的手法，展现出朔州秀丽优美的风土人情，表达出朔州人民乐观向上、刚健、质朴、勤劳勇敢的品格和情操。

大秧歌

朔州大秧歌是流行于朔城、山阴、平鲁、应县、左云等地的戏曲剧种。地方特色浓郁，艺术魅力独特，深受当地群众的喜爱，在省内外享有较高声誉，是塞北戏曲艺术的一颗灿烂的明珠。

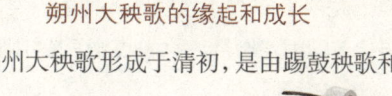

高跷

朔州大秧歌的缘起和成长

朔州大秧歌形成于清初，是由踢鼓秧歌和

印象朔州

踩高跷

小秧歌衍变而成的。朔城区地处边塞，民风尚武，各大村寨都设有专门教练武术的"武场"。为了增加娱乐性，练武者腰佩花鼓，击奏发声，使拳术逐渐舞蹈化，于是产生了踢鼓秧歌。踢鼓秧歌场地较大，有集体欢舞和各种复杂队形的变换，以舞见长，为群众乐见。小秧歌是两三个人表演的带有简单情节的歌舞小戏，以民歌演唱为主，以歌赢人，群众喜闻。每年一入冬，传习踢鼓秧歌的"武坊"和教练小秧歌的"文坊"往往集结在一起进行排练；来年正月、二月和入夏后的六、七月演出时，又往往结伴而行。久而久之，文武两坊就合二为一，组成"秧歌坊"。两种表演方式也相互渗透、融合、壮大，逐渐形成了一种比较完备的表演形式，即载歌载舞的"土摊秧歌"。

土摊秧歌可以组织较大规模的队伍于街巷做"过街"演出，也可以登门入室做"进院"演出。"过街"演出时多是变化队形的大场面，"进院"多是在锣鼓声中唱一些应时应景的祝贺性的"喜歌"。逐渐土摊秧歌出现了一些有简单故事情节的固定剧目，有《割红缎》、《打酸枣》、《买鹅梨》、《拉老汉》、《备马出征》、《单凤朝阳》、《双挂印》等。音乐上逐渐走向专曲专用，形成固定的曲子。在表演上也积累下诸如"戴宗三亮式"、"腾空旋风"、"大小控步"、"一字四品步"、"兔儿旋窝"等固定程式。清朝初年，随着土摊秧歌的发展和创新，各村各地涌现出不少深受群众欢迎的秧歌艺人，一种新的组织形式——"攒合班子"出现了，这种班社把有名望的秧歌艺人聚合起来，鼓板按节，丝竹随腔，离开土摊，登上舞台。经过漫长历史孕育，朔州土地上终于形成了自己的戏曲剧种——大秧歌。

至雍正年间，朔州大秧歌已在当地十分盛行。乾隆时期，是我国各地方戏曲的繁盛时期，朔州大秧歌在百戏杂陈、众芳争胜的环境中，撷众家精粹以自养，逐渐成长起来。这一时期的演出剧目突破了"三小耍耍戏"，出现了整本大戏，甚至连台本戏，如《李达闹店》、《老少换妻》、《梁山伯下山》、《三贤》、《三复生》等。随着演出剧目的变化，行当也在不断增多。在小生、小旦、小丑"三小门"的基础上，发展了须生、花脸、青衣"三大门"。在音乐上，从曲子体发展形成了兼有板腔和曲子的声腔系统。表演也在不断完善，将从原来踢鼓秧歌中带来的一些表演动作比如说"拉山子"、"四锤子"逐渐规范化，发展成为戏曲表演程式。乐队分了文武场，每场四人，分操不同乐器，比初期两把二胡（正、反弦）一支笛子的音乐表现力有所增强。

新中国成立后，朔州大秧歌进入新的发展

风情朔州

时期。六十年来,新秀迭起,高手辈出。上世纪五十年代有周元(须生),唱腔圆润,韵味淳厚;六十年代有白俊英(工青衣),口劲好,吐字清,唱念俱见功夫;八十年代后起之秀侯启,属丑行,表演朴实无华,谑而不俗。在行当上新增了武生、刀马旦、武二花脸、武丑。唱腔方面,创立了新腔"黄牛调"、"改良二性"。乐队伴奏方面,尝试补进琵琶、大提琴、扬琴和部分铜管乐。

朔州大秧歌剧目和音乐唱腔

朔州大秧歌现存传统剧目三十九个,分本戏、会戏、出戏三种。其中早期剧目多属出戏,主要是劳动人民口头创作,内容多表现男女爱情和家庭生活,情节简单,线索单一,喜剧色彩浓重,剧中人物仅"三小"(小丑、小生、小旦)。小丑表演诙谐,十分活泼。即使是小生小旦的对子戏,小丑仍可出场插科打诨。这类戏演唱形式灵活,分唱、对唱、轮唱、重唱都有,间或还有帮唱。中期剧目,取材范围扩大,涉猎历史故事、民间传说等,采用了分场结构的格式,同时又较好地继承了早期剧目的俚俗、活泼的传统,是大秧歌剧目的精粹。其代表剧目有《泥窑》。后期剧目吸收了不少兄弟剧种的本戏,剧目虽日臻丰富,但原来大秧歌的精神风貌反到冲淡了不少。

大秧歌的唱腔结构属于板腔体,也有一部分联曲体唱腔。它的唱腔、板式齐备,能表现各种人物的不同心理活动和情感。板腔体有七种基本板式,"纽子"、"二杠子"、"三性"、"急鸿崖"、"介板"、"滚白"、"导板"。此外,还有一些辅助板式对主要板式起补充和衔接作用。联曲体唱腔是大秧歌的传统唱腔,有"训调"、"红板"两类。"训调"中的"平训"、"大悠板"、"二悠板"、"五音堂"等,一板三眼,速度缓慢抒情,用来表现沉思、忧郁、悲伤等情感。"训调"里中速的"四平训"、"越来调"、"银纽丝"等适于叙事和表现喜悦的情感,还有快速的"芫荽调"、"下山训"、"闪半边"等,一板一眼,表现欢快、活泼的情绪。"红板"有"苦红板"、"慢红板"、"紧红板"之分。曲调基本相同,节奏速度有别,用来表现忧郁苦闷或慷慨激昂等不同情绪。演唱时唱腔多用"咳腔"、"舌音花腔",有时也用拖腔,唱腔色彩丰富,表现力强。乐队分文武场,文场四人,分操二胡、笛子、笙、小三弦。武场四人,分操鼓板、水钗、马锣、小锣。此外,根据板腔的要求添加一人打木头(梆子)。

朔州市秧歌剧团很多,其中最有名的是1956年成立的朔县大秧歌剧团(今朔城区大秧歌剧团),是朔州市唯一的专业文艺团体。剧团的代表剧目《泥窑》曾在1990年进京,在中南海为党和国家领导人汇报演出,获得较高评价,深受当地群众的喜爱。地方文化就是地方品牌,朔州大秧歌是朔州市独具优势的文化资源。

扭秧歌

印象朔州

道情

右玉道情

民国年间本市许多乡村都有戏班。当时主要演出于邻近乡村，之后流传于邻近县区，演出主要剧目有《高芦庄》、《金堂令》、《八卦》等。道情的唱腔以古词曲为主，兼有少量配合七言、十言变文体唱词曲词。最早的伴奏乐器以鱼鼓、简版为主，发展成戏曲后保留了鱼鼓，在文场乐器中增加了横笛、大板胡、小板胡、四胡、扬琴等。

耍孩儿

朔州历史悠久，民族文化遗产资源丰富。且不说别的，单就地方戏曲而言，除晋剧外，还有耍孩儿、道情、秧歌、赛赛、二人台、弦子腔等等，它们像一颗颗璀璨的珍珠，点缀在雁门关外，撒落在桑干河畔，镶嵌在洪涛山上。据有关资料表明，全国有300多个剧种，山西就有53个，其中流传数百年、被专家称为"戏曲活化石"、并被列入"中国民族民间文化遗产保护工程试点"项目中的耍孩儿就源于桑干河中游，是深深地扎根于民间的广大人民群众喜闻乐见的地方戏曲剧种之一。据专家研究考证，耍孩儿属元曲般涉调，

已有700多年的历史了。明代朱权的《太和正音谱》记录了耍孩儿曲牌和唱调。耍孩儿是土生土长的农民戏曲艺术，其艺人和观众都是农民。早在清道光年间，山阴、应县、怀仁就有耍孩儿班社(即名罗圈班)的演出活动，后来活动区域逐渐扩大，南跨繁峙、代县、西越朔县、宁武，东至浑源、灵丘，北达内蒙河套。同时，涌现出薛国治、孙有等一批农民表演艺术家。上世纪五十年代，怀仁县耍孩剧团曾代表山西省参加过在张家口举办的全国戏剧调演，被誉为"天下第一团"，轰动长城内外。许多省市兄弟剧团纷纷派人来晋学艺，应县、大同也相继成立了国营耍孩儿剧团，在朔州民间的许多乡村也自行成立了耍孩儿班社。然而仅仅数十年甚至十数年，这些剧团(包括民间班社)便偃旗息鼓，人去灯灭，这个珍稀剧种也濒临苟延残喘的危难之际。

耍孩儿是因何而得名的呢？民间有两种传说：一说是汉代王昭君出塞和番，在雁门关外的勾注塞(在今广武南)举行了换装仪式。当昭君换

耍孩儿《狮子洞》

风情朔州

上了胡服,由花轿改乘坐骑时,放眼"天苍苍,野茫茫,风吹草低见牛羊"的北国荒原,顿生离愁别恨,禁不住悲从心底来,呜咽之声哀恸低婉,后人为了纪念她而模拟其悲切凄苍之调,配上叠褶回复的歌词,辗转传唱,形成了这一剧种,遂取名"耍喉儿",后演绎为"耍孩儿"。据说,《打佛堂》里的黄桂香唱的"妈呀,我的娘呀,你在那条黄泉路上等等我,罢了,我的娘呀"。就是学着昭君出塞的腔调。另一说是唐明皇的太子自出生以来一直啼哭不止,许多梨园优伶奉诏进宫为其唱曲儿取乐,均未能奏效,但听有人偶唱此曲后即转悲为喜,破啼而笑。于是唐明皇赐此曲名为"耍孩儿"。

广场文化艺术节

耍孩儿是一种独具艺术特色的戏曲形式。最突出的是发声使用后嗓子,即气流发自胸部,经过后声带回流震压,喉咙、鼻腔、胸腔共鸣,"嗨"出了宽厚而雄浑、深邃而豪放的音响,产生了奇特的韵味和音感。这是其他任何剧种所不具备的特色,颇具艺术魅力。所以说耍孩儿不是唱出来的,而是嗨出来的,如果"嗨"不出"脯音",就不成其为耍孩儿。二是耍孩儿的唱词是演员"咬"出来的,而不是"吐"出来的,处理方法往往用叠褶重复的演唱艺术手段,唱词间夹带了些衬字作为唱腔装饰。所以耍孩儿演员必须牙根用力,才能达到"咬"字清晰的演唱效果。第三个特点是伴奏乐独具风格,富有强烈的艺术感染力。一般地说,文场以大板胡、笛子、笙为主奏

耍孩儿

乐器,武场用鼓板、大小锣、大小镲等打击乐器。大板胡丝弦和马尾都很粗壮,演奏时拉混弦(即两弦并紧),弓法是"锯",指法是"抹",发音苍老浑重,婉转嘹亮,恰好和后嗓子演唱浑为一体。笛子则多以颤音和翘音修饰过门和唱腔间歇。武场在伴奏时,男角唱加大锣、大镲,女角唱加小锣、小镲。更具特色的是小镲随曲调节奏激烈快速地颠击,产生一种热烈而活泼的音乐效果,因此耍孩儿班有"颠小镲"之说。看过耍孩儿的人,谁也忘不了被这种独特的音乐魅力所吸引陶醉的情景。

真正有唱功的耍孩儿艺人音域宽、音色美、脯音厚重、运气饱满、行腔流畅。过去农村演戏不比现在,没有先进的灯光音响设备。照明是油灯,即在舞台的露明柱上绑着两块对扣的板瓦,上面顿一盏盛着食油的碗,碗里面浸着一、两根指头粗的棉花捻子,点着捻子就是"聚光灯"。音响设备就是演员的嗓子和扎实的唱功。所以不少演员为了省力而用假嗓子拟音唱法演唱耍孩儿,使观众听起来有掺硝和拐的感觉。而那些少有的原生态耍孩儿演艺人,从小就很注重吊嗓子,为了达到耍孩儿独有的回肠荡气的演唱特色,常常爬在水井上吼嗓嗨戏。因此,不嗨则已,

183

印象朔州

二人台

一"嗨"惊人。不管扮演什么角色，演唱什么板式，从来不偷声、不藏调，都是真嗓真嗨、满腔满调、原汁原味的耍孩儿；而且发声雄浑、腔圆字真，嗨起来气势恢宏，荡气回肠，穿透力强，爆发力大，无论观众站在哪个角落都足能使你解馋过瘾。

二人台

流行于全市各乡村。在表演上生动活泼，音乐地方色彩鲜明，为广大群众喜闻乐见，多是反映劳动人民的生活小戏，其代表性的剧目《走西口》、《挂红灯》、《五哥牧羊》、《十对花》等。音乐多是一戏一曲，兼用板腔。曲调约有百余首，跳荡音程、滑音、颤音很多，显得高亢嘹亮，起伏多变，粗犷奔放。表演载歌载舞，具有欢快明朗之感。

唢呐

一杆杆长号震耳欲聋，一支支唢呐洪亮动听。这长号、唢呐声响遍了黄土高原的山川，激荡着每个人的心扉。名冠塞外的唢呐，不仅响遍朔州的山山水水，而且吹进遥远的他乡。人们一提起朔州唢呐无不交口称颂，此曲只应天上有，人间能得几回闻……

朔州唢呐历史悠久、渊源深厚，各县区都有庞大的队伍。一个唢呐班子多者5人，系双吹；少者3人，系单吹；是吹打结合的音乐班子，活跃民间。多为婚丧嫁娶、生日庆贺、迎接嘉宾、闹红火扭秧歌时用来助兴。

朔州唢呐演奏的形式大致可分为两种：一种是两支大唢呐为主，与打击乐小鼓、小钹、铜锣组成，还配长短号各一杆。大唢呐以吹高音为主，艺人们叫吹"道字"，为吹唢呐的上手，掌握吹唢呐的快慢和所吹曲牌的起落、过鼓等；另一支是下手，吹低音，艺人们称作"拉筒筒"，起辅助、烘托作用。另一种是由管子、海笛、笛子和小鼓（或板鼓）、小钹、银铃、掌锣等打击乐合奏。用管子、海笛吹打为小吹细打，多出现于隆重的红白喜事上。这两种演奏形式交替使用，出盘时用小

二人台

吹，撤盘时用大唢呐。

朔州唢呐杆长碗大，音色响亮洪厚，粗犷悍实，热烈奔放，舒展挺拔，音量巨大，透气力强，渗透着雄健的阳刚之

风情朔州

气。欢快的如火如荼,悲凉的如诉如泣。黄土高原特有的风土人情,似乎一览无余地倾诉于唢呐声中。它的艺术魅力很强,男女好合时用前奏曲《得胜回营》、《十对红》、《喜拔子》等节奏欢快明朗曲调,以渲染吉祥喜庆热烈气氛,让人耳发热,脸发烫,心如醉,意若狂,旋即可以不顾一切地跳动起来。人亡而葬的多吹奏《哭佛堂》、《苦伶仃》、《雁落金沙滩》等节奏滞重、哀婉悲痛曲调,让人怅然若失,陷入渺茫的思绪。长歌当哭,其凄婉,其哀怨,其如泣如诉,余音颤颤,令刚硬若铁的男子汉也胸中溢满着一种失落感和恍惚感,也会揪心裂肺。当然,人们沉浸在这样的悲曲之中,也会洒泪祭雄杰,扬眉剑在鞘。

踢鼓拉花

明末流传于本地,表演生动、活泼、艺术性强。该舞蹈分为小场、大场。一般小场有一股一花、一股两花、一股四花及二股二花;大场最多有八对股子,每对股子后随两花,表演分跑圈子、摆阵。角色分"踢鼓"、"拉花"。男角色踩着鼓点以腿功"踢"为主,称"踢鼓";女角儿一手持扇,一手执彩巾,随"踢鼓"以拔陷舞步围转成蹲转,称"拉花"。踢鼓拉花的脸谱主要以梁山人物为主。衣着打扮为踢鼓子的头戴高筒毡帽,身穿旦衣、彩裤,腰系飘带;拉花的身穿彩衣、裙子和彩鞋,手拿彩扇。男角儿的表演动作主要有踢腿、放叉、旋风扫堂、提襟、单山膀、顺风旗

等;女角儿的动作有跑圆场、跌枝儿、翻身等。整个表演既具有粗犷、阳刚之气,又具有稳健、轻柔之美。

耍狮子

耍狮子是民国初期传入本地的。每年正月十五闹红火的时候,多由青年参与。

耍狮子时,一人前顶狮子头,一人躬腰装扮狮身。玩狮人手持红绣球,翻滚上场,顿时铜锣皆鸣,狮子扑向玩狮人。玩狮人做各种各样躲闪,狮子则穷追不舍,欲咬玩狮人手中绣球。玩狮人故意将绣球抛高、抛远,诱狮子闪展腾挪。随着锣鼓声疾徐缓急,玩狮人纵身跃上方桌架上,引逗狮子也跳上方桌,并在高架上进行各种姿态表演,直至咬住绣球而止。也有打狮子表演,由会武功者或双刀、或大刀、或哨棍斗狮;二人顶狮闪转腾挪,避器袭人,场面激烈揪心,动魄惊魂。

赶毛驴

赶毛驴反映的是农民骑乘毛驴或用毛驴驮

踢鼓拉花

印象朔州

用东西的情景。驴头及身尾用竹条和纸制作，套在妆后的妇女腰间，下围黑布，如妇女骑驴，形态逼真。拉动缰绳，驴头可上下左右活动。男的表演拉驴、赶驴、打驴等动作，女的表演毛驴上山、下坡、过河、卧倒和踢跳的动作，表演毛驴的犟态，风趣诙谐，形象逼真。

二鬼跌跤

二鬼跌跤在本地流传较早，由一人独演。表演者前弯腰，双手扶地，手、脚各穿一双毡鞋，背装两个面对面的假人，两个假人互搂，下用黑布围裹，视之宛若两人。表演时，用手抓脚，推来推去，挽腰摔跤，形同两人不停地滚爬、打闹。忽而拳打，忽而脚踢，来来往往，难分难解，使人不辨真假。演毕，卸妆亮相。

跑旱船

旱船是朔州市流行较为广泛的一种民间表演艺术形式。船以细木条为框架，下部围白布画清波流水，上部围成彩布亭，四角披挂彩饰并装若干面小圆镜，船首尾装置电池灯泡。表演时，坐船者多系男扮女装，另有男角化妆艄公模样，头顶卷沿草帽划船。坐船者随划船动作节奏娉娉运步，随风摆浪，轻歌曼舞，演唱民间小调，多以逗趣为主。

跑旱船

龙灯

龙灯是用白布和柳条做成一条如龙状的长灯，用各种颜色在布上涂成龙鳞，分红龙、白龙两种，龙身长度视舞者多少而定，龙头龙身安若干根木柄，供舞者掌握。

高跷

又有"拐子"之称。最高6~7尺，矮者3尺。唢呐锣鼓奏乐，舞者衣着华丽鲜艳，扮相古今中外男女老少，队伍庞大，队列整齐，队形富于变化，能者可做劈叉、跳跃等特技表演。

高跷

腰鼓

腰鼓是群众喜闻乐见的一种民间舞蹈，表演人数不限，动作轻松愉快，潇洒活泼，健美大方。腰鼓分男女两种角色。男性称"挂鼓子"，女性称"拉花"，拉花腰扎红绿长绸做伴舞。伴奏乐有大鼓、大镲、小镲、铜锣和唢呐等。表演类型主要是路鼓，边走边打，步伐有"8"字形、男子股、五角星等，气氛热烈亢奋。

风情 朔州

花鼓

于彩灯上的图案、人物、虫鸟、花卉。花样时有翻新，形态逼真，流畅传神。市总工会赵志霄、右玉县贺朝善、平鲁区王志秀、山阴县贾玉鸿、张秀英等是朔州剪纸艺术的代表人物。

刺绣

刺绣遍及全市、流传很

剪纸

剪纸主要为窗花，是本地普遍流行的一种民间艺术。每年春节，农村妇女尤其是十几岁的姑娘，将各式各样的窗花纸贴在窗户或墙壁上供人观赏。

剪纸的艺术魅力在于它属于一种独特的乡土文化。其表达的方式和风格，无不渗透出一个时代、一个地区人民的生活环境与思想追求。所以朔州剪纸在不同时代有不同的艺术风格。朔州剪纸在创作构思上，具有美好、大胆、活泼、抽象、生动的特点，许多作品是以粗线条完成，虽然缺少精美、细腻，但是内容的夸张与工艺的粗放，正如朔州的人与社会那样相协调，所以朔州剪纸依然保留着传统的创作特点。

朔州剪纸作品朴实粗犷，乡土气息浓厚。实用于喜庆的习俗，内容因事而异。婚礼剪纸有《喜鹊登梅》、《龙凤呈祥》、《鸳鸯戏水》及洞房拉花、吊花；寿诞有《寿星老》；生子有《莲生贵子》；新春佳节剪一些装点居室和贴

剪纸

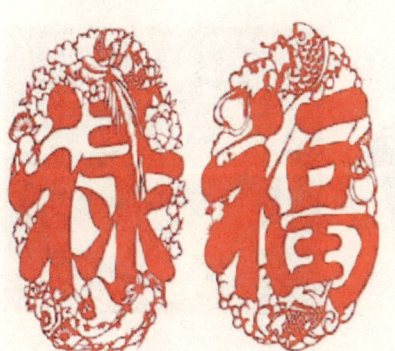

早。其主要形式有鞋垫、枕头顶、布娃娃、布动物等，其工艺精、做工细，较繁杂。刺绣作品主要特点是构思新颖，设计巧妙，布局合理，颜色搭配得当，形象逼真，活灵活现，体

187

印象朔州

手工鞋垫

现了农村妇女的淳朴、善良和丰富的想象力以及精湛技艺。

朔州刺绣至今仍然完好地传承了古文化艺术。从绣工来讲，具有或粗犷豪放、或细致入微的特点，而从创作构思来讲，大多具有抽象、夸张、寓意丰富的内容，反映出这片土地上的妇女用心用情勾勒生活的细腻情感。她们和男子一样日出而作，日落而息，具有勤劳、勇敢、淳朴的美德，同时也有着丰富、含蓄的情感。朔州妇女通常将刺绣作品按其作用分为几种：鞋垫一般是送给情郎的定情信物，而枕头、肚兜则是给老人、孩子或亲朋好友的礼物。平安、健康、吉祥、如意、长寿、爱情甜蜜是刺绣作品所具有的内涵。

近年来，朔州刺绣深受外地及国际友人的喜爱，被他们视为珍品。朔州大批农村妇女不仅传承民间刺绣艺术，而且在劳动生活中积累了更多的创作素材和创作经验，形成朔州刺绣构思新、设计巧妙、独具匠心、做工精美的特点。

面塑

面塑，又称花馍，经久不霉、不裂、不变形，以面粉为原料，经过揉面、造型、笼蒸、点色而成。大都造型夸张、简练、质朴，民间和地方特色鲜明，多以节日供奉神仙之用。

朔州面塑，中间往往插以红枣，既有装饰性，又是营养品、调味品，很受欢迎，这种当地特色的民间工艺食品，世代相传，保留至今，已成为面食艺术品。

小脚绣花鞋

朔州面塑

方言土语荟萃

谚 语

风土人情

朔州城三件宝,钟楼、阁儿、大寺庙。

朔县三件宝,粉浆、黄儿、大皮袄。

利民三件宝,山药、莜面、大皮袄。

穷三泉饿徐村,讨吃出在神武村,养骡压马梁地村。

暖崖驼梁赤谷村,吃水比油贵三分。

滋润姚庄河淋清,天阴下雨出不了村。

三伏不走面高沟,三九不过腊壑口。

城西关外沙田薄地,种上萝卜越长越细,刮起旋风通天独(到)地。

陈庄汴子疃五花营,天阴下雨拧草绳。

新广武萝卜旧广武蒜,白草口大女儿不用看。

五花营羊肉野场瓜,古城萝卜嫩又大。

想喝粉浆到朔州,想吃辣椒到代州。

扳倒利民油瓮,刮(冲)了朔县城门。

三泉寺头(台),三年吃颗碌碡(意谓粮中砂子多)。

有奈出自无奈,赤脚跑到五寨。

烧圪针、吃碱葱,到了晚上不点灯。

头枕半头砖,身铺烂毛毡,冻得疙团团。

有钱的关南做买卖,无钱的讨吃溜口外。

石雕驴拉磨

古钱币

一出黄花梁,先想老子后哭娘。

三十年光棍富光棍,娶个老婆尽打尽。

一年一场风,从春刮到冬。

三十亩地一头牛,炕上坐着大盘头(新媳妇)。

红裤带一根,海昌蓝一身,就登记结婚。

活着干,死了算。

雀儿放屁还添风哩。

懒驴上磨屎尿多。

羊群里跑出个骆驼。

针尖上削铁。

给三分颜色就开染浆房。

瓜里挑瓜,挑得眼花。

不揣油篓,不沾油手。

不吃油糕,不沾油手。

溜沟溜到胯子上。

买羊花了个牛价钱。

狗肉上不了台秤。

亲不过姑舅,香不过猪肉。

农 谚

头九二九不算九;

三九四九,牙(开)门叫狗;

五九六九,消井口;

七九河开地不开,八九雁来准定来;

九九又一九,犁牛遍地走。

春风不刮地不开,秋风不刮籽不来。

风吹十六灯(指正月十六),雨洒清明节。

打罢春,消背阴。

冷清明,热谷雨。

三月寒食(清明)没一根,二月寒食遍地青。

三月四月不泥房,五月六月骂龙王(五、六月正是雨季)。

农家水井

风情朔州

小满前，一铜钱；小满后，一尺厚（指用泥抹土窑，小满前后效果不相同）。

立夏不起尘，起尘活埋人。

三月三，红缨凉帽单布衫；

四月八，皮袄皮裤不敢脱。

早穿皮袄午穿纱，围着火炉吃西瓜。

不怕一亩打半升，只要种上一万顷。

头伏荞麦末伏菜。

小豆长成罐，一亩打一石。

一出勤，两送饭，坚持两个六点半。

有钱难买五月旱，六月连雨吃饱饭。

天旱一大片，蛋（雹）打一条线。

东绛（彩虹）晴，西绛雨，南绛过来发大水。

农家院大门

云朝东，一场空；云朝西，稀泥没圪膝；云朝南，水推船；云朝北，打倒麻子带倒谷(从云行方向看雨兆、雹兆)。

黑云接日头，不等安枕头(雨兆)。

烟扑地，水瓮津，蚂蚁垒窝蛤蟆鸣(雨兆)。

蛤蟆叫唤水瓮涇，若要不信拔艾根（下雨征兆）。

天旱雨淋山，雨涝山不干。

早霞雨，晚霞晴。

早雾晴，晚雾阴。

春霜圪梁秋霜洼。

取水

山怕白露川怕社(山、川霜来节令；社，秋分前后)。

寒露百草枯。

立冬不使牛，还有十天"犟剥头"(将要封地，抓紧秋耕)。

过了大寒不加冰。

过个冬，长一针；过了腊八，长一大拃；过个年，长一门限(冬至后，白昼渐长)。

八月十五云遮月，正月十五雪打灯（丰年兆）。

二八月乱穿衣。

伏天不热，五谷不结。

九月雷声十月雾，爷儿父子不相顾（年景不好）。

二月里河重冻，米面憋破瓮。

母壮儿肥，籽壮苗肥。

斗

印 象 朔 州

古铁钟

九里没风,伏里没雨。

早霞有雨晚霞晴,圈住月亮刮大风。

伏天起了勾勾云,黑猪过河雨淋淋。

黄云雨多,黑云吓死挑菜老婆。

早雾毒日头,晒破刚剃的头。

锄杆发潮担水沉,不过三天响雷声。

雷声雨三后响,小心冰雹打牛羊。

羊愁不过下大雨,鸡愁不过刮黄风。

鸡不进窝遮盖好,羊不进圈怕地摇。

黑里起风天明住,天明不住刮倒树。

久晴大雾必阴,久雨大雾必晴。

久晴西风雨,久雨西风晴。

雷声绕圈转,有雨不用算(雨兆)。

五月南风淋塌山,六月南风海底干。

烟扑地,下大雨(雨兆)。

蛋打一条线,打五不打六,打了七月遭荒年,打了八月泪刮脸。

大暑小暑,灌死老鼠;大寒小寒,冻死老汉。

耕三耙四锄八遍,八米二糠粮满院。

头伏耕地末伏翻,三九压地地不干。

秋耕深,春耕浅,雨后千万莫种田(防盐碱)。

粪大水勤,不用问人。

深耕浅种,赛如上粪。

秋天不翻,来年草滩。

春误一晌,秋差十晌(适时播种)。

麦种凌茬谷种热,山头有雪不种谷(凌茬:冰凌茬,春小麦播种宜早)。

立夏耩胡麻,九股八圪叉;小满耩胡麻,至老也开花。

立夏乱封籽(意思是大部分的庄稼都能种了)。

立夏抢梁头,割了喂老牛(山区种莜麦,应在立夏前)。

谷子不怕小,就怕坷垃咬(谷地土壤要细碎)。

清明不在家,处暑不在地。

小满前后,点瓜种豆。

羊毛落,黍子窖(种黍子节令)。

夏至不种高山黍,还种十天小糜黍。

小暑碰鼻子,能种小糜子。

古铁钟

头伏荞麦末伏菜，立秋赶紧种白菜。

山药要窨，胡麻要撩(指种得浅)。

种地没粪，赛如胡混，若要不信，粪盘指正。

翻过茬子留涩地。

麦稠一堵墙，黍稠一把穰(合理密植)。

麦锄一拃谷锄针，黍锄两耳又一心，高粱要锄喇叭筒。

头锄好，二锄深，三锄培土，四锄刮草(指芨、谷的锄法)。

豆锄三遍圆溜溜，麦锄三遍不见沟。

头伏耧田满灌油，中伏耧田半篓油，末伏耧田没了油(适时中耕，锄二、三遍称耧)。

锄头自带三分雨。

秋在犁上，收在锄上。

天旱莫忘锄田，雨涝莫忘浇园。

处暑划破皮，赛过耕一犁。

头水要早，二水要好，三水要巧，四水

木雕

流跑(浇小麦)。

小苗要旱，老苗要灌(谷子)。

伏天没雨，谷子没米。

拖泥绣谷穗，淋了黍子花(谷子抽穗要雨，这时正好黍子扬花怕涝)。

水葫芦，旱西瓜(葫芦喜水，西瓜耐旱)。

胡麻要浇开花前，花落浇水皮剥麻。

处暑不出头，割上喂老牛（芨谷处暑不抽穗，就成熟不了)。

黄田隔夜变(庄稼快成熟时，一天一样)。

八月秋忙，绣女下场(参加农田劳动)。

立了夏，媳妇歇晌不挨骂；立了秋，媳妇歇晌不知羞。

地冻车轮响，蔓菁萝卜才待长。

见苗一半收，苗全有七成。

春兑一天，秋兑十天（兑：指拉下，推迟）。

山药重茬没吃蛋，胡麻重茬死一半。

一过霜降，犁铧高放。

(立)春打六九头一天，趁空快把粪堆翻。

春打六九头，赶紧快喂牛。

宁种一亩河湾地，不种十亩旱坡地。

垫地一寸，赛如上粪。

土倒土，打石五(调土垫地)。

家种一亩园，外荒十亩田(园地用工多)。

粪搁三年成土，土搁三年成粪。

盐碱随水而来，随水而去。

河沙压碱土，一亩顶二亩。

饿死老娘，不吃种摘(籽种)。

冷粪果木熟粪菜，生粪上地连根坏。

傍上龙王爷吃谢雨牲。

春雪大，不收夏。

锄头有雨又有火。

七十二行，庄稼人难当。

三年学个手艺人，一辈子学不会个庄稼人。

寒露百草枯，霜降快腌菜。

夜晴没好天。

天河调角儿，穷汉要袄儿。

小雪卧羊，大雪杀猪，冬至宰鸡。

冬至后十天，阳历过大年。

小寒大寒，一年快完。

母子下母子，三年一股子(畜牧)。

生活习俗

饭前先喝汤，赛过配药方。

谨谨让让吃不了，刁刁抢抢不够吃。

百样通不如一样精。

好借好还，再借不难。

好记性不如个烂笔头。

夏天拿冬天的衣裳，一天拿三天的干粮。

天阴误懒汉，勤谨吃好饭。

是匠不是匠，还得个好作杖(工具)。

不气不愁，活到白头。

病人不忌嘴，医生跑断腿。

男怕一声"嗨(唉)"，女怕乍苦腮(下定决心，无事不成)。

男人泼烦唱大戏，女人泼烦漾大气。

大蒜是个宝，常吃身体好。

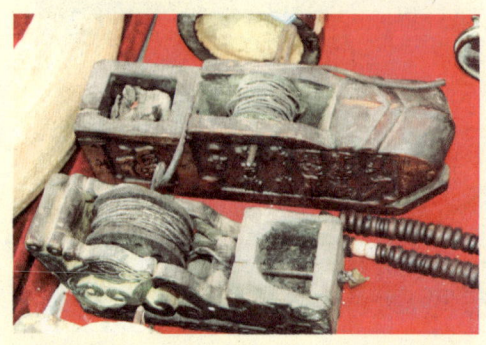

木匠墨斗

小满种胡麻，返青又开花。

糜锄两耳谷锄针，山药锄个狗蹄蹲。

谷锄三遍，八米二糠。

人哄地皮，地哄肚皮。

干草切成细瓣，牲口吃成肉蛋。

麦浇黄芽谷浇老。

黍茬种谷子，当定讨吃子。

太阳出宫，冻死毡楞。

太阳跌山，皮袄翻穿。

一立秋，不圪蹴。

白露前后放大田。

旱烟锅袋

虎头童鞋

小孩不准惯,给个馒头要瓣蒜。
紧惯慢惯,惯成个呲牙判官。
受人指教武艺高,不听劝告熬不高。
身怕不动,心怕不用。
成了是杨六郎(英雄),不成去卖麻糖。
三年荒个秀才。
松不过眼,毒不过手(只要干,就能干完)。
让人一步自己宽。
怎的个会说的,不如个会听的。
山水刮坏平地,背后破坏君子。
锣鼓长了没好戏。
头回上当,二回心亮。
媒人的嘴,轿夫的腿。
骗子手说的良心话。
原汤化原食。
为俏不穿棉,冻死不可怜。
一顿吃伤,十顿喝汤。
打鼓听声,说话听音。
计划赶不上变化,变化赶不上电话。
掐八字算卦,一肚子瞎话。
没吃过猪肉,还没见过猪跑。
养儿多像舅,养女搭家姑。
一推六二五(六二五,是算盘"斤称口诀")。
皮裤套棉裤,必定有缘故。

捉鳖不在水深浅,只要碰到手跟前。
狼怕圪搜,狗怕圪蹴。
稠粥沾蔓菁,越看你越阑兴(没出息)。
傍大道三年盖不起房(七嘴八舌,无所适从)。
儿多女多,受的罪多。
不笑旧,不笑破,就笑日子不会过(勤俭)。
出门不弯腰,进家没柴烧。
龙多厮靠龙多旱,媳妇多了不做饭。
好秀才不在蓝衫,好女儿不在衣冠。
远亲不如近邻,近邻不如对门。
抬头老婆低头汉,尖头辣椒紫皮蒜(厉害)。
三十年前看父敬子,三十年后看子敬父。
小时偷针,大了偷金。
人不亲土亲,山不亲水亲。
人怕起绰号,地怕踩斜道。
人怕伤心,树怕伤根。
万丈黄河有底子,人心没底子。
男儿无刚,不如一把粗糠。
老年人福口,越吃越有。
挨上好邻家,吃酒又喝茶;挨上赖邻家,挨打又戴枷。
八米二糠,精打细算。
白酒红人面,黄金黑人心。

可做枕头的板凳

印 象 朔 州

百闻不如一见,百见不如一干。

兵不离营盘马不离站,长工不离掌柜院。

拨草寻针,开笼放鸟。

不会烧香得罪神,不会说话得罪人。

炒出豆子众人吃,砸了铁锅一人赔。

此地无朱砂,红土也为贵。

没有朱砂马马红也算红。

出门寻好伴,住家找好邻。

打人不打脸,骂人不揭短。

单丝不成线,单马不上阵,孤树不成林。

肚里说话聒死人。

儿女好比手指头,咬着一指十指痛。

肥吃大喝一时香,细水长流备灾荒。

发病的不能吃,犯法的不能做。

跟上好人学好人,跟上巫婆跳大神。

好事不出门,赖事转周城。

汗从病人身上出。

和气生财,气郁生灾。

禾怕秋后虫,人怕老来穷。

花官钱,吃冷饭,终久是后患。

娇养孩儿无义气;惜孩儿,害孩儿。

老虎枕

敬人受人敬。

路隔三五里,各处一乡风。

孟良访焦赞,骨碌瓷访料炭。

金山访银山,骨碌瓷访料炭。

拿了人的手短,吃了人的嘴短,做了没的理短。

勤谨勤谨,衣饭随身。

荞麦三棱麦子尖,十里乡谈不一般。

若要公道,打过颠倒。

人心比自心,何必问旁人。

人心隔肚皮,里外不相连。

人老一年,马老一月。

人心没足蛇吞象。

三十里莜面四十里糕,十里豆面(小米)饿断腰。

说大话,使小钱,说人道人不如人。

小孩嘴里掏金石。

响马刁了个贼,苦了大老财。

眼不见,掉一半;耳不听,心不烦。

要想光景好,三百六十个早。

因为个驴肘箍,坏了苗大神树。

走不尽的路说不完的话。

旧时针灸模型

白面馍馍冷吃也好，抓髻夫妻恼了也好。

天上下雨地上流，小俩口打架不记仇。

酒肉朋友不到头，露水夫妻不长久。

人前教子，背后劝妻。

小脚鞋

宁吃鲜桃一口，不吃烂杏一斗。

每天出身汗，有病不用看。

磨刀不误砍柴工，紧走不如牢拴绊。

见人不施礼，多走十五里。

争争斗斗不够吃，让让摆摆吃不了。

抓起灰来比土热，一个姓字掰不破。

树不捅是个笆子，人不念书是个瞎子。

人活脸面树活皮，墙头靠把圪渣泥，蚧蛤蟆活得个白肚皮。

人老惜子，猫老吃子。

半大小子，吃倒老子。

说大话，使小气。

不搭公的搭母的，要么搭你坟园立祖的。

有钱没钱，剃头过年。

母壮儿肥，儿多母瘦。

勤借勤还，再借不难。

说在纸上说不在纸下。

理剥千层不走样。

老虎不吃人，素日也有名。

隔行不取利。

为争一口气，卖了二亩地。

买卖人领不得戏，凉胡子（指外行）种不得地。

买卖不成仁义在。

买卖不成，中间没人。

话好充不了饥，墙上画马不能骑。

磨刀没法，按住死擦。

杀人要见血，救人要救彻。

不怕慢，只怕站。

活到老学到老，八十岁学个巧。

选坟地，不如选心地。

酒肉穿肠过，佛在心头坐。

十分伶俐使七分，留下三分给儿孙；

十分伶俐全使尽，后辈儿孙不如人。

修桥补路积阴德，欺软怕硬损阴德。

一只巴掌拍不响，两不忍让都有过。

人冷腿，狗冷嘴。

鸟笼

狼要吃人有躲，人要吃人没躲。

兔跑哩，蛇窜哩，各有各的盘算哩。

针尖大的窟窿，斗大的风。

三岁看大，七岁看老。

人老三不贵，贪财、怕死、不瞌睡。

满山都是树，做橡的做不了柱。

香火头儿引来鬼，大旺火也送不走。

做甚的谋甚，讨吃的谋棍。

印象朔州

冬不惜柴，夏不惜水。

心正逼邪，鬼神难缠。

有了亲娘好，没了后娘好，再没了婶子大娘好。

白丑黑袭人。

红火不过个人看人，进眼不过个人爱人，难活不过个人想人，黑嫌不过个人恨人。

隔壁送糕，一递一遭。

远女近地家中宝。

穷舍命，富抽筋，变卖祖产不心疼。

家有万担粮，不如供个读书郎。

有三家穷亲戚不算富，有三家富亲戚不算穷。

家有九个黑女子，藏财发家没底子。

软的欺，硬的怕，见了灰人马爬下。

一步近，两步远，三步绕个大把弯。

打死人偿命，哄死人不偿命。

拉起簸箕斗动弹，一动就是一串串。

好配好，丑配丑，不机明配得二百五。

树大阴凉大，跌倒声音大。

嫁出去的女子，泼出去的水。

手艺人袖筒藏金。

家财万贯，不如薄艺在身。

一牛生九子，并拉五张犁，回头看一看，谁也替不下谁。

歇 后 语

背上媳妇游五台——费力不讨好。

寇五子背鼓——空的（寇五子：旧时

石龟

一破落子弟，以好吃懒做出名）。

骆驼撒欢——四大没样。

风箱板子做锅盖——受了冷气受热气。

大姑娘纳屎裥——闲时做上忙时用。

戏子的胡子——假的。

戴上草帽亲嘴——差远啦。

耗子尾巴害疮——脓水不大。

瞎子戴眼镜——多加一层灰皮。

死了老婆哭娘——乱抓。

麻杆子打狼——两头都怕。

耗子舔猫嘴——没事寻事。

当院立杆杖——四面没靠。

土默川的狼——善眉善眼吃人哩。

梳妆匣

风情朔州

曹家堡的狗————村里也误了，城里也误了。

大青山望见玉泉井的水————远水解不了近渴。

吹塌苫面纸————露出鬼相来。

吊死鬼卖淫————死不要脸。

哑巴梦见他妈————干着急说不出来。

瞎子捉奸————喊得玄。

讨吃子当兵————喊得凶。

一斤面使了二斤碱————拿死啦。

蒸包子揭出馅饼了————扑板了。

馅饼抹油————白捎。

十字街上跌马爬————四处处扒拉。

六指指挠痒痒————多这一道道。

雀儿飞进大豆地————白亮了一翅。

喝上稀粥屙山药————净拉圪蛋哩。

小青糜子霜打啦————收量不高。

门神丢盹————放进鬼来了。

油匠丢了栓（刷）————没刷(说)的啦。

二不浪挼刀————骨擦时辰。

馋风吃炒面————怎张开嘴来？

童男女掉到河里————脸面没了，架子还不倒。

钉掌敲屁股————离题(蹄)太远。

铸铁药碾

木匠的斧子————一面砍。

大年黑夜啃羊蹄蹄————嘲脚(说嚼)鬼。

巴掌杀人————快手。

带上手铐搽粉————死要面子活受罪。

抱住香炉打喷嚏————扑了一脸灰。

豆腐掉在灰堆里————吹不能吹，打不能打。

剃头洗脊背————差下一大截。

草筛饮驴————心尽了。

狗咬尿脬————空喜欢。

窝窝头泡在醋里头————又酸又虚。

白萝卜扎刀子————不是出血的东西。

王不留榨油————不是好籽。

鸡爪子烩白菜————寡汤淡水。

讨吃子丢了棍————尽受狗的气。

裹脚布做孝帽子————一下登高了。

瓦当

印象朔州

布鱼

喝上洋烟上吊————该死又该死。

蒸包子的嫁了个钉鞋匠————扭得严扎得烂。

哈巴狗斗狼————凭跑哩还是凭咬哩？

大狼狗斗哈巴狗————明降哩。

松木檩子做杆杖————大材小用。

家巴雀陪着夜蝙蝠飞————白熬眼。

赤屁股雀儿跳高高————抖翎哩还是抖毛哩。

对上窗户吹喇叭————名声在外。

蚂蚁戴了个糠壳子————假充大头鳖。

脊背上别裂子————有身缝（身份）了。

赤脚板段（追）朝廷————忠心保国。

闪电娘娘丢了鞋————不知道在云里还是雾里。

雷公爷爷打豆腐————专捡软的欺。

骑上扫帚逛大街————后炸的厉害哩。

猪毛搓绳绳————不隔股。

脓带打人————软糟塌。

大黄风刮跑孝帽子————扔了喜欢，拾上烦恼。

屎巴牛跌在车渠里————死也顾不上还揽蛋哩。

叉叉裤踢飞脚————显出你了。

屎巴牛划拳哩————尽露你的黑爪爪。

瓦磁磁包糕————净隔（割）嘴。

鹞子叫雀————越叫越远。

蚧蛤蟆跳青盘————尽显你的花点点。

毛鬼神坐轿————起轻不压重。

炕沿上打滚————直往里翻，不往外翻。

屎巴牛哭它妈————两眼墨黑。

石头喂猪————不吃香。

判官吃黑豆————鬼嚼牙叉骨。

石鸡子爬坡————咯咕咯（各顾各）。

讨吃子喝醋————穷酸哩。

豆腐渣擦屁股————没完。

坟园里扔石头————溜鬼哩。

乱圪庄送亲————就这一遭。

拨拉掉料炭————寻灰哩。

小石磨

风情朔州

炉坑里耍鞭子————赶灰哩。

王八嬝女儿————龟命正的哩。

蚧蛤蟆跳门槛————又蹲底子又伤脸。

公鸡哈铰子————抖起冠冠了。

南街拆了西瓜摊————在哪卖瓜(寡)了？

脚板划拳————来五去五。

盲人骑瞎马————乱闯。

死人嘴上贴封条————无话可说。

石匠打铁————不会看火色。

元子河唱戏————照安庄。

计庄的龙王————死坐死吃。

进城绕盘道梁————舍近求远。

王阁爷送闺女————就这一遭。

里林庄的牛————绕昏了。

陈庄放大炮————人齐了。

照什八庄秧歌————赶着上。

瓦当与砖雕

背锅(驼背)骑驴————后撤。

驮棺材压死驴————双败兴。

二股叉打老婆————一下顶两下。

新媳妇放屁————零蹦。

骆驼的屁股————高眼。

白登奎唱打堂————使了个鼻子，落了个不然(喻费力不讨好)。

二圪蛋压骡子————颤也不颤(喻不怕)。

二个卷说书————序（二个卷是应县说书艺人）。

二没手儿吃大豆————不待剥掐(不侍候)。

杨二疤子逃反————做了个啥(杨二疤子是应县城内人，逃避战乱时，没有引老婆，出了城才想起来，连说："这做了个啥。"喻无效劳动)。

粉房豆腐房————各管另一行。

脚板烤火————不像手(不象话)。

锅盖没梁————拍子(骗子)。

桑干河下豆面————汤宽。

俱乐部贴狗皮————不像画（话）

南马庄请祖宗————各有分项。

八里坡迎喜神————由牛走(旧时，应县人正月迎喜神是先看喜神的方位。有一年，八

鸡翎掸子

印象朔州

荷包

里坡人赶上牛车迎喜神,忘了看方位。人问赶车的,朝哪迎,赶车人说:"由牛走"。喻随便)。

南沙城的小鸡──────没见过灶米(见识短)。

羊群的狗──────混着吃干粮。

八十年老鸹──────全拿嘴呲。

板瓦喝稀粥──────两头忙。

半夜梦见五道爷──────胡说八道。

抱上元宝跳井哩──────舍命不舍财。

货郎鼓掖在腰节骨里啦──────货净了。

鼻梁凹下钥匙──────开眼。

鼻梁凹打梯子──────上脸。

鼻梁凹栽海纳──────眼前花。

草帽赶驴──────夹搧带拍。

吃山黄柏长大哩──────苦人儿。

城墙上扎刀子──────谁心疼半头砖。

城墙上放火──────炙专(砖)哩。

大豆面烙饼──────突干白炝。

地皮菜得了濛生生雨──────大展了。

东葫芦拉在西蔓上──────扯长摸细。

肚皮上捏碱面──────启心泛事。

饿狼鸱抓鸡毛──────急填嗓子。

房檐上的冰凌柱──────根子在上头。

烂布袋桌枣──────魂(红)不着地。

反贴门神──────不对脸。

圪柳棍打平地──────着一下,不着一下。

锅沿上的糠壳子──────熬出来了。

耗子拉秤砣──────堵了自家窝。

黑地里掐谷穗──────有两岁(穗)了。

揭墓贼看见引魂幡──────见财(材)起意。

贾家窑过年──────要明早明了。

姐姐穿上妹妹的鞋──────一般样。

经堂里吃卷子──────混饭。

花蝴蝶童鞋

久病床上搽胭脂──────强打精神。

腊八片子──────就这(粥)。

腊月卖镰把──────知秋不知夏。

狼不下黑哩──────灰种子。

狼吃芋蔓菁──────寡出水来了。

马连英英──────双棒棒。

民国秤砣──────掺铜。

娘儿俩卖大柜──────心事一了。

皮条(蛇)打能能(立起来)──────腰

风情朔州

锈成一坨的古钱币

中无力。

　　七胡子娉女————干忙没做的。

　　荞麦皮打浆糊————不沾。

　　骑上扫帚没蹦子————后炸。

　　切草刀割莜麦————揽得宽。

　　山黄柏刻神像————苦人儿。

　　涩地撵旋风————灰哩。

　　死羊皮画灶神————不能敬。

　　掏雀儿掏出猫杏虎————不象。

　　秃斯怪吃它妈————丑名在外。

　　王冒窑锄田————没饭。

　　王不留榨油————倒沾。

　　五更天下雪————明白。

　　秀才偷蔓菁————尽是理(礼)。

　　鞋帮子做了帽沿儿————虽然高升了,总有点邪气。

　　眼睛珠子(上等好地)插犁————惊(耕)着了。

　　一天三刮连鬓胡————你不叫我露脸,我不让你出头。

　　抓起耙子弄扫帚————胡添麻烦。

　　纸麻铺里失火啦————敬哩全是神。

　　电线杆上挂温壶————高水平。

　　耗子的尾巴————肿了也不粗。

　　割上鸡巴敬神哩————你倒疼得不行了,他还嫌你不恭哩。

　　下巴底下响炮————嘴当紧。

　　山阴庄的牛————认不的麻糁。

　　屁股圪夹个死耗子————假装打牲的。

　　吃西瓜调辣椒————各说脾胃哩。

　　拿糕擦屁股————没完。

　　菜瓜擦屁股————凉棒。

　　背上鼓寻槌————找打。

　　赤脚板碰铡刀————踢红啦。

　　吊死鬼吃凉粉————谋住那一条了。

　　种上荞麦上来豌豆了————灰得连棱角也没了。

　　秃子头上的毛————它也不长,我也不想。

　　屎巴牛踢飞脚————露你那黑爪爪。

衣打子

203

没眼的狼──────瞎嚎。

吃上刀子屙斧子──────各有各的灰肚子。

吃上棉花屙线哩──────灰得倒细法。

土 语

人称类

大大：父亲。

当家人：父母亲。

大爹、大爷：伯父。

二爹：二叔。

收收(shou)：叔父。

老点子：老头儿。

男人、当家的、老汉、老头子：丈夫。

老婆、老伴、老娘娘、老人、老板、女人：妻子。

大兄哥：妻兄。

大兄嫂：妻嫂。

后生：小伙子。

活人妻：离婚的女人。

带犊儿：前夫所生子女。

你老儿、您儿、阁人：对长辈的尊称。

庄户人：农民。

老娘婆：接生的。

讨吃子：乞丐。

虎头童鞋

鞭杆子：讨吃人的头目。

结颏子：口吃的人。

圪泡、野圪泡：私生子。

白花：以赌博为业的人。

疤子：麻子脸。

灰茬、灰货：指不走正道，作恶的人。

烂罐子：作风不正派的女人。

木雕：抽烟老者

风情朔州

时间类

年省、年省个：去年。

今儿个：今天。

座钟

明儿个：明天。

夜儿个：昨天。

前日个：前天。

间前日个、先前日个：前三天。

早起、打早：早晨。

半前晌：上午的中间时间。

半后晌：下午的中间时间。

夜儿后晌：昨天下午。

起晌了：下午三、四点钟。

黑了、黑将、黑张：傍晚。

头前、将将儿：刚才。

明张了、明将了、五明头：天麻麻亮。

单五：端午。

破五：正月初五。

房院类

堂前：正房的中间一间。

茅字、茅次、后檐：厕所。

风门：门外又一层挡风的门。

门限：门槛。

圪台、门台：屋檐下的台阶。

仰尘：屋顶顶棚。

围墙子：炕围子。

窑堵：烟囱。

锅头：锅台。

灶火：做饭和烧炕的火灶。

前檐、后檐：屋顶的前面和后面。

人体类

崩卢：前额。

后巴子：后脑勺。

首饰盒

后燕儿窝：后窝脖。

眼眨毛：眼睫毛。

脯子：胸脯。

胳肢窝、胳老肢窝、胳肢老窝：腋窝。

圪膝：膝盖。

肚子：胃。

脓带：鼻涕。

眼滋：眼屎。

耳心、耳色：耳屎。

胡柴：胡子。

圪犊：拳头。

含水：涎水。

背锅：驼背。

牛牛：乳头。

罗框腿：罗圈腿。

跌节子：拐腿子。

撇脚：八字脚。

石鱼盘

动物

儿狗：公狗。

郎猫儿：公猫。

咪猫儿：母猫。

草鸡：母鸡。

个丁：公绵羊。

骚胡：公山羊。

寻驹、起骒：母驴、母马发情。

走敲：母猪发情乱跑。

寻食、游食：母狗发情寻找配偶。

号春：母猫发情发出难听的叫声。

思群：母牛发情。

蛮牛：给牛交配。

圈驴：给驴交配。

牙猪：给猪交配。

砸蛋：鸡子交配。

连蛋：狗交配。

走羔：母羊发情，寻求交配。

叫磨：牛羊反刍。

皮条：蛇。

月蝙蝠儿：蝙蝠。

猫杏虎：猫头鹰。

圪岭：松鼠。

石鸭子

黄鹀：黄鼠狼。

老娃：乌鸦。

鲜雀雀：喜鹊。

家巴雀儿：麻雀。

田家子、青鸡子：青蛙。

疥蛤蟆：癞蛤蟆。

圪蚪儿、圪旦儿：蝌蚪。

拉蛄：蝼蛄。

龙王蛛蛛、龙马蛛蛛、郎马蛛蛛：蜘蛛。

马王：马蜂。

花大姐儿：蝴蝶。

扑灯蛾：飞蛾。

牛牛儿：泛指小虫。

瞎猛蝇：牛虻。

霍乱子风：风向不定的风。

罗面雨：蒙蒙细雨。

蒙生生雨：小雨。

贼星：流星。

山水：洪水。

凉哨：凉快。

地摇、地动：地震。

圪八：坑。

恶涩：垃圾。

料炭：煤核儿。

骨碌瓷：煤炭燃烧后形成的碴状物。

黑煤子：烟洞里或锅底受烟薰积存的黑煤面儿。

自然现象

日头：太阳。

宿宿：星星。

放绛：出彩虹。

冷蛋、蛋子：冰雹。

冰凌：冰。

毛毛片：大雪片。

月饼模子

斗

衣食用物

大豆：蚕豆。

粉面：淀粉，有山药粉面，豆制粉面。

圪渣：锅巴。

莲花豆：油炸的蚕豆。

腌菜：咸菜。

主腰子：夹棉背心。

倒插子：衣兜。

盖物、盖窝：被子。

条出、笤除：笤帚。

扫出：扫帚。

沾手、沾布：抹布。

笼出、笼床、笼浸：笼屉。

黄糕：用黄米面蒸的糕。

糕饼子：捏好而未炸的油糕。

糕秧子：和好而未蒸的糕面。

拿糕：用玉茭面、莜面等直接下水而搅制的稠软食物。

稠粥：用小米焖制的稠软食物。

块垒、块粒：一种用莜面、玉茭面或加土豆蒸制或炒制的块粒状食物。

莜面窝窝：用莜面蒸制的筒状食物。

酸饭：把面糊发酵后熬的稀饭。

烂腌菜：一种用萝卜丝、白菜丝或其他菜丝搅在一起腌制的咸菜。

圪塔子：把整胡萝卜放在盐水中腌制的咸菜。

长窝儿菜：把小白菜用开水略煮后腌制的酸菜。

毛猴儿菜：用胡萝卜缨子腌制的咸菜。

言行

拍着啦：伤风、感冒。

木簸箕

猫腻：捉弄，嘲讽挖苦。

破出去：豁出去。

不产：不单是。

意得过：不做也行。

意不过：不做不行。

小独轮车

呆猛：偶然。

然对：尽力、凑合。

嚼剎：说话多，重复而无用。

抛躁：热得难受。

不将意顾：没有注意。

舒脱：舒服。

蹲底：露馅儿。

牙碜：1、饭里有沙子吃起来硌牙；2、比喻说话难听。

认、不认：吃药见效、不见效。

不好过哩、难活哩、不精神哩：病了。

觉意、觉瞧、觉色：感知。

瞎打冒撞：盲目行动。

憋得慌了：吃得太多，撑着了。

晒暖暖：晒太阳。

背斗子的：为不正当男女关系牵线的人。

铜锤、铜钵子、铜圪蛋：带愣气的人。

膀：肿。

梆子亮：嗓门大。

发引：出殡。

个碍儿：有了意见隔阂。

圪蹴：蹲下。

刹车：把车上装的东西用绳紧勒在车上。

打帮：调停、劝说。

督楦：从旁悄悄地煽动。

风筝

打平伙：几个人合伙出钱或出物凑在一起吃喝。

挨傍的哩：有一定的关系。

字一字、摇一摇：称份量。

站栏柜的：售货员。

旋儿：风筝。

断笑话儿：猜谜语。

玩艺儿：民间文艺活动。

捣古记：讲故事。

闲拉搭：聊天。

搁记：挂念。

黑眼：讨厌。

老色：东瞅瞅西瞧瞧（找东西的样子）。

督及：跳。

克撩：翘。

出溜：往下滑。

则愣：1、倾斜；2、不满意，挑衅。

歇心：放心。

顺眼、喜人、袭人：形容长得好看。

不顺眼：形容难看。

耐：形容器物结实耐用。

壮：1、形容器物结实；2、形容人身体结实。

不听说：顽皮（多指小孩）。

拾掇、整戳：1、收拾东西；2、整治人。

圪捣：从中作梗、活动。

圪谄：撒娇。

圪背：1、憋住气；2、事情弄僵了。

圪吱：1、勉强支撑。2、多言，勉强争辩。

圪头儿：1、面食的一种；2、布料等碎头儿。

圪搅：1、故意打搅；2、搅拌。

剥掐：1、剖析研究；2、理会。

朝理：理会、接待、打交道。

慌慌儿的、欢欢儿的、欢落些：赶快点(催促语气)。

圪触：轻轻的摸。

圪乍：1、轻狂；2、儿童刚学走路。

兴哄：1、高兴、兴奋的样子；2、感到欣慰。

黑紫：故意指责。

拉圪旦：闯大祸。

过上了：指男女间关系不正当。

圪塌、圪唸：初步议论。

抽架：摆布，用计谋算计人。

猜扭、撑扭：比试，争高低。

小板箱

撩逗、格货：戏弄，开玩笑。

呛噗：顶撞，语气不客气。

扑坎：行动盲目，不切实际。

格厌：闹意见，多用于儿童或夫妇之间。

骨㩻：故意拖延。

音记：挂记，惦记、防止忘记。

信峙：对峙。

格杀：一并处理。

凌扯：不注重保养，造成身体有病。

没廉耻、没连扯：没完没了让人讨厌。

睇盹：思谋。

丢盹：一瞬间的睡觉。

朦盹：一时想不起来，辨别不清楚。

迷盹：疑惑，弄不清楚。

嚎哨：1、乱说，2、故意宣扬中伤人。

糊能：办事得过且过，不作长期稳妥打算。

操决：喝斥。

瞅欠：仔细打量，辨别。

哩烂、哩乱：语无伦次，喋喋不休，说个不停。

段：追赶。

圪儿、圪利：搔腋窝等处，使人发笑。

约摸：估计。

失措：不经意，造成过失。

辨盹：思索，分辨。

崴炼、煨练：做事不认真，随意凑乎。

资质、性格、作风

日能：灵巧，有本事，有能力。

圪出八带：不舒展，绉折太多。

圪随随：老态龙钟的样子。

厌楞旋天：不通情理，粗暴野蛮。

圪出溜皮：不直爽，故意扭捏。

求胡麻茬：马马虎虎，做事不认真。

平不溜丢：形容像没发生事情一样。

拴整：做事灵巧，待人得当。

客戏：好，带有赞叹的感情色彩。

害害儿、可可儿：刚好，正巧。

提中：表示肯定语气。

来半儿、来不来：平白无故。

阴雾：拖拖拉拉，不果断快速。

圪阴：办事拖拉，费时间。

二七佯憨：不在意，无所谓。

咬喃：说话办事不机明，不紧凑。

爬长货：没出息的人。

忽拉盖：奸滑，骗子手。

不正色：品行不端正，心术不正。

嘎渣子：不走正道，肯干坏事的人。

精巴：干净卫生，做事精明利索。

机迷：明白，清醒。

拉乎：1、平易近人，待人热情；2、粗心

带屉的交椅

大意。

没音货：做事说话没准的人。

雾八气：指做事一塌糊涂的人。

窝叽圪囊：不爽快，没出息。

死筋顽肉：指软磨硬抗，不易化解的人。

没折气、没折势：没气质，没本领。

灰鬼：不务正业的人。

赖皮：不做好事的人。

凉胡子：不会干事的人、外行。

仔细：节俭。

疲善、疲的：性情温和心地善良。

小脸：开玩笑翻脸。

吃念货：不稳重。

圪鬼：暗地活动，搞鬼。

谝子：说话不老实、哄骗人的人。

没脸货：不怕人嫌，不知羞耻的人。

日粗：吹牛。

妨主：做事不合伦理。

损阴葬德：做缺德的事。

黑眼的：使人讨厌。

扎眼的：叫人看着不舒服，不喜欢。

草鸡：比喻懦弱退缩。

不进眼：惹人讨厌。

溜舔：巴结。

滑耍：动作灵活。

其他

圪低打隐：心里不踏实，担忧。

各共：1、从来，一直；2、合计。

抢会儿：好不容易，终于。

笼共：合计，总的。

猴猴：最小的、碎的。

憋躁：沉闷、烦躁。

受瘾：舒泰、舒服。

皮影关公

长短、长圆：无论如何。

哈长尽短：对事物笼统概括的表述口气。

棱猛：突然。

寡汤淡水：说话办事空洞无意义。

就溜儿：顺便、捎办。

忽辣马爬：突然想起。

一特落（lao）：一套一套的叙说。

打冷圪掺：受冷或极度紧张突然打颤。

耍货儿：玩具。

齐楚：整齐。

背兴：倒霉。

还哇哩：就是。

可老马儿：1、少的可怜；2、好不容易弄到手。

贵贱：无论如何。

款款的：1、慢慢的、轻轻的；2、不注意，把事情忘记了；3、正好。

印象朔州

风情链接

倒宝壶与说令子

朔州地区过去有许多地方，新郎、新娘拜堂完毕入洞房还要举行一个叫做"倒宝壶"的传统仪式。这一仪式既有雅文化也有俗文化。所谓的雅，就是说一些绕口令，看新娘的口齿伶俐程度和智商的高低；所谓的俗，就是说一些荤令子。荤令子虽然令新娘觉得难堪，但婚礼三日无大小，更能增添几分热闹，即使嬉戏得过分些，新娘也不能恼怒。如若气走了闹洞房的人，将被视为是新娘的任性，人缘不好，日后的光景就不会好过。不论雅俗，最终达到的目的是一样的，因为在旧社会，特别是封建时代，青年男女没有自由恋爱的机会，有的婚前甚至还未见过面，更无情感的沟通，第一次见面便要共坠爱河，显然是陌生和难堪的。通过倒宝壶，可以增加双方的了解，消除彼此的距离和陌生感，使之很快熟悉起来，协调两人之间的紧张气氛，融洽感情，为入洞房前增加一些了解。同时这一仪式也是性的启蒙教育，一些黄色、露骨、富有联想的令子可使青年男女解除羞涩，增加一些性知识。

倒宝壶一般由新郎的姐夫主持，长辈男性不介入，参加者有姐夫系列和小叔子系列及同学朋友等。

所谓的"宝壶"就是昔日的酒壶，铜或锡制成，肚大颈细，呈三角形，壶口呈喇叭状，一般容量四两左右。壶内装小米，外用一尺见方的红布将壶嘴盖住，壶颈上扎几条有色棉线，隔一段挽一结，直至挽完。

在倒宝壶开始之前，主持仪式的姐夫要简单地化妆一番，把脸抹黑，皮袄翻穿后骑上扫帚隐匿于院内某个角落，新郎、新娘捧宝壶边寻找边呼喊："哩哩壶，啦啦壶，请上姐夫倒宝壶；姐夫穿的烂皮裤，虱子咬得坐不住。"未寻到时姐夫不吭声，一旦被发现，姐夫就问："请上姐夫倒宝壶，给姐夫拿的啥礼物？"有调皮的新郎、新娘会这样回答："扫帚疙瘩烂沾布，请上姐夫倒宝壶。"姐夫不为所动。最后是这样回答的："喜糖喜烟小礼物，请上姐夫倒宝壶。"姐夫收礼后，再骑扫帚随新郎、新娘回洞房，开始举行此仪式。

新郎、新娘要面对面盘腿而坐，新郎双手抱宝壶，新娘双手拿着挽结的色线等待号令。倒宝壶分两步进行，第一步为说令子解疙瘩。由参加人写好令子让新郎、新娘说，说毕由姐夫裁判是否合格，若合格则可解一个疙瘩；续说续解，直至解完为止。如难以说准，发令者可得赠礼一份。

令子一为绕口令，二为荤段子。常说的绕口令有"红凤凰，花凤凰，花红凤凰粉凤凰"；"上南山，砍鞭杆，会砍的砍个圆溜溜鞭杆长鞭杆，不会砍的砍个圪柳鞭杆扁鞭杆"；"墙上钉个钉，

结婚

风情朔州

钉上挂个瓶，炕上放个盆，瓶掉下打烂盆，盆叫瓶赔盆，瓶不赔盆盆赔瓶；""南山有个吹腿粗，北山有个吹粗腿，有一天二人比腿粗，不知是吹粗腿比吹腿粗的腿粗，还是吹腿粗比吹粗腿的腿粗"；"我到场面簸谷板，有谷板，簸谷板，没谷板，我不簸谷板。"

荤段子也是令子的一种，有些段子其实是一则谜语，面荤底素；一般是新郎、新娘一人一句。

新娘：一根红棍四寸长，

新郎：小姐请郎入洞房，

新娘：半夜三更流脓水，

新郎：一阵不如一阵长。

谜底：蜡烛。

新娘：上边毛，下边毛，

新郎：到了黑夜毛对毛。

谜底：眼睛。

有些段子是隐语，面素底荤。

新娘：家有二亩田，荒了十八年，里边长着玫瑰树，外边小草遮墒沟。

新郎：家有秃头牛，槽前拴不住，拉进去开沟，踏倒小草铲倒树。

疙瘩全部解开后，第二步就是倒宝壶。新郎、新娘分别将上衣解开，大襟对大襟，新娘先揭去红布，再将部分米倒入大襟内，二人同时说："大襟对大襟，过上好光景。"新郎将剩余的米倒入大襟内对着新娘底襟，二人再同时

说："大襟对底襟，光景真厚沉。"之后将米倒入新娘底襟内包好。新娘叫一声"妈"，婆母应答后，新郎问："米往哪儿倒？"婆母道："×××地方有一米瓮。"

新娘又问道："瓮内放着啥？"婆母答："瓮内放着个酒盅盅。"新娘必须回答："当年给您生个胖孙孙。"然后将米倒入瓮内，否则，闹洞房的人是不让倒米的。至此全部结束。

高跷也疯狂

这些年，几次回金沙滩，老工人都说，自你们走后，过元宵节真没意思，再没踩过高跷。我说，自离开后，我过元宵节真没意思，再没高跷可踩。算起来，踩罢高跷二十五年了。如今怀仁元宵节的旺火周边地区有名，当年怀仁元宵节林场的高跷队更有名。其有名的原因是别的队里仅有极个别的女队员，其余都是男扮女装，而我们队里绝大多数是真正的女队员，男队员倒属凤毛麟角。十七、八岁的大姑娘踩在高跷上飒爽英姿，而且技术堪称一流，当然轰动了当时被称之为"一条街"的怀仁县城。

插场第一年闹元宵，队员们还都是"文革"

踩高跷

213

印象朔州

时流行的装扮,工农兵形象多。那次给我的任务是拍小镲,拍大镲的是高我一大截的一个知青。走到某个评比点,往往好长时间不停地拍,双手便不由自主地放轻放慢动作。好在小镲本身的音量不大,在震耳欲聋的大鼓大镲声中,它常常被淹没,从而使我有片刻喘息之机。小镲如此,而大镲费力,身高力大的队友也顶不下来,非要我和他换着拍。拗不过,我只好挥动起那两个沉重的锅盖般的大镲,开始几声还能随着鼓点,不一会儿就跟不上了。再不一会儿就自成体系,毫无节奏地随意拍下来。这下可乱了套,大镲乱七八糟的声音,影响了敲锣和敲鼓的,他们也不知该怎么运作,一时间鼓点乱了,舞者的脚步也乱了,指挥者找原因,原来是我俩的问题。后来指挥者看拍大镲一个人确实累,就又安排一个人轮着拍。等到他闲着时,我就把小镲塞给他:拍一会,我歇歇。他接过小镲我就慢慢隐入人群中。他拍了一会儿要找人怎么也找不到,伸长脖子双手乱拍双眼倒聚精会神地向周围扫视。我心中一个劲儿地笑,迟迟不肯出来。后来看到另一个拍大镲的要换才钻出来,以"出去小便,找厕所困难"为理由哄了他。哄上两次他就再不上当了,任凭我左央右求。

第二年闹元宵形势变了,一些传统的节目登场,《西游记》和《白蛇传》里面的人物出现在高跷队伍里。我被选作法海和尚的形象,第一次被绑在高跷上。开始下面有人搀扶着或者扶着墙壁自己练习走。逐渐见我能走,他们就松开手。这样接二连三的摔跤就出现了:有时觉得要摔跤了,想赶紧走几步避免,谁知急中生错,摔得更早;有时正慢慢走着,听见别人"啪"地摔倒,自己心中一慌,也紧随着倒下;有时见自己相挨的人要摔倒,自己怕受牵连,急着要躲,谁知双双附地,比一人倒地摔得还疼。印象最深的是一次独自练习走到雪地里,大雪已厚,摔倒后整个身子都被雪淹埋,逗得拉我者哈哈大笑不止……进了怀仁城,要从东关一直扭到西关。说实话,经过几天锻炼,站在高跷上能走了,勉强也能随上队伍,但双臂怎么也扭不开来。幸亏给我配有一只禅杖,我便扛在肩上慢吞吞地跟着,脖子上吊着一串算盘珠,头发也被理光了,穿着一件杏黄袍。下面是如潮的观众,有人喊:那个法海怎么不扭,扭起来。我一时着急,急中生智,便双手作揖:阿弥陀佛。逗得观众大笑:原来和尚念佛哩,怪不得不扭。

白天红火完后,扮青蛇和白蛇的两名女知青意犹未尽地要拉着扮许仙的知青与我去照像馆留影,说这样照才是一幅合家欢。我想你们是正面形象,偏我以反面形象出现,且扮相又那么

高跷

风情朔州

丑,说什么也不肯去。她俩洗出后确实扮相不错,今日想起当初未把那么具有历史意义的照片留下,真是无法弥补的缺憾。

现在每年的元宵节,看红火热闹的时候,老喜欢往高跷队凑。看着年轻人在欢乐的鼓点中扭来扭去,心里和脚底都痒痒的。大概是胆小谨慎的缘故吧,觉得他们扭得太斯文了,缺少疯狂和豪放。鼓点声中,眼前仿佛晃过另一支欢歌劲舞的高跷队来,奔放而粗犷,让人一下又回到了那时的元宵节中。

是的,我从小至今,从没有像在林场时热闹过,任凭是屏幕上的芭蕾,古装戏的跟头,还是幼时跳过的"忠字舞",或者现在流行的慢三、快四步,都没有在林场的操场来得风流、豪放和广阔。我们男女知青都学会了,踩得极娴熟。可惜现在挣钱的挣钱,做官的做官,个体的个体,失业的失业,衣服也潮流了,骨头也不耐了,人也难齐了。要不,马上就能在新改造的怀仁街上,呼啦啦甩开一个场子!

南辛庄"火器"

闹元宵的压轴好戏是燃放焰火。传统的焰火不比如今之绚丽,但更具古韵雅意。说到传统焰火,就不得不说南辛庄的"火器"了(当地人把焰火叫做火器)。每年元宵节,方邻附近十里八乡的男女老少,不辞跋涉夜路之劳苦,像大大小小的河流一样,汇聚到南辛庄看火器。

作为一种民间文化,南辛庄的火器更具大众化。据说,南辛庄人几乎都会做火器,而且是全程工艺。就连火药和大小爆竹都是王母娘娘下厨房——亲手自造,没有一点是"进口"的。人家做的火药叫顺药,装在爆竹里既声响清脆,又不会爆炸,极具安全性。所以,南辛庄人响"二踢脚"大爆竹,都是"手中开花",即用手握着响。什么响爆竹炸伤人之类的事,从未闻也。

大年初二、三,这里的"火药味"便很浓了。几乎家家户户堆满了大大小小的爆杖,摆满了五花八门的火器,琳琅满目,真能使你看花了眼。别的不说,光扎各种火器的框架,使用了多少茭秸秸和芨芨棍儿,谁也说不清。

南辛庄的火器品种繁多,制作工艺独特。每逢元宵节到来,整个村子的大街小巷挂满了形形色色的火器,能数起名的就有炮打城、关老爷夜看《春秋》、龙凤呈祥、狮子滚绣球、猴王撒尿、百鸟朝凤、莺飞燕舞、鹅下蛋……等等,像举办火器展销会似的,把整个山村装点得姹紫嫣红,格外妖娆,充满了喜庆祥和的气氛。莫说是夜里燃放起来火树银花不夜天的景象,令人感觉到宛若在神奇奥秘的梦幻仙境中遨游;就是光观赏这些异彩纷呈的造型也绝非是一般的艺术享受,肯定会让你神采飞扬、如痴如醉。

至于设计之巧、构思之奇、制作工艺之精,更是令人叹为观止。不信点燃几件让您开开眼界:炮打城,别的地方也有这件作品,但大多是一炮

闹元宵燃放烟火

印 象 朔 州

闹元宵放烟火

打响,便将整座城"解决"了,接下来只能听到"废墟"上的炮火余音。而南辛庄的炮打城,就像在一个胸怀韬略的将军指挥下进行的,逐门有序地攻打,即使到了四门大开之后,"鏖战"的枪炮声(大爆竹和小鞭炮的交响)响作一团之时,整座城基本完好无损;当然"战争创伤"那是难免的。再看关老爷夜看《春秋》,更为神奇独特:神情威严的关老爷灯光下安然地阅读《春秋》,谁看了能不脱口叫绝:"啊呀,真神了!"这件作品在别的地方未曾见过,听说就是因为绞尽脑汁也解决不了开门、点灯的难题。不是走途截了捻,就是一触即将大殿烧为灰烬,明知是走途的问题,但谁也无奈其何,南辛庄的走途设计和制作堪称一绝。还有猴王撒尿,也可以称得上是火器之杰作。当点燃"起火"之后,美猴王便一边撒尿,一边舞圆了金箍棒。只见胯下银光飞溅,胸前金星旋转,把美猴王调皮憨玩的性格表现得淋漓尽致。这件作品倒也不为稀罕,但别处的猴王同这里的放在一起,不定还有一场"真假猴王"的好戏看呢。因为常见其他村的猴王总是先撒尿后舞棒,不仅没有人家的洒脱有趣,而且动作也显得笨拙许多。有的甚至在撒尿时便引火烧身彻底"自焚"了。

捉蒿毛雀

我知道"蒿毛雀"只是这种鸟的俗名,怎么写,真正的学名叫什么,我还不得而知。但我知道它不是麻雀,麻雀住在屋檐下,而它们则是在地里安家,数量也没有麻雀多,颜色、大小和麻雀相似,但绝对不是麻雀。

白天劳动时,在一棵小杨树下我们发现了它的窝,窝是用碎柴"织"成的,如巴掌大小,灰褐色的四颗蛋壳上还有麻麻的斑点。我和几位朋友原准备取走蛋了事,反又觉得能孵出小鸟喂养更好,听说此鸟喂熟还能学人语,但心急吃不上热豆腐,吃饭后就耐不住了:捉大鸟去。

夜色浓浓,我们打着手电悄悄走近那株小杨树,几只手电的亮光一齐照准那个鸟窝和两只蒿毛雀,光柱下,蒿毛雀并不明白究竟发生了什么事情,显然这突如其来的亮光,搅扰了它们的梦。

当它们惊恐万状的时候,我们猛扑上去,就在这一瞬间,它们清醒了,明白了,吱吱叫了几声就消失在黑暗中,蒿毛雀没抓住,几颗蛋也按碎了,不用提有多扫兴,只好把无边的寂静留给窃窃私语的风声和幽静的夜色。

我的知青朋友们,那仲夏之夜,那炽亮的手电光,那幽静的夜色,像我们的青春一样遥

风情朔州

远的岁月，如今都在哪里呢？

假如有一天我再重返林场，我还能准确无误地找到那个地方吗？那株小白杨长成了什么样子？树下的窝还在吗？蒿毛雀会不会继续住下去繁儿育女？

那个夏夜的日子早已过去多年了，那两只蒿毛雀早不知繁殖了多少代，但那记忆却没有像轻烟一样消散，它在我生命的年轮里，刻下了深深的花纹，常常在夜阑更深的时候，它就从寂静中走了出来，在风的伴奏下给我讲述那美丽的故事。

拨　吊

家乡有一则老掉了牙的谜底为鸡的谜语：当院一个拨吊，光屙不尿。大概流传了几辈子，孩提时奶奶就让我猜过，那漫长的冬夜躺下睡不着，奶奶就用这类谜语哄我入睡。几十年之后，当我编修县志搜集民间谜语时，偶见爸爸清理老屋里的杂物，翻出了几个拨吊，它昔日转来转去的影子又浮现在我的脑际……

土炕上，一堆散发着膻气的羊毛。爸爸细心地抖掉里面的碎杂物后，撕成松蓬蓬的絮状物；小凳上，妈妈一手拨着拨吊，一手把羊毛小心地捻进转动的线里，一天天，一夜夜，只要有空闲，除了辅导我们兄妹学习外，就是日复一日地撕羊毛、转拨吊、捻毛线。春去秋来，当寒意渐临，一件件毛衣织好了。

这几个拨吊，早就束之高阁。记得有一年腊月大清扫，发现后我要劈柴烧火，爸爸妈妈不让。爸爸说：别看它现在没用了，当年全凭它们，你们才有毛衣穿。妈妈则说：那年月，漫长的冬夜，全凭拨吊捻线打发难熬的时间；留着吧，让你们兄妹看到它就不会忘记昨天。

现在，我考我的儿子，他竟不知拨吊为何物。我告诉他，拨吊是用来将羊毛捻成毛线，或将麻捻成麻绳的器具，用一根寸半见方、六七寸长的木头，在其中间穿一根8号铁丝，铁丝下端与木头固定，上端成钩状，先用手将毛或麻搓成一段线，绕在木头及铁丝上，然后左手提线，右手一边拨打着拨吊像陀螺般在空中旋转，一边往左手续毛或麻，必要时以嘴辅之；捻成一段绕在拨吊上，再如此循环反复，直至线或绳把拨吊绕成中间鼓两头尖像鸡一般形状……解释再三，儿子还是如坠五里雾中。

这些年，生活一年比一年好，羊毛线早就不捻了。拨吊，终于转尽了它的历程，它曾伴着一辈又一辈的女人，一圈一圈地唱着一首苦涩的歌，把生活的艰辛长长地捻成细线，再编织成一件又一件散发着膻气的衣服。在一圈圈的旋转中，女人们也把一身的筋肉与羊毛一同捻进去，把对美好生活的向往，把对亲人的疼爱，深情地捻到旋转的拨吊上，把青春往拨吊上捻，把白发往拨吊上捻。

这几个当年几辈人用手磨得光光油油的拨吊，多年不用，已失去了光泽。吊线的铁丝已生绣发黑。爸爸还是把它们揩了揩土，又装进箱子保存起来。

拨吊

217

印 象 朔 州

七里河大桥夜景

人文朔州

人文朔州

印象朔州

豪爽大气存古风
——朔州人性格解析

　　一方水土一方景，一方气候一方风；一方民性一方人，一方习俗一方情。地处内外长城之间的朔州市六县区，其风土民情复杂无际，山区、川区各有自己的生活习惯、民俗民风。一个县有一个县的风土民情，一个村又有一个村的村风习俗。俗话说："风土民情说不完，十里乡俗不一般。"朔州人的个性，总的来说，有以下几方面的特征：

　　一、为人诚实，刚直不阿

　　凡是与朔州人打过交道的，大都有一个共同的感觉，就是朔州人为人厚道，性情耿直，交友重情。当然任何事情都不能一概而论，就总体而言，朔州人习惯于简单质朴的思维和艰苦平静的生活。性格老实持重，说话有一说一，有二说二，喜欢大碗喝酒，大块吃肉。与朋友相交讲究义气，一旦朋友有难，解囊相助者有之，拔刀挺身而出者有之。

　　二、热情好客，助人为乐

　　朔州人特别热情好客，一旦客人来到，心里特别高兴，心情特别欣慰。即使陌生人登门也同样出门迎接，笑脸相见；如果需要主人相助时，便想尽办法，出面帮助。节日庙会期间，客人更多，甚至亲戚朋友引来他们的熟人，同样热情招待。朔州人的交际原则是：仇人一个也多，朋友一百个也少；所以，不厌朋友多之烦。遇事宁愿吃亏，不占便宜。

边塞诗歌

人文 朔州

奶牛养殖户

三、勤劳俭朴，知足常乐

朔州人自古以来就勤劳自给，艰苦创业，连过去较富裕的人包括在内，亦是省吃俭用，勒紧裤带攒钱置房买地；多数人知足常乐，只图三十亩地一头牛，老婆娃娃热炕头，只求温饱，不图荣华。因朔州地处塞外，气候干燥寒冷，冬季漫长，夏季炎热短暂，无霜期短，即使丰年，收成也不大。在这种自然环境的逼迫下，人们只好勤劳耕作，省俭度日。现在农业生产条件虽然得到改善，但一些地区受水的制约，仍靠广种薄收维持生计，人们的生活仍然很俭朴。不愿离乡离土，日出而作，日落而息，日复一日，年复一年，满足于酸酸的咸菜，红红的辣椒，热腾腾的莜面山药蛋。

四、奉公守法，安分守己

朔州历史上一直为军事戍守之地，多军队少居民，历代统治者常择勇猛之将杀伐，威严之吏镇守。在长期高压政策的桎梏下，人民形成了温顺驯服的性格。勤于躬耕，务于牧养，安守本份，不思越轨，这是多数人的立世准则。当然，古往今来，也偶有一些不务正业的"油皮"滋事生非，但只是极个别现象。

五、中介合事，息事宁人

当人们相互之间因种种原因发生纠纷、矛盾，甚至打架斗殴时，常常有人主动出面劝解、拉架、评理、调解、息讼。朔州人还善于中介合事，热情无偿地帮助别人把事情办成办好，如男女结婚当媒人，婚嫁喜事当司仪，亡人丧事当总管，另家分产当仲裁等。中介人是拿主意的人，事情成否，办得好坏，中介人起着决定性作用。人们常说：事情不成，中间没人。有些人当中介次数多了，有了威信，便事事被推着出面。

六、饮水思源，知恩图报

朔州人有良心，讲义气，不论大小事，受到别人的恩遇后，便感激不尽。受人滴水之恩，愿以涌泉相报。尤其是在困难的时候，受过别人搭救时，更是加倍报恩。平时别人为自己办过事，比如婚丧大事、起房盖屋、息祸了事、教书育人、

烽火台

印象朔州

捏油糕

治病救人等，都是以恩相报，报答的方式有馈赠礼物、出力做工、代替做事、举荐等，最简单的是逢年过节宴请送礼。

七、尊老爱幼，孝悌和睦

尊老爱幼、孝悌和睦是朔州人自古以来的传统美德，历代有很多忠孝、尊老的楷模。对老者让路、让座、让吃、让喝、搀扶，说话尊称"您"等。孝敬父母、公婆的美德也为人称颂。

八、因循守旧，少思进取

朔州人因循守旧，接受新鲜事物迟缓，不象南方人敢作敢为。其思想根源是胆小、保守，生怕后果不好，出了乱子；抱着不求有功，但求无过的态度处事；跟不上形势，坚持看一看、等一等、试一试的态度，最后是人家怎走咱怎走。现在，朔州人思想逐步解放，观念逐年更新，但仍显拘谨，不够开放。

九、重农轻商，留恋故土

由于历史上经济发展缓慢、教育落后、交通闭塞、民众文化素质低等原因，朔州人对新鲜事物的敏感性差，固执保守，有留恋故土、重农轻商的观念。俗有"好出门不如赖在家"、"金窝银窝、不如自己的穷窝"、"走京城做买卖，不如犁铧翻土块"等说法。

十、崇拜神灵，封建迷信

朔州位居内地，长期处于

塑神像

封闭状态，再加上历史上形成的文化落后、生产力水平低下等原因，人们的思想往往跳不出神灵主宰一切的怪圈。一遇灾难、疾病，就求神拜佛，祈求神灵保佑。随着社会的发展、科学文化的进步，人们信神信鬼的迷信思想逐步破除。

牛羊满坡

雄浑清刚塞北音
——历代咏朔诗鉴赏

古代朔州的诗歌创作，在一般的诗史中不为人们所重视，似乎处在一种可有可无的地位，对它们的了解、研究也颇显不足。其实，从中华民族的发展来看，古人咏朔诗有着较为特殊的意义。它们既受唐宋诗歌的影响、滋养，同时也有唐宋诗所无法掩抑的精光异彩。它们既勃发着北方民族禀自塞外的浑莽之气，又展示着中华诗歌传统接受"源头活水"后的崭新风貌。尤其是边塞诗，在中国诗歌史上是不可或缺的重要环节。

朔州古代边塞诗有一个明显的特点，那就是打着古代的旗号，反映现实生活中民族间的争战。出征的军队称为汉兵，军队将领称为汉将，边塞称为汉塞，就连天上的月亮也称为汉月。这里所说的汉，一方面是个民族概念，指的是作为主体民族的汉族；同时它又是个历史概念，用以指代曾经昌盛一时的汉王朝。由于边塞诗存在复古倾向，许多作品显得古色古香，把人带回了古代世界。

曾任明陕西巡抚的山阴人郭登庸在《秋暮登高有怀》诗中写道："南来勾注接云州，汉主提兵出塞陬。扣马数言前未悟，困兵七日实堪忧。阴山雪野凋征旆，广武城开释系囚。莫谓齐人争口舌，羊裘一见本良谋。"(《山阴县志·明》)这首诗是郭登庸晚年回乡后写的，但是，诗中的汉主刘邦、齐人刘敬和困兵七日等典故，代表了那个时期边塞诗经常采用的托古以纪事抒怀的表现形式。

《登朔州城楼》(明·郭显忠)诗写道："耀武先登百雉城，望中沙漠与云平。请封初聚单于种，置宋犹余汉将营。广武雪消春水漫，居延烟静晚霞明。防胡岂恃金汤险，幕府胸藏数万兵。"(《朔州志》)

朔州边塞诗在提及周边少数民族时，也往往沿袭汉代的称谓，把交战对手称为匈奴、胡人，把少数民族首领称为单于、冒顿。其实，匈奴族在南北朝时期已经不复存在，匈奴首领的单于、左贤王等称号也没有被其他少数民族沿袭。尽管如此，边塞诗人却不妨借用他们来指代现实生活中与

边塞诗画

之交往的少数民族及其首领，使自己的作品带有古代气息。

明于谦的《塞上即景》诗写道："目极烟沙草带霜，天寒气暮景苍茫。炕头炽炭烧黄鼠，马上弯弓射白狼。上将亲平西突厥，前军尽斩左贤王。边城无事烽尘静，坐听鸣笳送夕阳。"(《朔县志》)

乔岱的《过山阴有作》诗"利簇穿雕角弓劲，宝刀画戟相晖映。才闻冒顿血污轮，又见单于组系颈。尘沙漠漠万里平，幕南已是天王庭。三军唱凯卷戈甲，阴霾扫尽寰区清。"等都表现得很突出。

朔州古代边塞诗的作者在表达自己的豪迈情怀时，武将以霍去病等汉代名将为榜样，文人则经常以班超、贾谊自况。

明嘉靖时山西巡抚闵照的《初出雁门》诗写道："泥封天堑三关戍，日射山阴跨马初。怅望苗畲尽荆棘，伤心邑里半丘墟。论兵只许骠姚将，破虏空余霹雳车。贾谊有怀书不得，几回幽独苦踟蹰。"(《山阴县志·明》)

明文学家谢榛在《塞门游》诗中写道："几年欲向塞门游，北渡桑干重旅愁。画角悲凉孤馆夜，黄榆摇落九边秋。壮心未掷班生笔，浪迹堪怜季子裘。回首江湖任鸥鸟，漫嗟花发滞云州。"(《山阴县志·明》)

佘太君雕像

两诗中的骠姚将即霍去病，班生即班超，除贾谊外，还有季子苏秦。由此可见，朔州古代边塞诗无论是出自文人之手，抑或是武将所作，他们都把古代的出塞豪杰和自己联系在一起，把现实和历史沟通，用古代边塞豪杰的功勋业绩来勉励或比喻自己，把当前的行动置于民族融合的历史潮流中加以

金沙滩古战场

人文朔州

审视。

古代文人在创作朔州边塞诗时仿佛返回了已经逝去的年代,产生重走前人之路的感觉。有时候他们又有超越前人的豪迈情怀,认为今人在边塞所建立的功业是古人无法比拟的。

《朔县志》收录的李世民的《饮马长城窟》诗写道:"塞外悲风切,交河冰已结。瀚海百重波,阴山千里雪。迥戍危烽火,层峦引高节。悠悠卷旆旌,饮马出长城。寒沙迷骑迹,朔吹断边声。胡尘清玉塞,羌笛韵金钲。绝漠干戈戢,车徙振原隰。都尉反龙堆,将军旋马邑。扬麾氛雾静,纪石功名立。荒裔一戎衣,灵台凯歌入。"全诗表现出李世民超越前人的英雄气概,和在边塞地区民族交往中产生的豪迈情怀。

古代边塞往往是荒凉的,许多历史遗址在岁月风雨的侵蚀下难免凋零残破。面对这些景物,咏朔的诗人不时有一种死寂和毁灭的感触,作品也充满悲凉肃杀之气。

明成化年间的山西佥事许锐在《前题和韵》中写道:"衰草茫茫触眼悲,悠悠长路马行疲。山连恒岳知天限,河转桑干见水涯。邑小那堪三岁歉,兵荒谁恤万民饥。我来一憩凄凉馆,濡泪挑灯和万诗"。(《大同府志》·明)

明山阴邑令刘以守的《山阴感俗偶成》写道:"边邑入平丘,孤城烟霭浮。尘沙埋落日,霜霰集先秋。岭峻寒逾厉,河崩冻怡流。廛市几家寂,村墟空垒愁。酒旗招土窟,荞粒荐精糇。味珍黄鼠馔,暖羡白羔裘。炽炭搜山石,煎盐渍卤湫。春残耕未动,秋半稼言收。赋急逃亡尽,风漓隐射幽。饥羸良可恻,剽悍更堪忧。祗叹凋疲极,宁期督责休。铅割同捋虎,刃游惭解牛。政成无足纪,尸素觉怀羞。"(《山阴县志·明》)

残缺荒凉、兵荒马乱、断墙危壁、孤城烽燧,

边塞诗画

都是民族融合的历史见证,甚至高山大川、白云落日,也都承载着民族融合过程中的光荣与耻辱,辉煌与衰落。由此看来,古代咏朔诗人在抒发那种由毁坏凋零而引起的种种感触时,也就自觉不自觉地将以往的历史画面在作品和心灵中再生。

朔州古代人民以家为主,由此养成了人们安土厌迁的习性,即使那些在民族融合大潮中激流勇进、长期生活在边塞的文人,依然非常留恋故土。

杨延昭雕像

《右玉县志》里收入的王攸隆的《和前韵》诗写道:"仰止高山云际楼,诗囊酒磕共登游。人从天半凭探望,鸟向平芜作意投。沙草饱经塞外色,黄花长忆故园秋。何时得遂图南志,蓑笠扁舟乐自悠。"把留恋故土之情抒发得淋漓尽致,读后感慨颇多。

225

印象朔州

历史名人在朔州

赵君毋恤吞代地

赵毋恤（？—公元前425），春秋战国之际晋国赵氏的封君，生年不详，卒于周威烈王元年（前425年），卒谥襄，史称赵襄子。《史记》中所引赵襄子的纪年，在位33年（前457—前425年）。

赵襄子为赵鞅（赵简子）之子，因母是从妾，又是翟人之女，所以他在诸子中名分最低，处于庶子的地位。在他小时候，甚至连赵鞅也看不上他。但是，毋恤从小敏而好学，胆识过人，不似诸兄纨绔，久而久之，引起赵氏家臣姑布子卿的注意。子卿素以善相取信于赵鞅，有一天，赵鞅召诸子前来，子卿趁机举荐了毋恤。

赵鞅注重对儿子们的教育和培养，他曾将训戒之辞书于若干竹板上，分授诸子，要求他们认真习读，领悟其要旨。并告诉他们三年之后要逐一考查。然而，在他考查时，他的儿子们，连太子伯鲁都背诵不出，甚至连竹板也不知遗失何处。只有毋恤对竹板上的训戒背诵如流，而且始终将竹板携带于身，经常检点自己。于是，赵鞅始信子卿所荐，认为毋恤为贤。及至诸子长大成人，赵鞅又对他们进行更深的考察。一天，他召见儿子们说："我将一宝符藏于常山之上，你们去寻找吧，先得者有赏。"诸子乘骑前往，寻宝符于常山。结果谁也没有找到宝符，空手而归。只有毋恤说："我得到了宝符。"赵鞅闻听便让他将情况奏来。毋恤说："凭常山之险攻代，代国即可归赵所有。"赵鞅听罢高兴异常，顿觉只有毋恤明白自己的良苦用心，果有雄图大略，确实可以发展赵氏的势力，是赵氏大业难得的继承人，遂废

雁门关

人文 朔州

赵襄子

掉太子伯鲁，破例立毋恤为太子。公元前478年，赵鞅去世，毋恤接任其位担任赵国的六卿之一，然后准备进攻代地。赵毋恤邀请其姐夫代王到勾注山（今雁门山）赴会，于席间派刺客用铜勺击毙代王，随后起兵平定代地，获得了地理上的优势和当地特产的骏马（重要战略资源）。其姐为代王的夫人，闻讯磨笄自杀。至今山阴南山尚有磨笄石遗址。公元前454年，毋恤与智瑶发生冲突，被围困在晋阳近一年，由部下张孟谈奇迹般在一夜之间说服了与智瑶联手的韩、魏盟军，突然向智瑶反攻，击斩智瑶，从此奠定三家分晋的基础。智瑶门客豫让欲为主报仇，意图刺杀赵毋恤被发现，赵毋恤放过了他。豫让又以漆涂身、吞炭为哑，乘赵毋恤过桥时欲刺杀他，赵毋恤马惊，豫让又被发现。赵毋恤问："你以前也曾效力范氏、中行氏，智瑶攻灭他们，你为什么不为他们效死，偏偏为智瑶效力，现在又要为他刺杀我？"豫让说："范、中行氏以众人遇我，我以众人报之；智瑶以国士遇我，我就以国士报之。"赵毋恤很感动，但仍命士兵包围豫让，豫让请求赵毋恤把衣服给他刺杀，以致报仇之意。赵毋恤更加感动，将衣服送给他，他三次跳起刺之，随后自杀。赵国人听说此事，无不为豫让落泪。赵毋恤善于用人，与其父被后人并称为"简襄之烈"。

李牧扼关守雁门

李牧生年不详，据推算当生于赵武灵王后期。李牧的生平活动大致可划分为两个阶段，前一段是在赵国北部边境（雁门关、山阴广武及其以北地区），抗击匈奴；后一段是在朝中参与政治军事活动，以抵御强秦为主，曾两次大破秦军。

赵国北边和匈奴接界。公元前309年，赵武灵王时期，下令国中推行"胡服骑射"，进行了一系列改革，军事力量逐渐强大，屡败匈奴等北方胡人部落。到了惠文王、孝成王时期，

胡服骑射

227

印象朔州

李牧画像

匈奴各部落军事力量逐步恢复强大起来，并不断骚扰赵国北部边境，赵惠文王便派李牧带兵独当北部戍边之责。

赵武灵王时虽筑了长城抵御匈奴，但赵国还是常常遭到匈奴的入侵，被抢掠去不少人和财物。赵孝成王时，派李牧为将，镇守北边，帅府驻在代雁门郡。

抗击匈奴的斗争中，李牧表现出了杰出的军事才能，为了有利于战备，李牧首先取得赵王同意，自己有权根据需要设置官吏，而且本地的田赋税收也全部归帅府，用作军事开支。针对赵军和匈奴军的特点，他深思熟虑后采取了一系列的军事经济措施。

他将边防线的烽火台加以完善，派精兵严加守卫，同时增加情报侦察人员，完善情报网，及早预警。

为了提高部队战斗力，李牧密切官兵关系，厚待士卒，每天宰杀几头牛犒赏，让精练骑马射箭战术。全军战士由于得到厚待，士气高昂，人人奋勇争先，愿为国家出力效劳。针对剽悍的匈奴骑兵机动灵活、战斗力强及以掠夺为主要作战目的、军需全靠抢掠的特点，为使窜扰的敌骑兵徒劳无功，他命令坚壁清野，并示弱于敌，以麻痹强敌，伺机歼敌。李牧严明军纪："匈奴入盗，急入收保，有敢捕虏者斩。"所以每当匈奴入侵边境，烽火台一报警，李牧下令士兵立即收拾物资退入城堡固守，从不出战，使匈奴无从掳掠。这样过了几年，李牧没有人员伤亡，也没有损失过物资。

时间一长，匈奴兵将总以为李牧胆小怯战，根本不把他放在心上；就连赵国边兵们亦在下面窃窃私议，以为李牧胆小怯战，有些愤愤不平。李牧一意坚守不主动出击的消息传到赵孝成王那里，赵王派使者责备李牧，要李牧出击。李牧老谋深算，意欲放长线钓大鱼，也不作解释，我行我素，依然如故。匈奴一来，即深沟高垒，坚守不出。匈奴往往满怀期望而来，一无所获而归。

赵王听说李牧仍然一味防守，认为他胆怯

位于河北邯郸的胡服骑射塑像

人文 朔州

无能,灭了自己威风,很生气,立即将李牧召回,派另外一员将领来替代。

新将领到任,每逢匈奴入侵,即下令军队出战,几次都失利,人员伤亡很大,而且边境不安,百姓没有办法耕种和放牧。

赵王只得又派使臣去请李牧复职,李牧闭门不出,坚称有病,不肯就任。赵王不得已,只得强令李牧出山。李牧对赵王说:"王必用臣,臣如前,乃敢奉令。"赵王只好答应了。

李牧又来到雁门,坚持按过去方针办,下令坚守。几年内匈奴多次入侵,都一无所获,但总以为李牧胆小避战。其实李牧早已经定下诱敌深入、设伏包歼的计谋,对种种屈辱骂名置之不理,而边庭将士因为天天得到犒赏,却没有出力的机会,都希望能在战场上效力。李牧看条件成熟了,挑选战车1300辆,精壮战马13000匹,勇敢善战的士兵5万人,优秀射手10万人,严格编队,进行多兵种联合作战演习训练。公元前244年的春天,一切准备就绪,李牧让百姓满山遍野去放牧,引诱匈奴入侵。

不久,情报员来报告,有小股匈奴到了离边境不远的地方。李牧派了一支小部队出战,佯败于匈奴兵,丢弃下几千名百姓和牛羊作诱饵让

李牧祠

匈奴俘虏去。匈奴单于听到前方战报,十分高兴,因久无缴获,于是率领大军侵入赵境,准备大肆掳掠。

李牧从烽火台报警和情报员报告中熟悉了敌情,早在匈奴来路埋伏下奇兵,待匈奴大部队一到,李牧为消耗敌军,先采取守势的协同作战,战车阵从正面迎战,限制、阻碍和迟滞敌骑行动,步兵集团居中阻击,弓弩兵轮番远程射杀,而将骑兵及精锐步兵控制于军阵侧后。当匈奴军冲击受挫时,李牧乘势将机动精锐部队由两翼加入战斗,发动钳形攻势,包围匈奴军于战场。经过几年养精蓄锐,训练有素的赵军将士们,早已摩拳擦掌,个个生龙活虎,向敌人扑了过去。仿佛是一架运转严整的机器,两翼包抄的13000名赵军骑兵仿佛两把锋利砍刀,轻松的撕开匈奴人看似不可一世的军阵,在转瞬间扼住10万匈奴骑兵命运的咽喉。一整天的会战很快演变成一场对匈奴的追歼屠杀。10万匈奴骑兵全军覆没,匈奴单于仅带了少量亲随仓皇逃窜。

农耕民族在与游牧民族的争斗中,过去由于机动力劣势,一直处于被动地位,李牧指挥的此次会战使机动性较差的赵军在围歼战中得以发挥自身车战、步战的优势,是先秦战争史中以步兵为主的联合大兵团全歼骑兵大兵团的典型

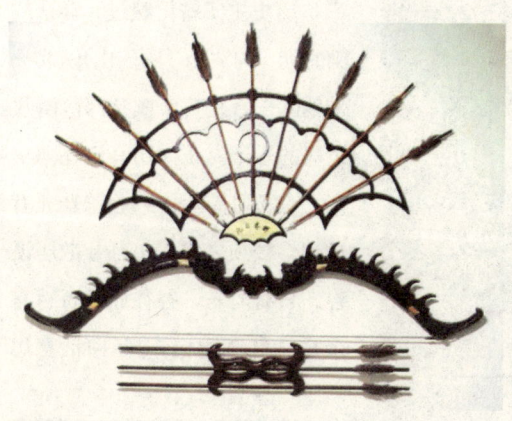

古时弓箭

229

战例，对后世以步制骑的战术有着启发作用。

李牧大败匈奴之后，又趁胜利之势收拾了在赵北部的匈奴属国，灭襜褴、破东胡，收降林胡，迫使单于向遥远的北方逃去，完全清除了北方的忧患。在这次取得辉煌胜利的战役以后，慑于赵军之威，过了十几年，匈奴兵还不敢来入侵赵的边境。李牧也因此成为继廉颇、赵奢之后赵国最重要的将领。

蒙恬筑城兴马邑

騊駼野骏，产自北域。交颈相摩，分背翘陆。

——晋郭璞《騊駼赞》

马文化对朔州历史文化所产生的影响是源远流长的。

在朔州这片蕴藏着特殊机缘和能量的黄土地上，最早的人类是旧石器时代晚期的"猎马人"，最重要的早期城市是比基督纪元还要早二百多年的秦马邑。

毫无疑问，从"猎马人"到"马邑"，这已成为朔州历史深处的一道以"马"为媒、续往开来、人马相彰、奇特壮美的风景线。

青花瓷上的蒙恬像

作为行政区域，马邑的历史要比朔州古老得多。"马邑"，这个古老的地名，历经两千多年沧桑嬗变，一直沿用至今，这在今朔州之地乃至全国也是罕见的。从方舆角度看，秦马邑县境域固然不比今之朔州大，但隋马邑郡就比今朔州之地域广。因此马邑可以作为朔州的一个总的称谓。

历史史实曾记载过，春秋战国时期，勾注山（雁门山）以北一带地区一直是若干戎狄部落游牧杂居的乐土。正如司马迁在《史记·匈奴列传》中所说："晋北有林胡、楼烦之戎……各分散居溪谷，自有君长，往往而聚者百有余戎，然莫能相一。"白话意思

蒙恬像浮雕

人文朔州

是：晋地北部有林胡、楼烦等戎族……各自分散居住在溪谷里，都有自己的酋长，常常相聚在一起的竟有百多个戎族部落，但都不能相互统一。《左传·昭公四年》有"冀之北土，马之所生"的记载。"冀之北土"大体指今河北、山西二省北部一带，包括今朔州之地。这一带自古就是产马之地。赵武灵王实行"胡服骑射"，北破林胡、楼烦之后，今朔州之地属赵国的雁门郡。战国时人们每每称道代马，《战国策·秦策一》载苏秦说秦惠王，即提到"北有胡貉、代马之用"。代地多产良马，说明当时与代地毗邻交错的雁门郡一带为良马主产地。

秦始皇时大将蒙恬率秦军北击匈奴，曾在朔州地筑城养马，始有了"马邑"这一古地名。"秦时建城辄崩，忽有马周旋驰走反复，后随马迹筑之，城乃成，遂名马邑。"这匹出自马邑的通灵野骏，后为蒙恬将军所获，献与秦皇，号曰"追风"，列为秦始皇"七骏"之首。如果说地名是一种文化积淀的话，那么"马邑"这两个字的背后则聚集、隐藏着异常丰富的历史文化信息。至少我们通过这一古老的地名，可以想象到当时秦王朝养马业的发达。

汉武御驾征朔漠

秦汉时期，北方的匈奴一直对中原王朝构成巨大的威胁。

在秦代，匈奴曾一度为蒙恬所击败，逃往漠北，有十多年不敢南下。秦朝覆灭后，匈奴趁楚汉相争、无暇北顾之机再度崛起。在其骁勇善战的领袖冒顿单于统率下，四面出击，重新控制了中国西北部、北部和东北部的广大地区。西汉王朝建立后，匈奴依然是汉民族和平生活的重大威胁："汉兴以来，胡虏数入边地，小入则小利，大入则大利"，"攻城屠邑，殴略畜产"，"杀吏卒，大寇盗"，给西汉北方地区民众带来沉重的灾难，严重危害着中国北部边境的安宁。而汉朝方面，自高祖刘邦平城被围事件发生后，由于实力不逮，加上有诸多内政事务亟待处理，只能对匈奴采取和亲政策，出嫁公主，赠送丝绸、粮食等物品，与其约为兄弟，以缓解匈奴的袭扰，一直蒙受很大的耻辱。在军事上，则主要采取消极防御的方针，尽量避免与匈奴进行决战。然而"和亲"政策并不能遏制匈奴的袭扰活动，汉朝的边患依旧相当严重。

但是在另一方面，"和亲"政策也为汉王朝

蒙恬雕像

整顿内政、恢复经济、发展生产、增强实力提供了必要的条件。文、景时期，推行黄老"无为而治"的统治政策，使凋敝的社会经济较快地得到恢复，整个国家呈现出一片富庶丰足的景象："汉兴七十余年之间，国家无事，非遇水旱之灾，民则人给家足，都鄙廪庾皆满，而府库余货财。京师之钱累巨万，贯朽而不可校；太仓之粟陈陈

印 象 朔 州

汉武帝

相因，充溢露积于外，至腐败不可食。众庶街巷有马，阡陌之间成群。"（《史记·平准书》）如此雄厚的物质基础，为日后汉武帝的战争动员和实施创造了有利的条件。另外，文、景两帝在位时，即已注意军队，尤其是骑兵的建设，西汉的军事力量也有所增强了。

就在这样的有利形势下，汉武帝刘彻登基当了皇帝。他凭藉前辈所创造的物质基础，积极从事于反击匈奴的战争准备。在军事上健全军制，加强骑兵部队的建设，选拔适应指挥骑兵作战的年轻将领，修筑军事设施。在政治上加强中央集权，具体措施有：贬抑相权，"举贤良文学"以扩大地主阶级统治基础，举行封禅典礼以提高皇帝威望，实行"推恩法"以削弱地方势力，任用酷吏以保证专制措施畅行全国等等。在经济上征收商人车船税，实行盐铁官营政策，以增加战争物资储备等等。经过苦心经营，全面造就了战略反击匈奴的军事、经济、政治条件。于是汉武帝以其巨人的手臂，揭开了大规模战争的帷幕。

汉武帝反击匈奴之战，始于武帝元光六年（前129年），共历时三、四十年之久，其中又以取得漠北决战胜利为标志，划分为前后两个阶段，而以第一个阶段为主体。在这一时期内，汉军曾对匈奴展开三次重大反击作战（也有人称之为五大战役），并取得决定性的胜利，这就从根本上解决了匈奴的南下骚扰问题。这三次战略反击，分别是河南、漠南之战，河西之战和漠北之战。现将它们介绍如下：

汉武帝墓

河南、漠南之战，武帝元朔二年（前127年），匈奴骑兵进犯上谷（今河北怀来东南）、渔阳（今北京密云西南）等地。

汉武帝避实就虚，实施反击，派遣年轻将领卫青率大军进攻为匈奴所盘踞的河南地。卫青引兵北上，据雁门，出云中，沿黄河西进，对占据河套及其以南地区的匈奴楼烦王、白羊王所部进行突袭，全部收复了河南地。汉武帝采纳主父偃的建议,在河南地设置朔方、五原两郡,并筑朔方城,移内地民众十多万在朔方屯田戍边。汉军收复河南地,具有重要的战略意义:抽掉了匈奴进犯中原的跳板,解除了其对长安的威胁,并为汉军建立了一个战略进攻的基地。

匈奴贵族不甘心失去河南这一战略要地,数次出兵袭扰朔方,企图夺回河南地区。汉武帝于是决定反击,发起了漠南之战,时在元朔五年(前124年)春。当时卫青任车骑将军,率军出朔方,进入漠南,反击匈奴右贤王;李息等人出兵右北平(今内蒙古宁城西南),牵制单于、左贤王,策应卫青主力军的行动。卫青出塞二三百公里,长途奔袭,突袭右贤王的王廷,打得其措手不及,狼狈北逃。汉军俘敌1万多人,凯旋归师。这一仗的胜利,进一步巩固了朔方要地,彻底消除了匈奴对京师长安的直接威胁,并将匈奴左右两部切断,以便分而制之。

次年二月和四月,新任大将军的卫青两度率骑兵出定襄(今内蒙古和林格尔西北),前后歼灭匈奴军队一万多人,扩大了对匈奴作战的战果,迫使匈奴主力退却漠北一带,远离汉境。这就为汉武帝下一步实施河西之役并取胜提供了必要条件。

河西之战。河西即现在甘肃的武威、张掖、酒泉等地,因位于黄河以西,自古称为河西,又称河西走廊。它为内地至西域的通路,具有重要的战略地位,这时它仍在匈奴的控制之下,对汉朝的侧翼构成威胁。汉廷为了打通通西域的道路和巩固西部地区,遂决定展开河西之役,为此,组织强大的骑兵部队,委派青年将领霍去病出征河西匈奴军。

元狩二年(前121年)三月,霍去病率精骑万人出陇西,越乌鞘岭,进击河西走廊的匈奴。他采取突然袭击的战法,长驱直入,在短短的6天内连破匈奴五王国。接着翻越焉支山(今甘肃山丹大黄山)千余里,与匈奴军鏖战于皋兰山下,连战皆捷,歼敌近9000人,斩杀匈奴名王数人,俘虏浑邪王子及相国、都尉多人,凯旋而还。

同年夏天,汉武帝为了彻底聚歼河西匈奴军,再次命令霍去病统军出击。为了防止东北方向的匈奴左贤王部乘机进攻,他又让张骞、李广

人文 朔州

车骑将军卫青

大司马大将军卫青

印象朔州

等人率偏师出右北平，攻打左贤王，以策应霍去病主力的行动。

这一次，霍去病率精骑数万出北地郡，绕道河西走廊之北，迂回纵深达1000多公里，远出敌后，由西北向东南出击，以秋风扫落叶之势，大破匈奴各部，在祁连山与合黎山之间的黑河（合黎水上游）流域与河西匈奴主力展开决战，歼敌3万余人，取得决定性胜利。是役，霍去病共俘获匈奴名王5人及单于、王子、相国、将军等百余人，收降匈奴浑邪王部众4万，全部占领河西走廊地区。汉廷在那里设置武威、酒泉、张掖、敦煌四郡，移民实边戍守生产。

河西之战，给河西地区的匈奴军以歼灭性打击，使汉朝统治延伸到这一地区，打通了汉通西域的道路，实现了"断匈奴右臂"的战略目标，为进一步大规模反击匈奴提供了可能。

漠北之战。经过漠南、河西两大战役的打击，匈奴势力遭到了重创，汉军已完全占有了这场旷日持久反击战争的主动权。然而匈奴不甘心失败，仍继续从事南下袭扰的活动，并采纳汉降将赵信的建议，准备引诱汉军主力至沙漠以

汉武帝

汉武帝

北地区，寻机加以歼灭。

汉武帝为了彻底歼灭匈奴主力，从根本上解决这一边患问题，针对匈奴认为汉军不能度幕（沙漠）轻留（轻入久留）的心理，将计就计，在经过充分准备后，决定对匈奴采取更大规模的军事行动。并且因势利导，乘敌不备，确定了集中兵力、深入漠北、寻歼匈奴主力的具体作战方针。武帝集中了精锐骑兵10万人，组成两个大的战略集团，分别由大将军卫青、骠骑将军霍去病统率。另以步兵几十万，马匹十余万配合骑兵主力的行动。卫青、霍去病受命后，各率精骑5万分别出定襄和代郡，沿东西两路北进，决心在漠北与匈奴进行会战。

匈奴单于闻报汉兵将至，采纳赵信建议，将部众、牲畜、辎重转移到更远的北方，"以精兵待于幕北"。卫青出塞后，得知匈奴单于的战略意图，即率主力直扑单于所在，横渡大沙漠，北进几百公里，寻歼单于本部。同时命令李广、赵食其率所部从东面迂回策应。不久，卫青部主力与匈奴单于相遭遇。卫青下令用武刚车环绕为营，以防匈奴军的袭击，接着便指挥5000精骑向单于军发起猛攻，单于即遣一万骑应战。

双方鏖战至黄昏，大风骤起，飞沙扑面，两军难辨彼此，卫青乘势分轻骑从左右迂回包抄。

单于见汉军人多势众,自度无法取胜,遂带数百精骑突围,向西北逃遁。卫青发现单于潜逃,即派轻骑连夜追击,自率主力随后跟进。是役虽然未能擒服单于,但一举歼俘匈奴军19000人,挺进到寘颜山(今蒙古杭爱山南端)的赵信城,尽烧其城和匈奴积粟而还。

在另一个方向,霍去病率军出代郡和右北平,北进1000余公里,渡过大漠,与匈奴左贤王部接战,尽歼其精锐,俘获屯头王、韩王以下70400余人。左贤王及其将领弃军逃逸,霍去病乘胜追杀,直抵狼居胥山(今蒙古乌兰巴托东),然后凯旋班师。

漠北之役是汉匈间规模最大,战场距中原最远,也是最艰巨的一次战役。是役,汉军虽然付出了很大代价,但共歼匈奴9万余人,严重地削弱了匈奴的势力,使得其从此无力大举南下,造成了"是后匈奴远遁,而幕南无王庭"的局面。

汉武帝反击匈奴之战至此取得了决定性的胜利。

汉武帝反击匈奴之战,从根本上摧毁了匈奴赖以发动骚扰战争的军事实力,使匈奴再也无力对汉王朝构成巨大的军事威胁。战争中,匈奴被歼人数累计高达15万之多,无力再与汉室

霍去病墓

相抗衡。匈奴失去水草丰盛、气候温和的河南、阴山和河西两大基地,远徙漠北苦寒之地,人畜锐减,开始走向衰落了。汉武帝反击匈奴之战的胜利,也为汉王朝加强和巩固边防建设,促进中国与中亚、西亚各国人民的友好往来开辟了道路。汉武帝在反击匈奴的同时,移民垦边,加强了北部的边防。在对匈奴作战过程中,汉朝为了争取与国,曾派遣张骞等人通西域,扩大了中外交流。而对匈奴战争的胜利,则帮助解除了东北、西北各少数民族所受匈奴的威胁,送去了汉族先进的农业、手工业技术和文化成就,促进了各族人民的通商和友好往来,推动了边疆少数民族的发展和民族间的融合,也使中国同中亚、西亚各国的经济文化交流比较通畅地开展起来。汉武帝反击匈奴之战的胜利,在军事领域中也具有积极的意义。它推动了骑兵队伍的建设,积累了大规模骑兵作战的经验,促进了战术的革

霍去病北征匈奴

新。对于古代军事理论的建设和战争实践的发展均具有深远的影响。当然，战争也带来一定的后遗症，如严重损耗了军队的实力；财力、物力损失惨重："海内虚耗，户口减半"（《汉书·昭帝纪》）；阶级矛盾尖锐，即所谓"盗贼滋起"等等。但所有这些与这次战争的正面意义相比较，无疑是次要的问题。

卫青挥戈击匈奴

卫青，字仲卿，河东平阳（今山西省临汾市西南）人。他的母亲在平阳公主家做女仆，因丈夫姓卫，她就被称为卫媪。

公元前139年春，卫青的姐姐卫子夫被汉武帝选入宫中，卫青也被召到建章宫当差。不久，汉武帝封卫子夫为夫人，提升卫青为太中大夫。公元前129年，匈奴又一次兴兵南下，前锋直指上谷（今河北省怀来县）。汉武帝果断地任命卫青为车骑将军，迎击匈奴。从此，卫青开始了他的戎马生涯。卫青首次出征，直捣龙城（匈奴祭扫天地祖先的地方），斩首700人，取得胜利。另外三路，两路失败，一路无功而还。汉武帝看到只有卫青胜利凯旋，非常赏识，加封为内侯。汉朝对匈奴的反击，使得匈奴的进犯更加猖狂了。公元前128年秋天，匈奴骑兵大举南下，先攻破辽西，杀死了辽西太守，又打败渔阳守将韩安国，劫掠百姓两千多人。汉武帝派匈

卫青画像石

奴人敬畏的飞将军李广镇守右北平（今辽宁省凌源西南），匈奴兵则避开李广，而从雁门关入塞，进攻汉朝北部边郡。汉武帝又派卫青出征，并派李息从代郡出兵，从背后袭击匈奴。卫青率三万骑兵，长驱而进，赶往前线。卫青本人身先士卒，将士们更是奋勇争先。斩杀、俘获敌人数千名，匈奴大败而逃。

公元前127年，匈奴贵族集结大量兵力，进攻上谷、渔阳。武帝决定避实击虚，派卫青率大军进攻久为匈奴盘踞的河南地（黄河河套地区）。这是西汉对匈奴的第一次大战役。卫青率领四万大军从云中出发，采用"迂回侧击"的战术，西绕到匈奴军的后方，活捉敌兵数千人，夺取牲畜一百多万头，完全控制了河套地区。因为这一带水草肥美，形势险要，汉武帝在此修筑朔方城（今内蒙古杭锦旗西北），设置朔方郡、五原郡，从内地迁徙十万人到那里定居，还修复了秦时蒙恬所筑的边塞和沿河的防御工事。这样，不但解除了匈奴骑兵对长安的直接威胁，也建立起了进一步反击匈奴的前方基地。卫青立有大功，被封为长平侯，食邑3800户。

公元前124年春，汉武帝命卫青率三万骑兵从高阙出发；苏建、李沮、公孙贺、李蔡都受

卫青、霍去病北征匈奴

人文朔州

卫青的节制，率兵从朔方出发；李息、张次公率兵由右北平出发。这次总兵力有十几万人。匈奴右贤王认为汉军离得很远，一时不可能来到，就放松了警惕。卫青率大军急行军六、七百里，趁着黑夜包围了右贤王的营帐。俘虏了右贤王的小王十余人，男女一万五千余人，牲畜有几百万头。汉军大获全胜，高奏凯歌，收兵回朝。

汉武帝接到战报，喜出望外，派特使捧着印信，到军中拜卫青为大将军，加封食邑8700户，所有将领归他指挥。卫青的三个儿子都还在襁褓之中，也被汉武帝封为列侯。

虽经过几次打击，匈奴仍不死心对汉朝频频进攻。公元前123年二月，汉武帝又命卫青攻打匈奴。卫青分领六路大军，北进数百里，歼灭匈奴军数千名。战后全军返回定襄休整，一个月后再次出塞，斩获匈奴军一万多名。但是，右将军苏建和前将军赵信与匈奴打了一场遭遇战，汉军死伤惨重，苏建突围逃回，赵信本匈奴降将，兵败后就又投降了匈奴。

为了彻底击溃匈奴主力，汉武帝集中全国的财力、物力，准备发动对匈奴的第三次大战役。公元前119年春，卫青大军北行一千多里，跨过大沙漠，与严阵以待的匈奴军遭遇了。经过激战，俘获了匈奴三个小王以及将军、相国、当户、都尉等83人，消灭匈奴七万多人。左贤王败逃而去。这次战役，汉军打垮了匈奴的主力，使匈奴元气大伤。从此以后，匈奴逐渐向西北迁徙，出现了"漠南无王庭"，匈奴对汉朝的军事威胁基本上解除了。

公元前106年，大司马大将军卫青去世，汉武帝命人在自己的茂陵东边特地为卫青修建了一座象庐山（匈奴境内的一座山）的坟墓，以象征卫青一生的赫赫战功。

昭君和亲出塞北

昭君出塞是汉匈历史上一次重要的事件。王昭君与西施、杨贵妃、貂婵为中国古代四大美女。古人用"闭月羞花之貌，沉鱼落雁之容"来形容她们。"闭月、羞花、沉鱼、落雁"而形成了一个个精彩的历史典故。"闭月"，是述说貂婵拜月的故事。"羞花"，说的是杨贵妃观花

王昭君塑像

的故事。"沉鱼"，讲的是西施浣沙的故事。"落雁"，就是昭君出塞的故事。

王昭君，名嫱，公元前52年出生于南郡秭归县宝坪村（今湖北省兴山县昭君村）。

昭君天生丽质，聪慧异常，琴棋书画，无所

王昭君与呼韩邪单于塑像

237

印象朔州

不精,"娥眉绝世不可寻,能使花羞在上林"。昭君的绝世才貌,顺着香溪水传遍南郡,传至京城。公元前36年,汉元帝昭示天下,遍选秀女。王昭君为南郡首选。元帝下诏,命其择吉日进京。其父王穰云:"小女年纪尚幼,难以应命。"无奈圣命难违,公元前36年仲春,王昭君泪别父母乡亲,登上雕花龙凤官船顺香溪,入长江,过汉水,回轉峽,历时三月之久,丁同年初夏到达京城长安,为椒庭待诏。传说王昭君进宫后,因自恃貌美,不肯贿赂画师毛延寿,毛延寿便在她的画像上点上丧夫落泪痣。昭君便被贬入冷宫3年,无缘面君。公元前33年,北方匈奴首领呼韩邪单于主动来汉,对汉称臣,并请求和亲,以结永久之好。汉元帝尽召后宫妃嫔,王昭君挺身而出,慷慨应诏。呼韩邪临辞大会,昭君丰容靓饰,元帝大惊,不知后宫竟有如此美貌之人,意欲留之,而难于失信,便赏给她锦帛二万八千匹,絮一万六千斤及黄金美玉等贵重物品,并亲自送出长安十余里。

王昭君在队队车毡细马的簇拥下,肩负着汉匈和亲之重任,别长安、出潼关、渡黄河、过雁门、经朔州,历时一年多,于第二年初夏到达漠北,受到匈奴人民的盛大欢迎,并被封为"宁胡阏氏",意为匈奴有了汉女作"阏氏",安宁始得保障。

昭君出塞后,汉匈两族团结和睦,国泰民安,"边城晏闭,牛马布野,三世无犬吠之警,黎庶亡干戈之役"。展现出欣欣向荣的和平景象。公元前19年,33岁的绝代佳人王昭君去世,厚葬于今呼和浩特市南郊,墓依大青山,傍黄河水。后人称之为"青冢"。到了晋朝,为避晋太祖司马昭的讳,改称明君,史称"明妃"。

杨业抗辽镇三关

杨继业(约932-986年)又名杨业,原籍麟川新秦(今陕西神木),因他长期在太原生活,故《宋史》称他为太原人,北宋名将。他从小就擅长骑射,爱好打猎。曾对同伴说:"我他日为将用兵,亦犹鹰犬逐雉兔尔"。杨继业父子为北宋镇守边关的大将,驻守在今雁门关、宁武关、偏头关一带。血战金沙滩,头撞李陵碑,满门忠烈的杨家将,在朔州大地上留下了太多的传说故事。

太平兴国五年(980年),辽国驸马萧多罗率军十万进犯雁门,杨业派遣少数士兵固守关城,自己率军几百绕道辽军背后发起进攻。他刀斩萧多罗,生擒辽将领李重诲,使辽军望之丧胆,"望见业旌旗即引去"。太平兴国七年,契丹三万骑兵分三路攻宋。中路袭击雁门,被杨业打得大败,杀死辽军三千人,俘虏一万多,牛马五万多,攻破堡垒三十六个,战果辉煌。由于杨业

杨继业雕像

人文 朔州

屡立战功,人们称他为"杨无敌"。

雍熙三年(公元986年)正月,宋太宗为了彻底解决契丹对边境的骚扰,执意全面进攻契丹,下诏分兵三路进行北伐:东路由大将曹彬、崔彦进率主力从雄州出发北攻幽州;中路由田重进统率,由定州攻飞狐;西路由潘仁美、杨继业统率,出雁门关,攻朔(今山西朔城区)、寰(今山西朔城区东)、云(今山西大同)、应(今山西应县)等四州,最终目标是三路大军会师幽州,与契丹进行决战。三路大军同时前进,东路军刚出击就遇到契丹主力的迎击,大败于歧沟关;中路军闻听东路败北,也不战而溃;只有潘、杨的西路军,出师仅两个月,便战果累累,收复了朔、寰、云、应四州之地,兵锋直抵桑干河。但是,由于东、中两路守军的溃败,他们就成了孤军深入。契丹在打败东路和中路两路宋军后,调集十万精锐,全力向潘、杨部占领的寰州压来。朝廷命令潘、杨率军护送朔、寰、云、应四州百姓立即迁回代州。在当时大兵压境的时刻,要完成这一任务非常艰巨。杨继业经过周密思考,提出一个切实可行的方案:先派人密告云、朔等州守将,等我军离代州北上时,令云州民众先出,我军到达应州时,契丹必定会派兵迎战,这时,命令朔州民众再出城,同时派骑兵接应,另派1000弓箭手守住谷口,这样百姓就可安全内迁。

对于杨继业这个切实可行的方案,监军王侁和主帅潘仁美却坚决反对。他们为了争功,硬要杨继业率兵去打寰州。杨继业只好遵命前往。出发时,杨继业流着眼泪对潘仁美说:"这次出兵,必定失利,我是北汉降将,蒙皇上大恩,我愿以死报国。"他又用手指着陈家谷(今山西朔城区南)说:"你们务必在两翼布置强有力的弓箭手,我转战到这里,你们就出兵夹击,不然我们会全军覆没。"说罢,杨继业就率兵出发了。经过两场恶战,因寡不敌众,杨继业战败。退到陈家谷时,王侁、潘仁美却率军早已离开了谷口,杨继业得不到接应,陷入重围。虽然他奋不顾身,英勇作战,终因寡不敌众,身负重伤,在朔城区狼儿村坠马被俘,最后不屈撞碑绝食而死。他的儿子七郎也在这一次战斗中牺牲。

杨继业战死的消息传到东京,朝廷上下都为他哀痛叹息。宋太宗丧失了一名勇将,自然也感到难过,把潘仁美降职处分,王侁革职查办。

康熙西征驻右玉

清初,随着国家一统,漠南蒙古相继成为清朝藩属,原作为隔绝蒙古、防御蒙古南侵的明长城的地位下降,右玉杀虎口作为长城上的军事要塞地位也在下降。

康熙、雍正年间,在历时50多年的清准(准

康熙大帝塑像

239

印象朔州

康熙像

噶尔)战争中,杀虎口的军事战略地位才再次突显,并得到清廷重视,成为清军的大本营。

康熙二十九年(1690年),蒙古准噶尔部噶尔丹发动叛乱,康熙三十五年(1696年),康熙帝亲自率兵平叛。为保证西征路线畅通,清政府在长城沿线设三十营为京师之屏障,而杀虎口协镇是三十营的重中之重,派右玉抚远大将军费扬古把守。在这次西征中,费扬古和大同总兵康调元、杀虎口协镇王元会统率西路军满汉官兵出杀虎口,在昭莫多重创噶尔丹军,取得了军事胜利。为确保西路军军粮车队的安全运行,康熙认为"西路挽输较中路尤为紧要",他命令"原任兵部督辅右侍郎王国昌、大理寺卿余成龙往助,增造运车四百辆,亦著动支正项钱粮。"并从杀虎口起,每百里设一台站,每台站设兵"会台守卡",台站之间经常联络。运粮车队分为若干运,每运分为若干营。

西征归来,为歇息兵马,康熙于"(1696年)十二月初七由归化城(今呼和浩特)入口(杀虎口)驻九龙湾(今杀虎口西九龙桥西湾)",从此杀虎口沾上了帝王之气。次年,噶尔丹服毒自杀,叛乱平息,清廷在杀虎口的防兵也随之缩减。

慈禧夜宿来圣店

在桑干河南的雁门关下,有新、旧广武二城。旧广武城建于辽、金时期。新广武城建于明洪武七年,城内有个义合栈,房子只有16间,但

杀虎口城墙

人文朔州

位于交通要塞，客满店兴，名传城乡。八国联军打进北京，慈禧太后与光绪皇帝逃往西安途中，曾夜宿"义合栈"，后义合栈便被称为"来圣店"。

西太后之所以夜宿来圣店，还得从店主杨应魁说起。

杨应魁，新广武城人。自幼聪敏好学，广交朋友，清同治九年考取代州秀才后，因家资欠缺，不能继续赴科场考试，回城先开一间留客小店。当时山西、绥远等地商贩兴盛，来往客人较多。杨应魁善经营，会服务，不到一年工夫赚下一笔钱。又开多处商行，家业很快兴旺起来，成为山阴、朔县、代县一带有名的大富商。

光绪二十六年七月二十一日，八国联军攻破北京，西太后慌忙携光绪皇帝西逃。当日行程七十里，驻昌平。二十二日过居庸关，经四十里关沟，山路坎坷难行，宿在一小山村。二十三日向西续行，驻怀来县。二十四日过沙城，宿保安州。二十五日宿鸡鸣驿，二十六日抵宣化府。整休三天后于二十九日进入山西，过大洋河，至天镇县住宿。八月初一过阳高县，初五到大同府。

西太后、光绪帝驻大同府的消息，被杨应魁事先得到，他觉得这是一个投机官场的绝好机会。于是，通过大同府的官员向李莲英送出厚礼，请求西太后从山阴县起身到广武来住宿。李莲英本为西太后心腹，他收下礼品，当即应允。西太后、光绪皇帝及其随从，初十离开大同，折而南行，晚上到了怀仁。城内黄土垫路，清水撒街，日落时分把慈禧、光绪及数百名红顶蓝顶官员、卫士由西门迎入城内，住在柴市巷庞鸾院内。庞家大院的正房屋内是用砖斜铺的地，当时皇族才能如此斜铺地。慈禧见后欲治罪，庞鸾说，因供奉先帝，所以才用方砖斜铺地，当掀去神龛门帘时，神龛内贴有"大清先帝之位"几个字，慈禧也挑不出刺，只好作罢。

随慈禧逃亡的人员，从京城携带着大量金银财宝，住在东关大树下。从怀仁逃走时，一些官员私自将所带的金银珠宝偷偷埋藏于地下，所以人们又称大树下为珍珠巷。这就是"慈禧过怀仁"的故事。过怀仁到山阴后，慈禧果然来到新广武城。

杨应魁闻御驾至，急带缨帽出城跪接，迎太后、皇上进城住宿。由山前平川入小北关，进北城门，引至义合栈。因做好了准备工作，店内甚

慈禧

是清洁，房内用黄缎障壁。少刻，设盛席供上，有鸡鸭肉菜，两样粥，两样糕，两样面食，还有糕点类。同时，赶制了全新红绸被褥进奉。餐毕，西太后喝了用神头泉水烹的龙井茶，抽了几袋水烟，精神了许多，甚是高兴。入夜，西太后宿西房，光绪及后妃宿东房和下房。几名御前侍卫

印象朔州

就在太后、皇上的寝室外守夜，并在四周巡逻放哨。王公大臣亦由杨应魁招待供食，分宿平民房中，其他人则多露宿。

第二天起驾出发前，杨应魁复又用糕点等招待，将昨晚为太后、皇上特备的被褥分放于轿中，又在每顶内放进十只银锭，一为孝敬，二为压轿，以免过雁门关行走摇晃，同时也给随员关饷银元，有的给二十元，有的给十元，有的给五元。杨应魁不惜重金贿赂随员，西太后很高兴，觉得一个边塞小城的客店，竟能摆筵设席，供应自如，颇非易事。当即与光绪皇帝召见杨应魁，温语嘉慰后，赐封他为广东廉州知府，并赐给黄马褂一件。杨应魁跪拜不止，千恩万谢太后、皇上对他的恩赐。

一年后，西太后从西安回京，没有忘记杨应魁，托山西巡抚送来两面大匾：一面上书"大夫第"，下有"慈禧"二字；一面是"德门增耀"匾。从此，这个开店的杨掌柜便成为五品官老爷，"来圣店"名字也就从此而来。

据《朔州人物传》记载："光绪三十四年七月十九日，西藏达赖喇嘛在五台山朝拜后进京朝见，杨应魁受山西巡抚委派，与汾州知府去京护送达赖回藏。八月十八日，西太后在京又召见杨应魁，赐给大批金银财物。"

如今，虽然时过景迁，但西太后、光绪帝当年住宿客店的情景，仍然在人们的传说之中。

主席关前阅布告

人民领袖毛泽东路经广武的年代是1948年。这一年，人民解放军在西北战场已转入反攻的阶段，中共中央已经离开陕甘宁边区，东渡黄河后，住在兴县，又从兴县出发，路经岢岚、五寨、神池、朔县等地。四月六日中午十二时，来到了山阴县新广武。和毛泽东同行的有周恩来、任弼时、董必武、吴玉章等中央领导人和邓颖超、陆定一、汪东兴、胡乔木等同志，还有一名叫阿诺夫的苏联医生和毛泽东夫人江青等，共乘坐六辆汽车，其中三辆中吉普，三辆卡车，随行的警卫部队约一个排。毛泽东等在新广武的镇门洞外停留一会儿，边看墙上的布告，边有说有笑。当时农会的布告上有"农会领导一切"的字样，毛泽东笑着说："哈……好厉害啊。"一个小时后，去了雁门关。

毛泽东看布告处：新广武村小北关

当时，护送毛泽东的部队由贺龙、周士第带队。董必武、吴玉章同志因年事高，在新广武住一宿，次日离去。

陈毅广武度元宵

1948年陈毅同志在陕北参加"十二月会议"之后，由陕北去河北平山县。正月十四，住新广武尹士高家，并与当地群众共度元宵佳节。

八十八岁的老党员詹奎回忆：那一年春节前后，天天都有军人过往，有一天兵站站长要求他带足一周的食物离开。同时也通知了他的邻居尹士高。但不让他们和别人随便说。觉悟很高的詹奎马上想到会有首长来住宿，高兴地买了一些黄花菜留下后（因为他的屋子被选为厨房）

242

人文 朔州

陈毅

大名鼎鼎的陈毅。许多群众为能和陈毅共度元宵倍感兴奋和荣耀。

有史料说明,儒将陈毅同志在此期间,作过《过雁门关》诗二首,全诗如下:

风雪雁门关,关河一望收。
琵琶不胡语,葡萄尽汉秋。
朔漠庆土改,满蒙见同舟。
而今挞美蒋,统一足歌讴。

百尺雄关气郁森,驱车登览感丛生。
能兵李牧难修任,多计刘邓反负身。
慷慨捐躯悲继业,从容谪戍念难星。
纷纭千古伤心事,端绪由来封建根。

贺龙右玉谋战策

1948年10月初的一天傍晚,贺龙同志乘坐着一辆美式吉普车来到了右玉城,住在晋绥军区后勤部的大院里。后勤部是为了进行绥包战役于同年8月由兴县迁至右玉城的,设在右玉城南门路东的一座大院内(即现在的旅社)。

时任右玉县县长孙桂林回忆:贺老总来到右玉的第二天,人们刚起床,军区后勤部来通知,要县委、县政府的负责人到后勤部开会。县委书记南云、县长孙桂林、以及来右玉工作的晋绥五地委委员郜志远、孔原等到后勤部大院参加会议。会址设在后勤部的一堂两屋三间正房里。贺老总边问候边和大家一一握手。随后贺老总让我们坐下,此时,军队的同志都站起来给我们让座,大家你让我,我让你,体现了军民之间的鱼水情。我们参加会议的地方同志,多数是第一次和贺老总坐在一起开会的,难免有些紧张、拘束。但是当会议开始后,很快就被贺老总那种

和家里人住到亲友家。三天后的上午,一辆敞篷吉普车停在村里的场面上,几个年轻军人拥着一个中等个子的中年人进了尹士高家。

午饭后,村里的秧歌队在场面上扭秧歌,场面就在尹士高的院门前,兵站站长一会儿陪同那位中年首长走出来,首长饶有兴趣地观看并不时发出朗朗的笑声。首长后来发现观众只有陪同的官员和站岗的士兵,就奇怪地问:怎么不见当地的群众?兵站站长道:他们奉命都在背地看。首长笑道:让大家出来吧,一块看热闹。在城墙上站岗的士兵向下面招了招手,远远观望的群众马上蜂涌而出,但并没有冲向秧歌队伍,而是涌到首长面前,想一睹首长风采。首长亲热地与大家握手,并作了简单的交谈。首长那时四、五十岁,胖胖的,大家都按照规定,没有问首长是谁。后首长和群众一起走向秧歌队伍共同欢度元宵节。

正月十五上午,首长一行离去。又过了半日,兵站站长才把首长的姓名告诉大家:那就是

印象朔州

贺龙塑像

谈笑风生、平易近人的举动给打消了。贺老总站在堂屋东边的门口给我们讲话。那天，他身穿灰布军装，还披着一件旧军大衣，显得格外精神。他操着满口的湖南口音，向我们传达了中央会议精神，讲述了全国解放战争的形势。当他讲到了我军现在从相持阶段转入反攻阶段，战场已由解放区转入到蒋管区作战，我军已掌握了战争的主动权时，参加会议的20多名干部精神焕发，高兴地长时间地热烈鼓掌。这时，贺老总也和大家一起鼓掌，欢呼我军取得重大胜利。贺老总的讲话，深深吸引了与会的全体同志，两个多小时不知不觉地过去了。贺老总在将要结束他的讲话之前，向我们传达了毛主席的重要指示，四句话20个字，即："军队向前进，生产长一寸。加强纪律性，革命无不胜"。贺老总要求到会的每个同志，一定要好好学习、领会、贯彻、执行毛主席的指示精神，更好地做好生产、支前工作，担负起历史的重任，为夺取全国的胜利做出更大的贡献。贺老总讲话之后，又和我们一一握手，并鼓励我们要很好地发动群众，完成土改，搞好生产，支援前线。

会后，贺老总乘车北上，视察前线。

李林烽火击日寇

也许，你未曾到过平鲁这个地方，但你一定听说过民族女英雄李林在这块热土上抗击日寇的传奇故事。

也许，你不太了解李林惊心动魄叱咤风云的一生，但你一定要去读一部长篇诗体小说《月魂》。

李林，24岁，年轻的生命。她用热血在战争的流火中举起象征和平的花魂。

草鞋，皮带，金鞘剑，短发齐耳灰军装。

双枪在手，帽沿上别着一颗闪闪红星。

月光下，她扭头一笑，忽然飞身上马，

天地间，硝烟中，兜起一阵呼呼长风。

这是著名诗人钟声扬长篇诗体小说《月魂》中的李林。

抗日战争时期，有两位率兵作战的女英雄，一个是东北的赵一曼，一个是山西的李林。李林，原名李秀若，1916年生于福建，幼年随父侨居印度尼西亚，1930年回国，后考入北平民国大学。1936年投笔从戎，1937年，来到抗日前线雁北地区平鲁县进行抗日救亡运动，历任雁北工委宣传部长、雁北游击队政委。1940年4月，在平鲁县东平太反扫荡战斗中为掩护专署机关干部和群众转移，英勇战斗，身负重伤，连毙敌六命，然后将最后一粒子弹对准自己的喉部……

毛泽东主席亲自批阅了《解放日报》头版《民族英雄李林之死》。1985年平鲁县政府建李林塑像于烈士陵园。

横刀跃马，千里驰骋，塞外这片热土浸染着英雄不屈不挠的热血风骨。

烽火连绵，波澜壮阔，平鲁这块革命老区谱写着女英雄献身祖国的壮美华章。

人文朔州

朔州历史多名人

西汉才女班婕妤

班婕妤(前48年—2年),女,楼烦(今朔州市)人,是东汉史学家班固的祖姑。她自幼聪颖,相貌俊秀,读书甚多,是山西省最早的女文学家。

建始元年(前32),汉成帝刘骜即位,班十七岁时被选入皇宫,不久得宠,赐封"婕妤"。因她不干预朝政,谨守礼教,深受时人敬慕,有"古有樊姬,今有婕妤"之称。据史载,一次成帝到后宫去游玩,让婕妤与其同辇而行,她以古之贤君臣在侧,而亡国之主是嬖女相随的史实婉言谢绝。后遭赵飞燕妒嫉,受到排挤,求供养太后于长信宫,死后葬于距长安60余里的延陵。班一生工于辞赋创作,有集一卷,可惜大部佚失,现仅存《自悼赋》、《怨歌行》、《捣素赋》三篇。《自悼赋》叙述了自己一生荣辱悲欢的经历,及后来居深宫中苦闷与幽怨的心情,可以说是一篇小小的自传。

班婕妤

钟嵘《诗品》将她列入上品诗人十八位之列。西晋博玄诗赞她:"斌斌婕妤,履正修文。进辞同辇,以礼臣君。纳侍显得,觉对解份。退身避害,云邈浮云。"

其兄弟伯、游、稚等也都以学行驰名。班稚的儿子班彪,班彪的儿子班固、班超,女儿班昭。彪、固、昭均为东汉著名史学家,超为东汉名将。

三国名将张文远

张辽(169-222),字文远,三国时雁门郡马邑(今朔城区大夫庄)人。本汉武帝时聂壹之后,因避仇改姓。少

班婕妤

245

印象朔州

张辽塑像

为郡吏。并州刺史丁原见他勇武过人，便任其为从事。后来，张招募军队，先随董卓，后从吕布。吕布委任他为鲁相，当时年仅28岁。

建安三年(198)，吕布败于曹操。张辽为曹俘获，视死如归。曹爱其才，封辽为中郎将，赐爵关内侯，后又因功升为裨将军。建安五年(200)，张辽随军讨袁绍、平辽东、定江夏、征乌桓，英勇机智，屡建奇功，曹操封他为都亭侯，并授予代理曹调动、指挥一方军队的符节。建安二十年(215)，曹操率军进攻汉中张鲁，留张辽、李典领兵七千，驻守合肥，南拒孙权。孙权率兵十万，乘虚入侵，包围合肥。将士们都主张在敌众我寡、力量悬殊的情况下，不宜出击。张辽大声说："曹公正远征汉中，要是等得救兵来到，就要败在孙权手下。趁敌军还没有合围的时候就主动出击，挫敌锐气，安定军心，然后可以固守。成败在此一战，诸君还有什么可以怀疑的呢？"李典也同意他的主张。于是张辽连夜选调八百勇士，宰牛置酒，晓以大义。第二天拂晓，自任先锋，领八百勇士出城，持戟径直冲杀到孙权帅旗之下。孙权仓惶失措，撤退到坟地高坡上。张辽直指孙讨战，孙权只以长戟自守不敢应战。后孙发现张人马很少，下令把他团团围住，张挥旗指挥，左冲右杀，如入无人之境，带领部下突出重围。孙权不能抵挡，下令退兵。张乘机追击，几乎活捉孙权。只此一战，威震江东。曹操嘉奖张订，拜他为征东将军，进爵都乡侯，感慨地说："以步卒八百破贼十万，自古用兵，未之有也！"后来，曹操始终用张辽抵御孙权，屯居合肥。

曹丕自立为魏皇帝后，封张辽为晋阳侯。黄初三年(222)，张辽病故于江都军中，文帝曹丕为之痛哭流涕，谥"刚侯"。

子虎嗣为偏将军，卒于战场。孙统在虎卒后接任偏将军。

北齐猛将库狄干

库狄干(生卒年不详)，北魏善无(今右玉县)人，鲜卑族。干性情耿直，沉默寡言，武艺高强。北魏正光初年(520)，为将军，驻守京都卫。孝昌元年(525)，投奔云中刺史费穆，费穆又将其送给尔朱荣。跟随尔朱荣进入洛阳后，又从高欢打败四胡，封为广平县公。河阴之役，诸将大捷，只有库狄干兵败。高欢因其立有旧功，没有斥责和罢免其职，不久又升为太保太傅。

高仲密在

库狄干像

五牢叛变，高欢起兵征讨，以库狄干为大都督先锋。干在征途中路过家门而不入。干部将不愿南渡，他决计要渡河。这时高欢大军也已赶到。于是大败敌人，回师后升为定州刺史。干勤于政务，不怕事多烦扰，品节高尚，严于律己，后升迁为太师。北齐天保初年(550)，因辅佐高欢立下首功，被封为章武郡王，不久又提升为太宰。自随从高欢建立北齐以来，经常带领大军勇猛作战，威望之高，多为诸将所折服。干死后赐封为假黄钺太宰，赐给丧车送葬。北齐皇建初年(560)，赐谥号"景烈"，配享神武庙庭，仪同三司。

库狄干不会写字，签名写干字的一竖从下向上写，被人嘲笑为"穿锤"。因此，他的子孙开始学习汉文化。

中华门神尉迟恭

尉迟恭(585-658)，字敬德，朔州鄯阳下无忌（今平鲁区下木角村）人，鲜卑族。魁梧骁勇。幼时，闻神头金龙池（桑干河源）中有龙时化为马，人称海马，天阴辄出，践踏田禾，人莫能御，敬德思收为坐骑，便潜伺池旁，果有神驹游出，便飞跨其上。马腾跃奔驰，欲入池中，适岸边有一柳树，敬德便一手揪马鬃，一手挟柳树，绕树几匝，树被扭裂成麻花状，终于将海马制服，自此便将海马作为坐骑，驯马习武。真是人藉马力，马因人名，后人于金龙池旁建鄂国公庙，连同龙马并塑，以时祭祀。朔州市人民政府于2001年铸尉迟敬德铜像一尊，以大理石为底座，四周有鄂国公故事的浮雕，矗立于七里河之北的公园内，供人瞻仰与怀念。相传尉迟恭擒海马后，骑至神头东一村庄，马复跳跃，此村庄以后便名马跳庄。还有司马泊、吉庄、上马石、马鞍山等地，也都有关于尉迟恭与海马的故事。

隋大业末年，从军高阳，授朝散大夫。刘武周起事南征，任他为偏将。唐武德二年(619)与宋金刚在霍县境内曾重创唐军。武德三年(620)三月四日，战事失利，刘武周和宋金刚先后北逃，尉迟恭收拾残兵孤守介休城。几经鏖战，秦王李世民知其是个不可多得的将才，遣人入城劝降，尉迟恭与大将寻相率部投唐。

李世民封尉迟恭为秦王府右一府统军，让其仍率旧部。李世民攻打王世充时，尉迟恭属下一些将领相继叛逃，唐诸将对其产生怀疑，将他囚禁。屈突通、殷开山劝李世民杀尉迟恭以免后患。李世民深知尉迟恭的为人，不听谗言，将其释放，还引入内室，赐以金银，加以安慰。就在当天，秦王带兵打猎于榆窠，王世充骁将单雄信挺槊直奔秦王。正在危急之际，尉迟恭骑马而至，大喝一声，一槊将单雄信打落马下，救了秦王。他保护李世民杀出重围，又率骑击败王世充，擒其大将陈智略及士兵六千多，秦王大赏尉迟恭。之后，秦王征讨刘黑闼，刘已将秦王重兵包围，尉迟恭率精兵壮士冲入重围力战，大破之。李世民又任他为秦王府左二府护军。尉迟恭单骑入阵，不仅能防备众槊，且能夺槊反刺之。齐王李元

尉迟恭塑像

印象朔州

尉迟恭画像

吉马上槊术颇熟练而又忌妒尉迟恭的才能，在一次与他较量中，顷刻就被尉迟恭三次夺槊。唐武德九年(626)，李氏兄弟矛盾日深，太子李建成密诏尉迟恭，劝他归附，并赠给金器一车，尉迟恭坚决不要，把此事告诉李世民。后来，李建成及李元吉派人刺杀尉迟恭未成，又在唐高祖李渊面前说他的坏话。高祖听信谗言，要杀尉迟恭，经秦王再三力争，才赦无罪出狱。殷、齐二王密谋，企图杀掉秦王。尉迟恭与长孙无忌闻讯后向秦王进言："为保社稷，必灭二王。"但秦王不忍。后经尉迟恭等再三劝说，秦王才同意先发制人。

唐武德九年(626)元月二十四日，李世民发动"玄武门之变"，亲手将太子李建成射死，尉迟恭伏兵杀死齐王李元吉。当时众府兵在玄武门互相厮杀，尉迟恭持建成、元吉二首级示众，众兵见大势已去，方才散去。接着，尉迟恭又奏请高祖李渊，讨得手敕，令诸军听秦王节制调度，内外才得安定。李世民被定为皇太子，欲将与殷、齐二王有牵连者百余人财产没收，族人抵罪。尉迟恭上言：作恶者仅他两人，今已被杀，若追究其党，非取安之道。秦王纳其言，并论功行赏，赐尉迟恭绸万匹和齐王府全部金银器皿，授右武侯大将军，封吴国公。突厥入犯，尉迟恭任泾州道行军总管，故至泾阳，他轻骑与战，敌大败而逃。尉迟恭将所获金银分发给众将士，从此声誉更佳。后改封鄂国公，拜宣州刺史。敬德忠于李世民，曾拒纳太子李建成重金之贿；谢辞公主，富贵不易糟糠之妻；保持晚节，闭门不通宾客。由于敬德之汗马功劳，曾被唐太宗图形于凌烟阁。李世民一度夜不敢寐，怕沙场冤魂索命，尉迟恭、秦叔保立于寝宫门旁护驾，唐王始得安睡，后敬德、叔保在民间奉为门神，护佑百姓。征高丽时，他以本官行太常卿事，任马一右军总管。回师后，在家休养。晚年，笃信方术，杜门不出达16年之久。

高宗显庆三年(658)卒。死后册赠司徒、并州都督，谥"忠武"，陪葬昭陵。

乱世枭雄李克用

李克用(856—908)，先世为西突厥沙陀部人，唐德宗(780—785)时，有一部自号"沙陀"的部落被回纥打败，首领朱邪执宜率部归唐，被安置在盐州，隶河西节度使范希朝。范希朝徙镇太原，沙陀部也跟着迁来，被安置在"定襄神武川之新城"，即现在的应县一带。其部落万骑，皆骁勇善战，号"沙陀军"。唐懿宗咸通十年(863)朱邪执宜子朱邪赤心率部讨徐州叛军庞勋，以军功拜单于大都护、振武军节度使，并赐姓名为李国昌。咸通十三年(872)，改任李国昌为云州刺史、大同军防御使，李国昌拒绝赴任。

李克用画像

李克用即李国昌子,生于神武川天王村(即今应县城)。尤善骑射,能仰中双凫,初任云州守捉使。李克用杀大同防御使段文楚,据云州,自称留后。唐集幽、并两镇兵征讨,自此以后,李克用的沙陀军与唐军在雁北一带展开连年征战。李克用骁勇善战,一目失明,号"李鸦儿",又号"独眼龙",部众号"鸦儿军"。曾"北据蔚、朔,南侵忻、代、岚、石,至于太谷"(《新五代史》)。后来被唐军李琢打败,远逃鞑靼。

唐广明元年(880),黄巢农民起义军攻陷长安。次年,朝廷诏李克用率沙陀军镇压农民起义军。克用率步骑一万七千赴长安,先败黄巢将黄邺于石堤谷,再败赵璋、尚让于良田坡。几经征战,协助唐朝廷镇压了农民大起义。论功行赏,唐朝封李克用为检校司空、同中书门下平章事、河东节度使,封陇西郡王。后又拜"忠正平难功臣",封晋王。至此,李克用坐镇太原,拥兵自重,与另一割据军阀朱全忠连年征战不息,唐朝对他们亦无可奈何。乾宁三年(896),唐昭宗欲任张浚为相,李克用知道后上书朝廷,说:"若陛下朝以浚为相,则臣将暮至阙廷!"吓得朝廷赶快收回成命,其跋扈如此。

唐天祐四年(907),朱全忠灭唐建后梁,各镇军阀竞相归附,李克用坚持不附。次年李克用卒,临终嘱子李存勖一定灭掉后梁。李存勖继晋王位。后梁龙德三年(923),李存勖灭后梁建后唐,即后唐庄宗。庄宗追尊李克用为皇帝,庙号太祖。

李克用强悍勇猛,是唐末乱世枭雄。他靠镇压黄巢农民大起义起家,逐渐发展成为五代横行天下的沙陀军。五代时中原建后唐、晋、汉三个沙陀族小朝廷,就是李克用打下的基础。李克用在开发雁北上,还是有一定影响的。据明《应州志·营建志》记载,应县城为其父李国昌所筑。以后,应州发展成为雁门关外军事重镇,沙陀军起了很大作用。

现在代县城西有李克用墓,应县城东亦有李克用墓,应县木塔壁还有李克用碑一通,称透玲碑。

后唐皇帝李存勖

李存勖(885-926),沙陀人,李克用长子。幼读《春秋》,略通文义。成人后,状貌雄伟,有熊虎之姿。学习骑射,勇武过人。青年时,随父征战,机敏有谋略。李克用曾被朱全忠所困,地盘狭小,兵力不足,非常悲观。李存勖说:物极必反,现在朱全忠恃其武力,穷凶极恶,吞灭四邻,还时刻想篡夺帝位,这是自取灭亡。我们应该积蓄力量,等待时机,千万不可灰心丧气。李克用听了大为高兴,重新振作起来,与朱全忠对抗。

李克用53岁时死,李存勖继位为晋王。方继位,上党被后梁所困。李存勖召集诸将说:"上党河东之藩蔽,无上党亦无河东也。且朱温所惮

印象朔州

李存勖画像

者，独先王耳，闻吾新立，以为童子未谙军旅，必有骄怠之心。若简精兵倍道趋之，出其不意，破之必矣，取威定霸，在此一举，不可失也。"于是，立即率军从晋阳出发，直取上党。果然梁军不备，李存勖乘大雾突袭梁军，大获全胜，一举安定了河东局势。此后，他息兵行赏，任用贤才，惩治贪官恶吏，宽刑减赋，河东很快大治。后梁开平五年（911），李存勖又与朱梁王朝在高邑决战，再败后梁军，此后，朱温一听晋军，就谈虎色变。

李克用临死时，交给李存勖三支令箭，遗嘱完成三项事业：一是讨伐刘仁恭，攻克幽州（今北京一带）；二是讨伐契丹，解除北方边境威胁；三是将篡唐自立的后梁朱全忠消灭。这样，他们的地位就可以巩固。李存勖将三支令箭藏在李克用神庙里，每次出征，就将其中一支用锦囊装起来带在军前，取得胜利回来，再将箭还供于李克用神庙里，表示完成了任务。李存勖经过15年的南征北战，消灭了幽州的刘仁恭（刘守光）和后梁势力，大败契丹，基本完成了父亲的遗命。公元923年，李存勖在魏州称帝，国号唐，即后唐庄宗。

李存勖通音律，能作曲，喜歌舞。即位后，自以为天下一统，外无强敌，骄傲自大，残暴荒淫，任用伶官，不理朝政。整天与伶人化装唱戏，亲自扮演角色，并自号"李天下"。一次唱戏时，连喊两声"李天下！李天下！"被一伶人上去扇了耳光。李存勖问为什么打他，伶人说："李（理）天下只有一个，为什么你连喊两声！"李存勖听了，不仅未责伶人，反而予以赏赐。因此，众叛亲离，天下大乱，同光三年（925），部队叛乱，李存勖在混乱中中箭而死，帝位被李嗣源夺去。

一代辽相沙彦珣

辽河阴县（今山阴县）人，祖籍沙家寺。少怀大志，有勇有谋。后唐明宗把他看作人中豪杰，先后任捧圣都指挥使、应州刺史，掌管禁军。明宗李旦即位后，彦珣于长兴二年（931）六月，任彰国军节度使、右神武统军。不久又调任云州节度使，驻守云州（今大同）这一军事要地。时云州节度使都统山后八军，亦称之为代北八军。清泰三年（936）八月，部下步军指挥使桑迁作乱，以兵围城，彦珣突出重围，招抚旧部，三日聚齐，率诸军攻入城内，平定叛乱，使云州转危为安。同年石敬瑭在晋阳叛乱，以燕云十六州贿辽，辽主耶律德光乘机率大军入雁门，后唐末帝自焚死，后唐亡。十二月，耶律德光北归，出雁门，过应州到云州。彦珣不得已出城相迎，城内留判官吴峦主持州事。吴峦则闭门踞守七月之久，辽兵久攻不入而退。辽主将彦珣留于营中，彦珣归附辽，之后屡建功勋，升平安节度使检校太尉。

彦珣历两朝，居高位，文才武略，后人为纪念他，于金大定七年在其故乡建瑞云寺，俗称"沙家寺"。明、清及民国时期多次重修，今遗址仍存。

人文 朔州

元初名将赵宝仁

赵璧（1219-1276），字宝仁，元代怀仁人。他才能出众，办事认真，深孚众望。元世祖忽必烈当亲王时，曾亲自接见他，赏给三名家僮和很多钱财，并让妻子给他做衣服相赠，衣服不大合身，又量其身材，重做一件。

忽必烈尊重赵璧，是想通过他笼络汉人名士。赵璧受到恩宠，感激不尽，一面把三鄂等名士推荐给忽必烈，一面为其教授蒙古学生，很受忽必烈的赏识。

忽必烈的哥哥蒙哥当政时，周围有一些人成天摇唇鼓舌，拨弄是非，因是蒙哥的亲信，人们敢怒不敢言。一次，蒙哥召见赵璧，问："天下怎么才能治理好呢？"赵璧回答说："请首先杀掉您身旁的那几个亲信！"蒙哥听了很不高兴。在旁的忽必烈急得直对他使眼色。事后，忽必烈对他说："秀才先生，你好大的胆，那些话我都不敢讲，真替你捏一把汗哪！"

不久，赵璧出任河南经略史。河南有个地头蛇叫刘万户，当地人谁家办婚丧大事，首先得贿赂他。尤其是刘的爪牙董主簿，狗仗人势，助纣为虐，强抢民女30多人。老百姓怨声载道，可谁也不敢惹。赵璧来后，查明情况，立刻把董主簿抓来斩首示众，把强抢的民女全部放回，人们极为高兴。

刘万户闻讯大吃一惊，假惺惺地去看望赵璧。当时正好下了一场大雪。刘万户惴惴不安地说："经略刚到这里，就为地方除去一霸，真是天大的好事，连老天爷都感动得降下雪来，真是瑞应啊！"赵璧冷冷地说："象董主簿这样的坏蛋还大有人在，等我把他们统统除掉，瑞雪会更大。"刘万户听着，连大气都不敢出，回家后，当晚暴亡。人们奔走相告，赵璧一席话，吓死刘万户。

忽必烈即帝位，中统元年(1260)，赵璧为燕京宣慰使，因军功升为平章政事兼大都督，统帅诸军。

一次，驻守襄阳的宋军内，有一个将领暗地派来一个使者，约定要投降元军。忽必烈令赵璧去察看虚实。正在这时，宋将夏贵率五万军马，带三千只粮船增援襄阳。当时正值汉水暴涨季节，赵璧依据险要地形，设下埋伏，等夏贵上钩。当晚，夏贵果然悄悄地沿汉水而来。赵璧出其不意，率部出击，一举夺得五艘粮船。夏贵被弄得晕头转向，不敢动弹。等他弄清赵璧只有很少一些人马，准备应战时，赵璧的后续部队已经赶来了，双方在虎尾州展开了一场激战。这一仗赵璧夺得粮船五十余艘，俘虏宋军300余人，夏贵的部队被杀和溺死河里的不计其数。

后来，高丽(今朝鲜)发生政变，国王被驱逐，来到中国请求援助，忽必烈让赵璧前去。元军兵临平壤城下时，发动政变的头子林衍已死去，内乱遂平。国王为报答远道而来的元朝将领，赠给他们美女，赵璧分到三名美女，他坚持不要，全部送还。

赵璧从高丽回来，同忽必烈一起去祭祀太庙。有一个人把黄幔弄脏了，忽必烈认为这是对祖先的不敬，一怒之下，要斩那个人。赵璧说："按照律条，这种情况只能判杖断和疏远，不能斩首。"那个人才没有被斩。

赵璧一生不贪财，不好色，办事果断，执法如山。死后，被追赠为大司徒，谥号"忠亮"。

三朝帝师王家屏

王家屏(1535-1603)，山阴县北周庄村人。字忠伯，号对南。他5岁受业于父，13岁取秀才，

印象朔州

29岁中举人。明隆庆二年(1568)33岁获二甲第二名进士,选翰林院庶吉士,授编修。家屏天赋聪颖,才思敏捷,智力过人。据传"凡为文,不属草,含毫沉吟,一挥而就。闭门散帙,不闻诵读声,过目辄不忘",且谈吐巧捷,四座尽倾。任史官编修《世宗实录》时,不畏权贵,秉笔直书。当时首辅大学士高拱之兄高捷任操江都御史时,曾用国库钱向严嵩的党羽赵文华行贿,被记入史书。为此,高拱曾多次暗示家屏笔下留情,文过饰非,均遭拒绝,同行以"良史"称之。

万历三年(1575)晋升为修撰,充当日讲官。其时,朝讲经筵多流于形式,然家屏"随事开陈,丰采轩朗","敷奏剀挚,帝尝敛容受"。万历皇帝称之为"端人",并赐"责难陈善"题字。万历元年至十年张居正任首辅,煊赫一时,群臣竭尽阿谀奉迎。张患病期间,朝内大臣为表关切和忠诚,都于祠庙间奔走祷祈,唯家屏不屑参加。张去世后不到两年,群臣就发泄积怨,倒张浪潮渐高。万历帝先褫夺了张三个儿子的官职,取消张本人生前所得太师头衔,后又加"诬蔑亲藩,侵夺王坟府第,钳制言官,蔽塞朕聪,专权乱政"之罪,公布天下。此时,家屏却给侍御任正字写信,为张家后代解脱。其不趋炎附势,秉公处事、胸怀坦荡可见一斑。

万历十一年(1583)进詹事府,兼任翰林侍读学士。次年家屏擢升为礼部右侍郎,旋即改任吏部左侍郎,后受命兼东阁大学士,为内阁成员。在阁期间,直言进谏,不植私交,正色立朝,风节为人称道。作为辅相,恪尽职守,尝曰:"天下治乱在朝廷,朝廷轻重在辅相"。自己不敢怠惰,不允别人偷懒,连皇帝亦不迁就。万历十七年(1589),家屏丁忧(居丧)期满又回到内阁。入京三月"未获一瞻天表",愤愤指责皇帝:"未有朝夕顾问之臣而可三月不面见者也。"出于国家利益的考虑,家屏十分注意同内阁诸臣的关系,当时申时行任首辅,还有许国、王锡爵,家屏居末,然能和睦相处。他在致同僚的信中说:"内不敢求知于宦官宫妾,外不敢得罪于贤士大夫,进无隐情,退无私客,解官而反,家徒四壁,萧然寒儒,此可不愧于心,不愧于知己者也。"但搞好团结并非家屏随波逐流,人云亦云。《明史》载:"每议事,秉正持法,不亢不随。"可见他与同僚之间的交往是开诚布公、光明正大的,不计较平时之一得一失。在君臣关系上,家屏认为自己的职责是"能上匿于未形,防欲于微眇","疏导密规,防君志未萌之欲;明诤显谏,扶乾纲将坏之枢",其有不从,则强谏力争。是年末,大理寺评事雒于仁向万历皇帝上了"四箴"疏,劝

王家屏画像

王家屏墓碑

皇上"浓醋勿崇，内壁勿厚，货贿勿侵，旧怨勿藏"。言辞尖利，切中要害。万历震怒不已，欲重罪于仁。家屏挺身而出，陈请于仁为忠正之士，万历让了步，雒于仁免遭重处，善归故里。

万历十八年(1590)，家屏因皇帝政事不亲，储位不建，摈斥忠谋，连上两疏自劾求罢，试图以去就之决来感悟主心。万历帝虽没有被真正感动而奋发图强，但也不得不以"忠爱"之言奖励家屏。

万历十九年(1591)，申时行、许国、王锡爵先后以事离职，家屏柄相国当政作了首辅，凡事都以宗社大业为重，从不计较个人得失，赢得了朝野的信赖和尊崇。是时，明朝"争国本"的斗争发展到最高峰。次年，礼部给事中李献可在"国本"问题上触怒了皇帝，李被降职外调，余伙皆夺俸半年以示诫谕。御批下到内阁，为营救李献可，家屏拒不执行，将御批封还。帝责之"迳驳御批，故激朕怒，甚失礼体"。有人劝他迁就一点，他却说："人君惟所欲为者，由大臣持禄，小臣畏罪，有轻群下心。吾意大臣不爱爵禄，小臣不畏刑诛，事庶有济耳！"

万历二十年(1592)三月，为促使早立储君，家屏继续以辞职回乡来感化皇帝。结果以愚忠葬送了自己的政治生命。家屏罢相回到原籍山阴，八年之后，太子始立。陈有年、顾宪成等为举荐他而遭到贬谪，东林党人对他推崇备至。但终因万历帝恶其耿直，乡居十年，再没有被起用。

万历三十一年(1603)，家屏与世长辞，享年六十有八，葬入御修坟墓中。追封为少保，谥文端。熹宗时又增封太保，民间以"王阁老"、"王阁爷"敬称。有《王文端公诗集》、《复宿山房文集》传世。其"道不苟容，弃官如履，义不苟免，视死如饴"的气节尤为后人称道，诚为明代著名的政治家。

右卫骄子麻家将

麻家将，对大多数人来说是一个陌生的群体。翻阅各种版本的山西名人录，鲜见他们的名字，而明清两代，麻家竟然先后出了30多名总兵、将军，且个个忠勇双全。麻家祖籍在甘肃祁连山地区，善养战马。明正统年间，由于草原游牧民族的侵扰，边关急需战马，于是麻家就被朝廷征召到边塞山西右卫一带专门负责牧养战马。嘉靖三十六年，蒙古鞑靼借家事纠纷与明廷挑起边界事端，兴兵攻破杀虎口，包围了右卫城。当时的右卫远离内地，孤悬边境，兵少粮缺，岌岌可危。在鞑靼军队的多次围攻下，右卫城军民

右卫镇

印象朔州

右卫镇

浴血奋战，伤亡严重。时任参将的麻禄引领为朝廷养马的麻贵、麻富、麻锦等一干儿郎登上城楼高呼："我麻家誓与右卫共存亡。"城内将士百姓群情激愤，纷纷高呼："古有刘关张，今有麻家将，我等与麻家兄弟血战到底。"右卫被围八个月，城内军民粮断柴缺，只得挖鼠网雀，后来杀战马充饥，再后来，战马也被杀光了，士兵煮用皮革做的弓充饥。就是在这种情况下，鞑靼大军仍然无法攻破右卫，后明朝援军赶到，鞑靼撤兵，宣告了右卫保卫战的胜利。麻家一战成名。朝廷升麻禄为右卫指挥使，麻家其他兄弟也一一受封，自此开启麻家数代边关战将彪炳千古之基业。

400年前，大明王朝的军队曾驰出山海关，跨过鸭绿江，谱写过抗倭援朝的辉煌篇章。金戈铁马，战旗猎猎，东路军指挥官正是麻家将中翘楚人物麻贵。

万历二十五年，连年征战的麻贵还在右卫（今右玉）老家养病，突然接到万历皇帝的八百里急诏："日本关白（宰相）丰臣秀吉倾举国之军力，派遣大军发动侵朝战争，谋略大明朝，朕命汝提督水陆官兵，征讨倭寇，增援朝鲜。"在那次惨烈的跨国战斗中，中朝联手与日本军队展开拉锯战。麻贵在形势最为关键的时候挺身而出，指挥大军攻占岛山等战略要地，俘击倭寇入侵军2200多名。日本的一代枭雄丰臣秀吉为战事所累，急火攻心，郁郁而死。麻贵随即发起反攻，将倭寇举赶出朝鲜，赢得中国史称"万历朝鲜战争"的最后胜利，为处于风雨飘摇中的大明帝国谱写了夕阳中最后的辉煌。班师凯旋后，朝廷因麻贵作战有功，升其为右都督。

后来，麻贵奉命镇守辽东，多次征讨后金，并将其重挫，战功卓著。麻贵东讨西征58年，"平叛征倭及擒斩北虏五千六百余名，受皇帝封七次"。后因病退职，不久去世，朝廷赐予国葬礼。

"相门有相，将门有将"，麻禄之后，麻贵、麻锦、麻富兄弟皆为总兵，第三代承恩、承诏、承勋、承训、承宣、承宗等更远赴四边，分任辽东、宣府、延绥、宁夏、蓟镇等重防之地总兵或参将之职。他们个个勇武过人，能征善战，成为朝廷戍边不可多得的人物。

麻禄之子麻富，在一次大败蒙古铁骑后，一时兴起，脱掉盔胄铁甲，迎风纳凉。谁知大汗过后，毛孔顿开，风寒侵入膏肓，一病不起。临危之时，托付夫人抚育九岁的儿子麻承恩，"长尽忠报国"。麻夫人王氏忍沙场失夫之痛，为把儿子培养成才，变卖首饰，终身不施粉黛。将承恩抚养成人后，嘱咐他继承父亲遗志，从戎征战。麻承恩谨记母训，接过父亲的衣钵杀上疆场。后来屡建奇功，做了四镇的总兵。朝廷感念麻家忠义，将王氏封了诰命一品夫人。

启超房师崔增瑞

崔增瑞(1843-1899)，字翰臣，号吉庵，山阴县高山疃村人。祖辈世代务农，咸丰十年(1860)应童子试，考中秀才，列为案首，取得应考举人资格。因家贫六年未应试，在怀仁县刘晏庄授学。同治十二年(1873)考取拔贡，仍在生员之列。光绪八年(1882)，张之洞任山西学政，增瑞靠叔父资助入闱，三场告捷，中第36名举人，按惯例拜在张之洞门下。光绪九年(1883)赴京会试，获第165名进士。同年，增瑞分发广东，张之洞亦调署两广总督。

光绪十年(1884)，在广东主持总税务司的英国人赫德以征收"洋药税厘"之名，欲在沿海设巡船多艘，并归其调度。张之洞认为，如若允诺，海防大权将落入夷人之手。乃上奏力驳，赫德阴谋未得逞，随之，张命增瑞摄"洋药税厘"，将上奏力争回来的海关、海防大权交与其掌管。增瑞任职一年，税收数倍于往年。

光绪十一年(1885)，增瑞补普宁县知事，兼

广东普宁县培风塔，崔增瑞曾任该县知事

署儋州。曾向贫苦者捐助衣物，州人引为美谈。在州三载，多有建树。《续儋州志》载："崔增瑞，山西人，进士身，有政声……光绪十三年(1887)，州尊崔增瑞，由本城屠案拨款兴办桄榔书院，自是人文蔚起，入庠者颇多……"

光绪十四年(1888)，徙新会县知事。次年，广东乡试，增瑞以正途出身、为官廉明、精通八股、且有政声而参与乡试的分房、阅卷等事宜。是科，新会县17岁秀才梁启超中第8名举人，考卷分至增瑞房内。阅卷的房官是该举人的房师，中举后第一个拜的就是房师，增瑞当然成为梁启超的房师。在新会七、八年间，师生交往密切，梁从外地回县，必到老师处问安。"戊戌变法"失败后，由于与梁有师生瓜葛，增瑞日夜悬心，忧惧成疾，竟于光绪二十五年(1899)病逝于新会任所，享年56岁。

受历史的局限和自身的束缚，增瑞无大作为，而乡里声望颇高。客有问本县人物，皆以王阁老(王家屏)、崔进士相提并论。

进士匾

印象 朔州

人文链接

雁鱼灯的秘密

鸿雁衔书,鱼传尺素。夜深露重,一灯如豆。半管弱笔,无尽相思。

或是为表达别离之苦,或是为寄情于物,或是为吉祥如意,西汉时期,聪明智慧的劳动人民创造了这令人称奇的雁鱼灯。雁鱼灯出土于朔城区照什八庄西汉一号墓,这座古灯造型生动,工艺考究,是一件极为珍贵的艺术品,为国家一级文物,原物陈列于国家博物馆,复制品藏于崇福寺。

雁鱼灯铜铸,呈鸿雁回首衔鱼伫立状。雁额顶有冠,眼圆睁,颈修长,体宽肥,身两侧铸羽翼,短尾上翘,双足并立,掌有蹼。雁啄张开衔一鱼,鱼身短肥,下接灯盏罩。雁冠绘红彩,雁鱼通身施翠绿彩,雁鱼灯长34.5厘米,高53厘米。

灯点燃后,烟雾通过鱼和雁颈导入雁体内,防止了油烟对室内空气的污染。雁鱼灯别具特色的构造和奇异功能达到了完美和谐的统一。

敕勒歌声动山川

敕勒川,阴山下,
天似穹庐,笼盖四野。
天苍苍,野茫茫,
风吹草低见牛羊。

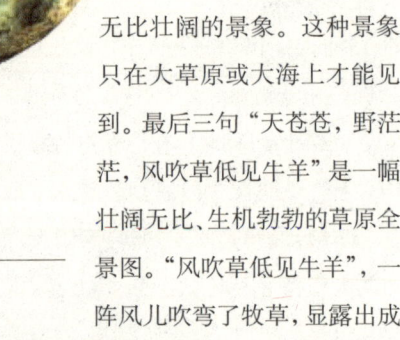

雁鱼灯

这是一首敕勒人唱的民歌,是由鲜卑语译成汉语的。它歌唱了大草原的景色和游牧民族的生活。而译作这首不朽诗作的,就是东魏大将、朔州人斛律金。

开头两句"敕勒川,阴山下",交代敕勒川位于高耸云霄的阴山脚下,将草原的背景衬托得十分雄伟。接着两句"天似穹庐,笼盖四野",敕勒族人用自己生活中的"穹庐"作比喻,说天空如毡制的圆顶大帐篷,盖住了草原的四面八方,以此来形容极目远望,天野相接,无比壮阔的景象。这种景象只在大草原或大海上才能见到。最后三句"天苍苍,野茫茫,风吹草低见牛羊"是一幅壮阔无比、生机勃勃的草原全景图。"风吹草低见牛羊",一阵风儿吹弯了牧草,显露出成群的牛羊,多么形象生动地写出了这里水草丰盛、牛羊肥壮的景象。全诗寥寥二十余字,就展现出我国古代牧民生活的壮丽图景。

这首诗具有北朝民歌所特有的明朗豪爽的风格,境界开阔,音调雄壮,语言明白如话,艺术概括力极强。前四句是对他们的生活环境的咏唱。"敕勒川",不知是今天的哪一条河流,而且即使在当时,也未必是一个固定的专名,恐怕只是泛指敕勒人聚居地区的河川罢了。阴山,又名大青山,坐落在内蒙古高原上,西起河套,东接大兴安岭,绵亘千里。敕勒人歌唱起他们所生活的土地时,就以这样一座气势磅礴、雄伟无比

人文 朔州

应县龙首山生态旅游区

的大山为背景。就具体的地理位置而言，这样说未免有些含糊，但作为诗的形象，一开始就呈现出强大的气势和力量。接下去，诗人又给我们描绘了一幅苍茫辽阔的图卷：在一望无垠的大草原上，满眼青绿，无边无际地延伸开去，只有那同样辽阔的天宇，如同毡帐一般从四面低垂下来，罩住浩瀚的草原。如此风光，使人心胸开张，情绪酣畅。

在江南，山岭起伏，河流曲折，植被丰富多彩，景观充满细微的变化，人的注意力，也就容易被一山一水，甚至一草一木所吸引，形成细腻的审美感受，关注于色彩与线条的微妙韵味。而在北方，特别是在大草原上，自然景观是单纯的，色彩和线条也没有多少变化。由于缺乏可供细细观赏的东西，于是抬眼就望到天际，开口就是粗豪的调子。

这里面还有一种不易察觉的因素在起作用。草原上的人，是没有土地私有观念的。他们逐水草而居，天地之间，凡可放牧的地方，都可以视为自己的家。即使由于习惯，由于不同的种族分别占有了各自的疆域，他们的活动也有一定范围，这范围也决不像农业地区、尤其是江南地区人们日常活动的范围那么狭小：一座村庄、几所房屋、若干亩土地。在视界里，牧民的"家"仍旧是无边无际的。这种生活，培养了草原上人们自由豪放的性格，也培养了壮丽的美感。他们不会像江南人那样，歌唱小小荷塘里娇艳的莲花，村头路旁婀娜的柳丝；在他们的感觉中，敕勒人共同拥有着望不到尽头的大山，望不到尽头的河流，望不到尽头的草原，而天恰似"穹庐"（现在所说的蒙古包），笼盖着他们共同的"家"，他们便讴歌这样的"家"。

257

印象 朔州

"天苍苍，野茫茫"，仍然以浑浑浩浩的笔调写景，但这已经是为下一句作背景了。"风吹草低见牛羊"是画龙点睛的一笔，我们看到在苍苍茫茫的天地之间，风吹拂着丰茂的草原。时而在这里，时而在那里，露出遍地散布的牛群和羊群。画面开阔无比，而又充满动感，弥漫着活力。诗没有写人，但读者不会不意识到那遍布草原的牛羊的主人——勇敢豪爽的敕勒人。他们是大地的主人，是自然的征服者。只有他们，才能给苍茫大地带来蓬勃生机，带来美的意蕴。在诗中，我们不但感受了大自然的壮阔，而更重要的，是感受了牧人们宽广的胸怀和豪迈的性格。那是未被农业社会文明所驯服、所软化的充满原始活力的人性。

在文明发展的过程中，人不断得到新的东西，也不断失去原有的东西。因而，就像成年人经常回顾童年的欢乐，生活在发达的文明中的人们，常常会羡慕原始文明的情调。《敕勒歌》在重视诗的精美的中国文人中，也受到热烈的赞美，原因就在于此吧。前些年，电影《红高粱》大放异彩，歌坛"西北风"劲吹不息，也是类似的现象。但是，当江南人向往草原的壮阔的时候，草原上的人们又何尝不向往江南的温媚？人类的生活极其丰富，美感也同样是丰富的。最可厌的态度，就是在各种不同的艺术风格之间，随意拿一种来否定另一种。

一个著名的传说也许可以稍微弥补这一遗憾：据说，在公元646年，统治中国北部的东魏和西魏两个政权之间爆发一场大战，东魏丧师数万，军心涣散。主帅高欢为安定军心，在宴会上命大将斛律金唱《敕勒歌》，群情因之一振。这个故事令人想像：《敕勒歌》的歌声，该是多么雄壮豪放？又据史书记载，这首歌辞原是鲜卑语，很早就译成了汉语。但斛律金是敕勒族人，他应该会用敕勒语唱。大约因为东魏贵族多为鲜卑人，他才用鲜卑语演唱。也就是说，这首古老的歌辞，是经过了两重翻译的。那么，最初的歌辞又是什么样的？真是令人神往。

凭吊王家屏墓

夏天，一个星期天的下午，我们驱车去河阳堡凭吊王家屏之墓。

王家屏墓位于河阳堡村南，地处桑干河畔九龙湾边的一片林子里。如果不是一位正在田间劳作的农民朋友的指点，我们真不敢想这如此渺小、如此平庸、如此荒凉而孤独的几堆黄土、几个墓穴，就是有"三代帝王师"之称的明代内阁首辅、卓越的政治家、让山阴人倍感骄傲的王家屏的墓地。

历史记载，王家屏墓占地30多亩，建于明泰昌年间。当年的辉煌我们想象不出来，史书上记载的石羊、石虎、石人、石望柱、石碑也不翼而飞，除了几块裂为两截的断碑外，能看到的就是微微隆起的围墙遗址。墓穴里是几块厚重的棺木，有人说是王夫人之墓，里面长着野草，草有半人高。人为的破坏，早已辨不清楚墓的方

王家屏墓地

人文 朔州

王家屏父亲王宪武墓

向,只是在墓的一侧,稳着一块墓碑的碑座,规范着墓堆的坐向,墓堆坐北面南,这是肯定的。真正的王家屏老先生是否葬于这里还没有一个准确的答案。有人说在附近的桑干河中心,有人说陪万历皇帝葬于十三陵……这里见到的,就是苍茫的野草和潺潺的桑干河水。

我们绕着墓地走了一圈,实在是找不到什么可凭吊瞻仰的,围墙遗迹外茂密的白杨林的装点,让人或多或少的产生一种感悟,产生一种特定的心理和怀旧,这就是身临其境而触景生情。

王家屏之墓既不庄严,又无气氛,像一座荒坟,孤寂而冷清。农民朋友介绍,早些年农业学大寨,搞农田基本建设,把墓地刨了个千疮百孔,现在是遍体鳞伤。我们看到,一代名相的墓地,有牧童踩下的条条小路,被破坏的墓穴内,有人攀援的痕迹,有野兔的洞窟,有偶尔惊跑的黄鼠……

此情此景,令我们无言以对。选一阴凉处坐下,发一番思古之悠情。确实,世上的人奇怪又可悲,活着时辉煌一时,风流一阵,死后却被一堆黄土掩埋。任凭秦皇汉武、唐宗宋祖……没有谁能阻止。

想那安息400余年的王家屏先生,天赋聪颖,才思敏捷,官至东阁大学士、吏部左侍郎。以他为镜,想我辈苟活,岂能因一时青云而生骄,或因争多论少而不平;人生苦短,草木一秋,谁也无法主宰永恒的历史,亘古的自然。我在想:历史的风烟,掩盖了一段岁月的记载;几百年之后的人记起历史是清晰的、骄傲的,然而,又有谁去关注这几个残败的土堆?

259

印 象 朔 州

朔州市民福东街夜景

游乐朔州

游乐朔州

印象朔州

吃在朔州

七里河公园啤酒长廊

餐饮业作为经济的一个重要组成部分,它不仅肩负着供应市民、国内外宾客、在朔人员的饮食需求,而且是向全国展示朔州精神文明、物质文明和悠久的历史文化的窗口。朔州餐饮业的发展带动各个相关产业的发展与进步,每年向社会提供大量的就业机会,是社会再分配的一个重要环节,更是社会稳定、经济繁荣的直接体现。餐饮业也是朔州消费需求中发展速度最快、增长幅度最高的行业,整体发展呈现网点数量剧增、企业规模不断扩大、市场迅速扩张的态势。

美食街上美食多

平朔北路

位于朔州市中心繁华区,与振华街、民福东街、女人街等城市干道连成一体。交通便利,四通八达,是一条以餐饮为主体,集休闲、购物为一体的特色商业街。

美食街全长668米。街道建筑充分体现以人为本的设计理念,建筑典雅、精美、高贵气派,南入口处面对女人街,街心文化广场宽敞明丽,北口东西分别通达平朔生活区与振华东街,全街设2个停车场,成为朔州一道靓丽的城市风景线。

游乐朔州

朔州美食街内有66家经营户，其中40家经营餐饮业。这里汇聚来自全国各大菜系的美味佳肴和受人喜爱的地方土菜。另有酒吧、茶楼、洗浴、足疗吧、休闲网吧等服务设施，所有的一切营造出一个经典、欢乐的饮食休闲王国。街内有焕发青春的老店川渝老鸭汤、满福楼包子店等；有全国知名连锁店阿瓦山寨、七十二行等；平鲁莜面馆、山阴粗粮馆等本地菜馆也锦上添花。每当华灯初上，街面人流如潮，车水马龙；餐馆霓虹闪烁，觥筹交错。

老字号满福楼包子店

据不完全统计，美食街日平均人流量2万余人次，车流量1000余辆次，提供就业岗位1000余个，餐饮营业额合计约10万元。

古北街

古北街在朔州人过去的印象中，是一条有点乱糟糟的大众小吃街。人们不会忘记这里的大饼和油条。现在经过一番精心改造，古北街彻底地改头换面了，路中心已经没有了以往的行人以及商贩的喧嚣，取而代之的是街道两旁各色的风味餐馆和小吃店。大部分店面沿街一面都镶上了透明的落地玻璃，从街上可以清楚地看见店内的情景。

虽然古北街改变了很多，但是其大众化的消费水准却依旧未变，一家店面颇好的中餐厅竟有3元、5元的菜价，优雅的环境和普通的消费使得古北街越来越被人们所青睐。

中西荟萃风味全

朔州餐饮市场中西特色荟萃，品种齐全。有以满福楼为代表的包子，以阿瓦山寨、七十二行、香辣虾为代表的川菜，以祝家庄生态园为代表的绿色风味，以豪门鲍府为代表的海鲜风味，以华宝和府南小吃为代表的朔州小吃，吸引了大量的中外游客。此外，大量的外地餐饮风味汇聚朔州，川、鲁、淮、粤、湘、东北、湖北、陕西、贵州、杭州、特色菜系和风味应有尽有，不胜枚举。少数民族美食，如新疆、内蒙等地区特色佳肴也斗艳朔州。国外餐饮名牌纷纷落户朔州。美国快餐肯德基、加州牛肉面、德克士，意大利的丝丝物语，巴西烤肉等门庭若市。此外，还出现了大量的酒吧、茶楼、主题餐厅、休闲餐厅等，引发了新的饮食时尚，给朔州餐饮市场注入了无限活力。

古北街夜市

印象朔州

七十二行酒楼

消费观念与消费结构转变对朔州餐饮业迅速发展起到至关重要的作用，朔州居民餐饮消费与年俱增。在外用餐，减轻家庭劳动，节约时间已经成为40岁以下人群的餐饮消费习惯。

中 餐

在选料上，由于我国多数人在饮食上受宗教的禁忌约束较少，而人们在饮食上又喜欢猎奇，讲究物以稀为贵，所以中餐的选料非常广泛，几乎是飞、潜、动、植，无所不食；原料加工上，中餐厨师非常讲究刀工，可以把原料加工成细小的丝、丁、片、末等，烹调上，中餐做菜一般使用的圆底锅、明火灶非常适宜炒菜，所以中餐炒的烹调方法非常多，朔州则以大众口味的川菜、晋菜为主；口味上，中餐菜肴大都有明显的咸味，其中包括湘、晋、鲁、粤等，并富于变化，多数菜肴都是完全熟后再食用；主食上，中餐有明确的主、副食概念，主食有米、面等多种制品。

特别推荐：

阿瓦山寨风情美食街
地址：朔州平朔北路　　15534932229

萨日娜奶茶
地址：古北街中段　　　13934975165

香港开口乐饺子
地址：朔州振华街　　　13934836312

关东饺子楼
地址：朔州振华街　　　13994941477

七十二行
地址：朔州平朔北路　　6680444

飘香楼香辣虾
地址：朔州平朔北路　　13934912681

满福楼包子铺
地址：朔州平朔北路　　2280673

灶王爷炖鱼王
地址：朔州平朔北路　　13546089924

麻辣鱼一绝
地址：朔州平朔北路　　13044444244

香港开口乐饺子馆

西 餐

西餐这个词是由于它特定的地理位置所决定的。"西"是西方的意思，一般指欧洲各国。"餐"就是饮食菜肴。通常所说的西餐主要包括西欧国家的饮食菜肴，当然同时还包括东欧各国、地中海沿岸等国和一些拉丁美洲如墨西哥等国的菜肴。而东南亚各国的菜肴一般统称为

264

游乐 朔州

东南亚菜，但也有独为一种菜系的，如印度菜。西餐一般以刀叉为餐具，以面包为主食，多以长形桌台为台形。

西餐的主要特点是主料突出，形色美观，口味鲜美，营养丰富，供应方便等。

西餐大致可分为法式、英式、意式、俄式、美式、地中海式等多种不同风格的菜肴，不同国家的人有着不同的饮食习惯，有种说法非常形象，说"法国人是夸奖着厨师的技艺吃，英国人注意着礼节吃，德国人喜欢痛痛快快地吃……"朔州主要体现在美式和意式西餐。

> 特别推荐：
> 朔州豪门吉品鲍府
> 地址：开发区招远路2号
> 电话：13403490990

涮 锅

涮羊肉，又称"羊肉火锅"，始于清初，满族入关后兴起。早在18世纪，康熙、乾隆二帝所举办的几次规模宏大的"千叟宴"，内中就有羊肉火锅。后流传至市肆，由清真馆经营。《旧都百话》云："羊肉锅子，为岁寒时最普通之美味，须于羊肉馆食之。此等吃法，乃北方游牧遗风加以研究进化，而成为特别风味。"公元1854年，北京前门外正阳楼开业，是汉民馆出售涮羊肉的首创者。其切出的肉"片薄如纸，无一不完整"，使这一美味更加驰名。

上岛咖啡

> 特别推荐：
> 乐哈哈火锅店
> 地址：古北街中段
> 电话：13934946469

> 特别推荐：
> 丝丝物语比萨
> 地址：朔州振华东街
> 电话：15834322101
>
> 上岛咖啡
> 地址：朔州振华东街
> 电话：2050785

海 鲜

海鲜多指海味，中国就有"山珍海味"之说。

朔州豪门吉品鲍府

印象朔州

烧烤

新石器时代至先秦时，烤与炙、燔、烧是相同的。随着烹饪的进步，虽然出现了水烹、油烹法，但烤法并没有消失，还多了许多花样。发展至今，已有了白烤、泥烤、糊泥烤、串烤、红烤、腌烤、酥烤、挂糊烤、面烤、叉烤、钩吊烤、箅烤、明炉烤、暗炉烤、铁锅烤、烤箱烤、竹筒烤、篝火烤等多种多样的烤法，显示出烧烤的美味，对于人们来讲是具有极大的诱惑力和吸引力。

> **特别推荐：**
> 巴西烤肉
> 地址：平朔北路中段

快餐

快餐是一种预先做好的能够迅速提供顾客食用的饭食，如汉堡包、盒饭等。又叫盒饭。港台一带多译作速食、即食、便当等。而消费者对快餐的理解也是多种多样的，远不止外来语原意所能包容。但无外乎这么几点，即快餐是由食品工厂生产或大中型餐饮企业加工的，大众化、节时、方便，可以充当主食。快餐以明快、方便、节约的生活方式走进了千家万户，并因此出现了"快餐文化"和"速食主义"。

> **特别推荐：**
> 肯德基
> 地址：金龙街中段
> 美国加州牛肉面
> 地址：金龙街南端

> 东方削面馆
> 地址：平朔北路 古北街
> 包尔发蛋糕店
> 地址：朔城区六完小南100米路西
> 电话： 2089182

绿色特色总相宜

绿色餐饮

所谓"绿色餐饮"，它可以理解为运用安全、健康、环保理念，坚持绿色管理，倡导绿色消费，以维持生态的平衡性和资源的可持续利用性。因此，"绿色餐饮"不仅仅要求食物本身的天然与营养，还要求食物的生产和消费过程的绿色环保。对于餐饮企业来说，它应当保证食品生产与服务过程的绿色化。

> **特别推荐：**
> 祝家庄生态园
> 地址：朔神大道
> 电话：13994909802
> 粥鼎记
> 地址：朔州平朔北路
> 电话：13834409994

祝家庄生态园

游乐 朔州

特色餐饮

粗粮细做是朔州特色餐饮的又一大特点，精明的主妇们多把莜面、荞面、豆面、粉面、糕面等各色小杂粮相互掺和，做出各种色香味俱全的营养餐来。平鲁莜面、山阴鸡肉炖黄糕、右玉的盐煎羊肉、怀仁的羊杂、应县的凉粉和朔城区的粉浆都是当地特色餐饮的代表。

平鲁粗粮馆

> **特别推荐**
>
> **十里地莜面村**
> 地址：朔州市古北街
>
> **山阴粗粮馆**
> 地址：朔州平朔北路
> 电话：13293980707
>
> **平鲁粗粮馆**
> 地址：朔州平朔北路
> 电话：13834428809

鲁羊肉串"、"怀仁羊杂"、"朔县兔头"、"右玉羊拐弯"、"山阴土豆排骨"等等。

朔州小吃之有名，还在于口味之丰富。

朔州小吃味特别多，是其他地方小吃所不能比拟的，常用的口味就有香甜、咸甜、红油、怪味、家常、麻辣、糖醋、蒜泥等十余种，而每一种口味针对不同的品种又各有不同的使用方法和变化。

朔州的夜市集中在府南区与华宝巷内，位于古北街和府南区街道交界处，紧邻飞马广场中心区，地理位置十分优越，尤其吸引初来朔州的外地食客。

夜市小吃

朔州小吃历史悠久、品种繁多，富有浓厚的地方特色。

从各色面食到馄饨、水饺；从黄糕油糕到温粉凉皮；从杂粮主食到稀饭羹汤；从锅煎油烙到蒸煮烘烤，堪称花色品种琳琅满目，甜咸酸辣各味俱全。

朔州小吃还包括一些肉类食品：如"平

府南夜市

印象朔州

住在朔州

平朔宾馆

朔州共有星级酒店12家，其中五星级宾馆2家（在建）；四星级宾馆5家，其中2家在评；三星级宾馆3家，二星级宾馆2家，社会旅馆200余家。

重点酒店介绍

平朔宾馆　　服务等级★★★★

平朔宾馆座落在平朔煤炭工业公司生活区内，所处地理位置优越，交通十分便利。是一家集客房、餐饮、健身、娱乐及商务会议为一体的四星级涉外宾馆，始建于1985年，占地14万平方米，拥有总统套房1间、豪华套房4间、普通套房15间、单人间10间、标准间77间，另有西式别墅36栋，共有床位360个。宾馆内设有宴会厅和自助餐厅以及豪华包间12个，共有餐位300个。另设有大、中、小型会议室4个。健身中心设有歌舞、洗浴、游泳、健身和美容美发等多个服务项目。平朔宾馆接待过数十位党和国家领导人及几十位国家部委官员，是国家旅游饭店协会会员单位。更是团体聚会、旅游观光、商务洽谈、宴请宾朋的理想场所。

地址：朔州平朔生活区

电话：2052396

圣厚源大酒店　　服务等级☆☆☆☆

圣厚源大酒店是朔州一家按涉外四星级酒店标准投资兴建的豪华准四星级酒店，由专业酒店管理公司管理，位于朔州市开发北路安泰街2号，酒店北侧楼2-7层为客房区域：共拥有194间（套）各式豪华客房。包括总统套房、豪华商务套房、商务单间、标准间、三人房间、经济间。客房装饰豪华典雅，装修材料均使用绿色环保型装修材料。免费的中西式早餐及送餐、洗衣服务。南侧楼1-2层为酒店中餐厅、桑拿、迪吧、KTV、商务中心。酒店拥有大型停车场，可同时容纳100辆汽车整齐有续的停放。

地址：朔城区开发北路安泰街2号

电话：2170588

圣厚源大酒店

游乐 朔州

亿隆大酒店

亿隆大酒店　　服务等级★☆☆☆

亿隆大酒店是一家按照四星级修建标准兴建的豪华型商务酒店,酒店设有各类豪华舒适的客房122套,房型齐全,温馨舒适,酒店拥有独特的餐饮文化,设有精致典雅的中餐厅与时尚高雅的西餐厅。中餐厅可同时容纳约1000人用餐,并设有32个幽静专属的贵宾包房,能容纳640位客人。

地址:朔城区开发北路19号

电话:8189999

特别推荐:

万通源大酒店　★★★★☆

地址:朔城区开发北路68号

电话:2163601

海苑大酒店　★☆☆☆

地址:朔城区民福东街大运高速路口

电话:5668888

东易大酒店　★☆☆☆

地址:朔城区市府西街

电话:8808888

怀仁国益大酒店　☆☆☆☆

地址:怀仁县世纪大道与长征路交汇处

电话:3058888

光华大酒店　★★★

地址:朔城区民福东街

电话:2168188

渤海湾大酒店　★★★

地址:朔城区开发南路

电话:8181666

印象朔州

应县国利大酒店	★★★	朔州供电大酒店	☆☆
地址：应县塔西街1号		地址：朔州古北街	
电话：5034098		电话：2089588	
天锦苑大酒店	☆☆☆	朔城宾馆贵宾楼	☆☆
地址：朔城区市府东街		地址：朔城区政府后院	
电话：6180158		电话：2037555	
锦江阳光假日酒店	☆☆☆	平鲁宾馆	☆☆
地址：朔州振华西街		地址：平鲁区平阳街政府大楼东侧	
电话：6888881		电话：6961999	
应县金城宾馆	★★	山阴县洪涛度假山庄	☆☆
地址：应县新建南路18号		地址：山阴县森林公园西北角	
电话：5022013		电话：70628888	
山阴佳联大酒店	★★	玉林苑	☆☆
地址：山阴同太北路		地址：右玉东街右玉县委对面	
电话：7075222		电话：8030338	

万通源大酒店

光华大酒店

游乐朔州

行在朔州

朔州是一个现代化气息很浓的城市,交通道路发展相当迅速。北同蒲铁路电气化复线、大运高速公路、大运二级公路和神朔铁路、朔黄铁路、平万铁路、朔蔚公路纵横境内,构成了四通八达的交通网络。整个朔州市通车里程达4805公里,每万人拥有公路量位全省第一,等级公路全省第二,乡镇油路通达全省第一。

有了贯穿东西南北的路,交通自然十分便利。有至大同、北京、忻州、太原的火车、汽车;至西安、洛阳、呼市的汽车。从这里去任何一个目的地,都有方便快捷的交通工具。

行在周边

山西汽运集团朔州汽车运输有限公司客运北站,位于朔州市开发区文远路东侧,占地面积90亩,候车厅1661平方米,站前广场3789平方米,停车场14511平方米,发车位15个,停车位130个。共开通省内线路16条,其中县级线路4条。平均每天发送班次125班次,输送旅客能力达4000余人次。

汽车北站

印象朔州

服务链接：

朔州—应县	90公里	中巴	8：40—17：40	票价25元

旅游小贴士：可游应县木塔、应县龙首山文化园、山阴古城乳业生产园区景区

| 朔州—山阴 | 47公里 | 中巴 | 7：30—18：40 | 票价13元 |

旅游小贴士：可游旧广武古城、广武汉墓群、明内长城景区

| 朔州—怀仁 | 95公里 | 全顺 | 8：10—18：00 | 票价30元 |

旅游小贴士：可游金沙滩生态旅游区、永宁寺、清凉山景点区

| 朔州—右玉 | 120公里 | 大巴 | 7：30—18：30 | 票价31元 |

旅游小贴士：可游杀虎口、小南山、苍头河、明代古长城、右卫古堡、古广义桥、西口古道景区

其他链接：

朔州—北京	500公里	大巴	8：00	20：00	票价150元	汽车南站
朔州—西安	900公里	大客	9：00	19：00	票价204元	汽车南站
朔州—包头	579公里	大客	6：30		票价100元	
朔州—呼市	323公里	大客	6：30		票价75元	
朔州—太原	230公里	大巴	7：00	19：20	票价70元	
朔州—忻州	147公里	大巴	9：10 11：30 13：30 15：00			
朔州—大同	115公里	金龙	7：20	18：30	票价40元	
朔州—阳泉	320公里	大巴	9：00（单日发）		票价70元	
朔州—广灵	190公里	大巴	7：50		票价48元	
朔州—灵丘	220公里	大巴	7：20		票价53元	
朔州—浑源	150公里	大巴	10：00 11：30 13：00			
朔州—左云	130公里	中巴	11：20		票价35元	
朔州—天镇	240公里	中巴	13：30		票价40元	
朔州—十二矿	150公里	中巴	9：20 10：40		票价30元	
朔州—新平旺	120公里	中巴	13：10		票价28元	
朔州—杏儿沟	150公里	中巴	12：00		票价30元	

飞机火车汽车票预订

机票预定

飞马旅行社售票电话：0349-020131

地址：朔城区马邑文化广场东2楼8号

火车站售票电话：0349-057962
　　　　　　　　0349-057462

地址：朔州市朔城区迎宾路

汽车站售票电话：0349-185422（主发本市县城、太原、大同等省内车辆）

地址：朔州市开发区长途汽车北站

汽车站售票电话：0349-076738（主发北京、呼市、包头等省外车辆）

地址：朔州市朔城区迎宾路

游乐 朔州

朔州火车站列车时刻表（发布时间：2009年7月5日）

车次	始发站	终点站	车辆类型	发站	发时	到站	到时	停站	历时
4629	大同	朔州	普快	大同	7:15	朔州	9:09	3	1:54
2462/2463	包头	临汾	普快	朔州	1:09	临汾	9:39	23	8:30
L7801	大同	太原东	普快	朔州	1:36	太原东	6:12	9	4:36
2464/2461	临汾	包头	普快	朔州	2:40	包头	11:24	23	8:44
1676/1673	西安	包头	普快	朔州	3:05	包头	12:20	29	9:15
2602/2603	秦皇岛	临汾	普快	朔州	8:29	临汾	17:12	33	8:43
K891/K894	大同	杭州	空调快速	朔州	9:27	杭州	14:07	25	28:40
K7807	大同	运城	空调快速	朔州	10:52	运城	20:44	17	9:52
6833	大同	岢岚	普慢	朔州	11:07	岢岚	14:26	12	3:19
1140/1137	沈阳北	太原	普快	朔州	11:33	太原	15:50	26	4:17
2672	西安	大同	普快	朔州	13:24	大同	15:31	19	2:07
L7802	太原	大同	普快	朔州	15:37	大同	17:20	5	1:43
K7808	运城	大同	空调快速	朔州	16:57	大同	18:43	15	1:46
4630	朔州	大同	普快	朔州	18:11	大同	20:00	3	1:49
6834	岢岚	大同	普慢	朔州	18:20	大同	21:12	12	2:52
2671	大同	西安	普快	朔州	18:33	西安	9:05	18	14:32
2604/2601	临汾	秦皇岛	普快	朔州	19:21	秦皇岛	10:14	31	14:53
1138/1139	太原	沈阳北	普快	朔州	19:44	沈阳北	15:32	29	19:48
1674/1675	包头	西安	普快	朔州	19:57	西安	10:27	27	14:30
K892/K893	杭州	大同	空调快速	朔州	20:26	大同	22:24	24	1:58

行在市内

市内行首推的交通工具为市内公交车。市内公交车有8条线路（票价1元），贯穿在朔州的各主要街道。

北站停车场

印象 朔州

服务链接

2路 永信商场————东榆林 途经综合商厦、邮电大楼、新华书店、华兴文化广场、市人寿保险、市总工会、文化活动中心、人民银行、宾都购物、西易集团大楼、中心广场、七里河大桥、博物馆、市移动、市网通、市一中、体育广场、市财政局、地税大酒店、市体育局、高速路、二级路

小贴士：可游七里河公园、中心广场，还可到宾都购物。

5路 鄯阳街西口————神头电厂 途经区公安局、区人民医院、燕来商场、美联购物中心、丽源商厦、烟草宾馆、区交通局、区一中、电力大酒店、综合商厦、邮电大楼、新华书店、华兴文化广场、人寿保险、市总工会、文化活动中心、人民银行、宾都购物、西易集团大楼、中心广场、七里河大桥、博物馆、市移动、市网通、市一中、体育广场、市农业银行、民福小区、亿隆大酒店、天伦俱乐部、万通源大酒店、军分区、圣厚源大酒店、市水利局、市气象局、市二中、市交警队、耿庄、小平易、元子河煤运站、张家口、水泥厂、大洼、山西燕京啤酒厂

小贴士：可游古城墙公园、崇福寺、旧城老街、七里河公园，还可到美联购物

汽车南站

6路 北关小康村————朔州客运北站 途经区公安局、区人民医院、燕来商场、美联购物中心、丽源商厦、烟草宾馆、区交通局、区一中、电力大酒店、综合商厦、区网通、新华书店、华兴文化广场、人寿保险、市总工会、文化活动中心、人民银行、宾都购物、西易集团大楼、中心广场、七里河大桥、博物馆、市移动、市网通、市一中、体育广场、市农业银行、民福小区、亿隆大酒店、天伦俱乐部、万通源大酒店、军分区、市第一人民医院、市国土资源局、市安监局、市地税局、百福超市、市体育局、开发区

小贴士：可游七里河公园、中心广场，还可到宾都购物、去百福超市附近买特产

7路 南门————神头电厂 途经商贸城、市联通、玉百商厦、永信商场、永和商场、综合商厦、新兴服务楼、占卫家具广场、东关菜市场、杨涧、木寨、大新火车站、祝家庄（周庄）、神头火车站、省电建二公司

小贴士：可到祝家庄生态园享受美食、去神海湿地、三泉湾情趣旅游

8路 农校————平朔生活区 途经马邑南路、美联购物中心（丽源商厦）、烟草宾馆、区交通局、区一中、电力大酒店、综合商厦、

汽车北站安检口

游乐 朔州

新兴服务楼、火车站、综合商厦、区网通、新华书店、华兴文化广场、人寿保险、市总工会、文化活动中心、人民银行、宾都购物、西易集团大楼、中心广场、文化艺术中心、市汉墓博物馆、市移动分公司、市联通分公司（原市网通）、体育广场（市一中）、市农业银行、民福小区、亿隆大酒店（天伦俱乐部）、万通源大酒店、朔州军分区、市第一人民医院

小贴士：可到马邑路逛精品服饰店

9路　新星学校－－－－区六中　途经盐业公司、金沙园小区、豪德商贸广场（区第八小学）、幸福家园小区、金源泰装饰城、朔州师范（市公安局）、市消防大队（区第六小学）、人口大楼、政务大厅、广场、占义学校、市三医院、瀛湖小区、汇诚电冶热电、明华钢材市场、区消防队、占卫家具广场、海宸大厦（区第七中学）、迎宾街路口（火车站）、综合商厦、永信商场、联通公司、商贸城、南桓街东路口、南门口

小贴士：可到市内最大的装饰城、家俱城考察装潢材料，选择时尚潮流的家俱

11路　炭素厂－－－－二级路　途经区三中、商贸城、市联通、玉百商厦、永信商场（永和商场、综合商厦）、电力大酒店、区一中（区交通局）、烟草宾馆、美联购物中心（丽源商厦）、燕来购物、金龙池会馆、城区地税、区第六小学（华宇宾馆）、人口大楼、政务大厅、（工商局、市建设局）、广场（市政府）、文化艺术中心、市汉墓博物馆、市移动分公司、市联通分公司（原市网通）、体育广场（市一中）、市农业银行、民福小区、亿隆大酒店（天伦俱乐部）、万通源大酒店、圣厚源大酒店、市自来水公司（市农业局、市林业局、市人才交流中心、市畜牧局、市园林局）、市气象局、市二中

小贴士：可去朔州最大的小商品批发地商贸城购物、游览崇福寺及环古城墙公园

北环　火车站－－－－客运北站　途经新兴服务大楼、综合商厦、邮电大楼、电力大酒店、区一中、区交通局、烟草宾馆、北关路、市供电公司、区五中、文化活动中心、人民银行、区四中、占卫家俱城、神朔路口、大运高速立交桥、经济开发区、朔州客运北站

小贴士：可以到客运北站、火车站

您如果觉得坐公交车太麻烦时，可以换乘另一交通工具－－－－出租车。利民出租公司成立于2001年7月，现有车辆431辆，主营城市出租客运。利民的特色经营是每一辆车内都装有GPS定位监控系统，很好的保护乘客的安全；开通24小时叫车服务电话。

小　贴　士：起步价为3元／公里，超过1.2元／公里。

服务电话：6602777

其他链接

朔州市达维汽车出租有限责任公司

地址：建设路17号　　　电话：2077777

朔州市中宇出租车有限公司

地址：民福西街　　　电话：2098000

汽车北站候车大厅

印象朔州

游在朔州

位于杀虎口旁的康熙大营

朔州,意为北方之州。这里有世界上现存最高、最古老的纯木结构佛塔————应县佛宫寺释迦塔,里面供奉的两颗佛牙舍利更是佛家圣物,无价之宝。有全国罕见的以减柱建筑艺术著称的朔城区崇福寺,集唐、宋、辽、金各代建筑、塑雕、文物于一堂,气势宏伟,古朴典雅,是中国建筑史上的杰作。有"小五台"之称的清凉寺。

朔州地处塞外,雄关林立,境内的边塞古军事文化资源异常丰富。其中扼三关而控中原的险关重塞杀虎口,是历代王朝抵御北方游牧民族侵扰的第一要冲,西口古道拓开了中原与草原的通商之路,晋商巨富由此而崛起,黄金商路由此而发端,而"走西口"的悲歌也由此唱响。千余年来,战争的锤炼,商业的浸润,民族的交融与发展,使之形成一道淳厚质朴、粗犷豪放、独具魅力的西口文化景观。再加上右玉县小南山公园、苍头河生态走廊,蓝天白云,林海茫茫,莺歌燕舞,流水潺潺,山水辉映,天树一色的壮丽自然景观,生态文明承载着厚重隽永的历史文化,为您打造体验大自然、重温走西口的休闲度假胜地。境内还有明代著名的军事防卫体系旧广武辽城,掩埋汉代屯军将士遗骸的汉墓群和象征华夏文明的明代内外长城,宋代杨家将浴血抗辽的金沙滩,尽显边塞风光的苍茫悲壮。当你的脚踩在朔州这片土地上,耳旁回响起这凝聚着千年光阴的名字,眼里看到的已不是风景,而是古人的情怀。

朔州市还是一座新兴的、充满生机和活力的工业城市,有现代文明的辉煌成果,如平朔露天煤矿、神头电厂和古城乳业。有全国首批爱国主义教育基地李林烈士陵园、朔州市烈士陵园为代表的红色旅游基地。

基本线路游

市内游

朔州一日游

平鲁南山文昌塔——右玉杀虎口——南山森林公园——苍头河生态一日游

早乘车出发,前往平鲁南山文昌塔景区;右玉杀虎口长城旅游区:赏文物、登长城,途中穿越明洪武年间修的古城右卫城;南山森林公园:参观知春亭、右玉丰碑、九个主题花园、人工湖、民俗展馆、鹿园等景区。山无头,水倒流,人们

修复后的杀虎口城墙

游乐 朔州

崇福寺千佛阁

早乘车出发,游览崇福寺,赴应县游览"神州第一塔"应县佛宫寺释迦木塔,瞻仰塔内多年秘藏之佛祖释迦牟尼真身遗骨佛牙舍利;参观建于五代后唐、以大雄宝殿藻井雕工精美华丽闻名全国的国家一级文保单位净土寺;游览建于当年杨家将血战抗辽古战场之上、以杨家将主题景点仁和殿、点将台、八卦阵、崇国寺等著名的金沙滩生态旅游区;游素以北方清凉胜境闻名遐迩的生态胜境清凉山生态景区,矗立山巅的辽代华严寺砖塔堪称古今中外砖塔中罕见之佳作。之后返回朔州,结束愉快的行程。

朔州二日游

第一日:崇福寺——小南山、苍头河——杀虎口——怀仁。抵达朔州市之后,首先游览位于朔城区东大街的崇福寺;之后往右玉县小南山、苍头河生态旅游区;游览完毕后前往杀虎口,之后赴怀仁。

第二日:金沙滩——应县木塔——雁门关——广武——市区。怀仁早饭后乘车前往金沙

称为右玉县的两大奇观:其中水倒流指的是右玉县的母亲河苍头河,不像其他河流那样东流或南流,而是向北流,流经内蒙古20公里入洪河,又转向南入黄河。

塞上草原——苍头河——杀虎口古堡——杀虎口长城一日游

领略塞北草原风光,远观死火山————牛心山,领略右玉县的母亲河苍头河美景,后赴杀虎口古堡参观明古堡、古桥,重走西口古道。

崇福寺——应县木塔——怀仁金沙滩古战场——清凉寺一日游

苍头河秋

277

印象朔州

滩，凭吊杨家将；之后赴应县木塔参观；游览完毕前往雁门关、广武古长城、汉墓群、旧广武古城，后返回朔州市，结束行程。

朔州三日游

第一日：朔州接团，赴"天下九塞、雁门为首"的雁门关，尽览雄关遗风；后参观广武长城、旧广武古城和汉墓群。赴应县游览"神州第一塔"应县佛宫寺释迦木塔，瞻仰塔内多年秘藏之佛祖释迦牟尼真身遗骨佛牙舍利；参观建于五代后唐、以大雄宝殿藻井雕工精美华丽闻名全国的国家一级文保单位净土寺；赴怀仁游览建

净土寺

于当年杨家将血战抗辽古战场金沙滩生态旅游区；游素以北方清凉胜境闻名遐迩的生态胜境清凉山生态景区，矗立山巅的辽代华严寺砖塔堪称古今中外砖塔中罕见之佳作。

第二日：朔州出发赴右玉小南山，参观先锋林、青春园、双馨园、同根园、战友林、玉林湖畔民俗馆等风格各异的南山生态景区；北上游览天下奇观水倒流的苍头河生态胜景，奔杀虎口游博物馆、右卫古堡、古广义桥，重走名贯古今的西口古道，中陵湖垂钓，品美味，尽享山水

之欢，细品渔舟晚唱之乐。

第三日：右玉出发赴平鲁瞻仰爱国抗日英雄烽火侨女李林烈士陵园，游平鲁"映日文昌浴彩霞、神功峻极气势佳"的文昌塔，参观闻名中外的平朔露天煤矿工业旅游景区，返市区游览七里河公园，在中华门神尉迟恭像前合影留念，参观朔城区古城墙环城公园，游我国现存辽金时代规模最大三大佛寺之一的崇福寺，史载为唐代名将尉迟恭奉敕命特建之佛门古刹。

西口游

走西口六日游

第一天：太原接团，赴晋商发源地祁县参观民居之首、位于乔家堡村、别名在中堂的乔家大院，领略清代全国著名商业金融资本家乔致庸的宅第及其晋商雄风。之后参观"九塞尊崇第一关"、扼守中原大地的"南北锁钥"雁门雄关、广武长城、汉墓群、旧广武古城。

第二天：赴应县游"神州第一塔"应县佛宫寺释迦木塔，瞻仰释迦牟尼真身遗骨佛牙舍利；后赴佛教名山"清凉圣地"五台山，参观五台山最大的玉皇庙、菩萨顶；参观五台山标志——塔院寺大白塔；在传说最灵验的五爷庙进香许愿。

第三天：步行登黛螺顶，参拜五方文殊菩萨，午餐后返朔州市内游览全国最大的平朔露天煤矿工业旅游景区。

第四天：赴宁武游览芦芽山景区，参观宁武县城西50公里处的万年冰洞。这里海拔2300米，经中科院地质研究所洞穴专家现场考察认定此洞形成于新生代第四纪冰川期，距今约三百万年，故名万年冰洞。

第五天：赴右玉游览山西人走西口的重地

游乐 朔州

右卫古城

迦牟尼真身遗骨佛牙舍利；后赴佛教名山"清凉圣地"五台山，参观五台山最大的玉皇庙、菩萨顶；参观五台山标志——塔院寺大白塔；在传说最灵验的五爷庙进香许愿。

第三天：步行登黛螺顶，参拜五方文殊菩萨，午餐后返朔州市内游览全国最大的平朔露天煤矿工业旅游景区。

第四天：赴右玉游览山西人走西口的重地杀虎口、博物馆、明代古长城，领略边塞文化。游右卫古堡、古广义桥，重走西口古道。之后赴内蒙希拉穆仁草原，访问牧民家庭，观蒙古赛马、摔跤表演，之后体验祭敖包活动。晚餐后举行篝火晚会，观看蒙古族歌舞表演。

第五天：赴全国晋商重要集散和贸易目的地之一包头城，游响沙湾。它地处鄂尔多斯达拉特旗境内，距包头市以南50公里处，以沙漠景观和响沙奇观为主要特色，之后赴市内游览。

"走西口"四日游

第一天：太原接团，赴晋商发源地祁县参观民居之首、位于乔家堡村、别名在中堂的乔家大院，领略清代全国著名商业金融资本家乔致

杀虎口、明代古长城，领略边塞文化。游右卫古堡、古广义桥，重走西口古道。之后赴内蒙希拉穆仁草原，访问牧民家庭，观蒙古赛马、摔跤表演，之后体验祭敖包活动。晚餐后举行篝火晚会，观看蒙古族歌舞表演。

第六天：赴全国晋商重要集散和贸易目的地之一包头城，游响沙湾。它地处鄂尔多斯达拉特旗境内，距包头市以南50公里处，以沙漠景观和响沙奇观为主要特色，之后赴市内游览。

"走西口"五日游

第一天：太原接团，赴晋商发源地祁县参观民居之首、位于乔家堡村、别名在中堂的乔家大院，领略清代全国著名商业金融资本家乔致庸的宅第及其晋商雄风。之后参观"九塞尊崇第一关"、扼守中原大地的"南北锁钥"雁门雄关、广武长城、汉墓群、旧广武古城。

第二天：赴应县游"神州第一塔"应县佛宫寺释迦木塔，瞻仰释

金沙滩汉墓群

279

印象朔州

庸的宅第及其晋商雄风。之后参观"九塞尊崇第一关"、扼守中原大地的"南北锁钥"雁门雄关、广武长城、汉墓群、旧广武古城。

第二天：赴应县游"神州第一塔"应县佛宫寺释迦木塔，瞻仰释迦牟尼真身遗骨佛牙舍利、游怀仁金沙滩古战场、清凉山景区之后，游览全国最大的平朔露天煤矿工业旅游景区。

怀仁金沙滩生态旅游区

第三天：赴右玉游览山西人走西口的重地杀虎口、博物馆、明代古长城，领略边塞文化。游右卫古堡、古广义桥、重走西口古道。之后赴内蒙希拉穆仁草原，访问牧民家庭，观蒙古赛马、摔跤表演，之后体验祭敖包活动。晚餐后举行篝火晚会，观看蒙古族歌舞表演。

第四天：赴全国晋商重要集散和贸易目的地之一包头城，游响沙湾。它地处鄂尔多斯达拉特旗境内，距包头市以南50公里处，以沙漠景观和响沙奇观为主要特色，之后赴市内游览。

"走西口"三日游

第一天：太原接团，赴晋商发源地祁县参观民居之首、位于乔家堡村、别名在中堂的乔家大院，领略清代全国著名商业金融资本家乔致庸的宅第及其晋商雄风。之后参观"九塞尊崇第一关"、扼守中原大地的"南北锁钥"雁门雄关、广武长城、汉墓群、旧广武古城。

第二天：游"神州第一塔"应县佛宫寺释迦木塔，瞻仰释迦牟尼真身遗骨佛牙舍利；游怀仁金沙滩古战场、清凉山景区之后游览全国最大的平朔露天煤矿工业旅游景区。

第三天：赴右玉游览山西人走西口的重地杀虎口、明代古长城领略边塞文化，游博物馆、右卫古堡、古广义桥，重走西口古道，领略苍头河的生态风光。

周边游

朔州五台山两日游（古佛教游）

行程安排：

第一天：早朔州接团，游览崇福寺，然后乘车前往五台山游览；章嘉活佛道场——镇海寺、小布达拉宫——菩萨顶、青庙领袖寺庙——显通寺、五台山标志——塔院寺、佛教艺术殿堂——南山寺、佑国寺。

第二天：参观五台山香火最旺盛的寺庙——五爷庙（万佛阁），小朝台圣地——黛螺顶、文殊菩萨本庙——殊像寺，返回朔州。结束愉快的旅程。

芦芽山、杀虎口二日游

第一天：朔州广武高速出口接团，游览雁门关——"天下九塞，雁门为首。"登广武长城，

游乐朔州

特色自助游

桑干河源头科考

生态游活动范围以三泉湾、神头电厂、神头海、神头泉附近的湿地为主,这里也是著名的桑干河源头,水质及水资源条件良好,生物多样性丰富。

生态活动的内容主要以考察本区无脊椎动物、野生鱼类及各种水鸟为主,兼顾参观神头电厂、虹鳟鱼养殖场,并享用虹鳟鱼特色餐饮。

杀虎堡

游汉墓群、旧广武古城,后赴西口重地游杀虎口古堡、博物馆、长城,参观明古堡、古桥,重走西口古道。

第二天:赴宁武,游芦芽山、万年冰洞、汾河源头,下午返程。

走西口、芦芽山自然风光三日游

第一天:朔州广武高速出口接团,游览雁门关、广武长城、汉墓群、旧广武古城,后赴西口重地杀虎口,参观明古堡、博物馆、长城、古桥,重走西口古道。

第二天:赴应县,游应县木塔、怀仁金沙滩古战场、清凉山景区,后返朔州市内游览全国最大的露天煤矿。

第三天:赴宁武,游芦芽山、万年冰洞、汾河源头,下午返程。

太平窑水库观鸟

太平窑水库位于恢河、七里河交汇处,是恢河灌区的重要水利枢纽工程,也是北京重要水源地官厅水库的河系之一。由于地理位置特殊,

太平窑水库鸟群

太平窑水库是山西省鸟类迁徙的重要走廊。每年春、秋季节,大量的游禽类云集于此,形成独特的生态景观,是山西省开展鸟类学研究的重要基地。

本区位于朔州——太原高速支线,距朔州市仅13公里,交通十分便利,是观鸟及野生鸟类摄影生态旅游活动的绝好场所。

桑干河源头

印象朔州

薛家庄林地漫步

薛家庄林场始建于1960年，历史悠久，是山西省杨树丰产林实验局的重要组成部分。该林场有着广阔的苗木基地，植被多样性丰富，覆盖率高，特别是本区的成年杨树林枝叶茂盛，长势良好，为野生鸟类提供了适宜的栖息环境。

本区紧邻太平窑水库，交通便捷，可充分利用当地得天独厚的生态优势，在本区林间漫步、林间野营、生态旅游，同时本区也是林栖性鸟类摄影的良好场所。

薛家庄林场林间鸟语

天筑狩猎场狩猎

天筑狩猎场有限公司是天筑伟业科技发展（集团）有限公司投资山西生态旅游项目中的重要组成部分，狩猎场位于著名的右玉县杀虎口乡，平均海拔1400米，林草覆盖率47%，素有"塞上绿洲"的美誉。

这里空气清新，风光秀丽，植被条件良好，野生动物丰富，是开展休闲狩猎、森林旅游的良好场所。

打猎收获

天筑狩猎场

东榆林水库垂钓

东榆林水库垂钓

东榆林水库地跨朔城、山阴两区县，为桑干河管理局所属。水库由拦水坝蓄水而成，水面面积15平方公里，设计总库容6500万立方米，实际库容4800万立方米，是山西省省级风景名胜区，是国家级湿地风景名胜保护区。

东榆林水库是朔州市重要的水产品养殖基地，人工养殖的经济鱼类有鲢鱼、鳙鱼、草鱼等，

游乐 朔州

野生鱼类资源也十分丰富,是开展生态垂钓活动的理想场所。

龙须沟基地越野

龙须沟赛车场地处右玉境内,是我国目前设施较为齐全的摩托车、汽车越野赛专用赛场,曾举办过2006年、2007年全国短道汽车拉力赛以及2007年"嘉陵杯"全国越野摩托车锦标赛等国家一级体育赛事,被国家体育总局汽摩运动管理中心命名为"全国越野摩托车赛车基地"、"全国汽车短道拉力赛专用场地"。

龙须沟基地越野

资讯景区景点

应县木塔景区
地址:朔州市应县城内西北
票价:60元／人 佛牙瞻礼门票 800元／人
电话:5022162

崇福寺
地址:朔州市古城内东街北侧
票价:15元／人
电话:2023425

净土寺
地址:应县城内东北角
票价:免
电话:13834839023

清凉寺
地址:怀仁县何家堡乡悟道村西约五里远
票价:免
电话:3027560

山阴广武边塞文化景区
地址:山阴县张家庄乡(大运高速新广武出口)
票价:免
电话:6654109

怀仁金沙滩旅游区
地址:怀仁县城西南20公里
票价:免
电话:3027560

杀虎口旅游区
地址:右玉县城北35公里处
票价:免
电话:8062510

小南山森林公园
地址:右玉县城南2公里处
票价:免
电话:13934940908

苍头河生态走廊
地址:右玉县高墙框村西北1.5公里处
票价:免

印象朔州

电话：8021259

平朔露天煤矿工业旅游区

地址：朔州市朔城区与平鲁区交界处

票价：20元

电话：2052331

南山滑雪场

一、门票：免门票

二、雪具租用（雪鞋、雪橇、雪杖）价格

　　周一至周五，100元/人，全天不限时；

周六/日，120元/人，全天不限时；节假日，150元/人，全天不限时；

三、雪上飞碟（雪圈）租用价格

　　每个50元/小时，100元不限时；

四、滑雪服租用价格

　　每套30元/次；

滑雪计次卡只含雪具租用费，门票、雪圈、雪服、餐费等另计。

　　合家欢 6次卡，450元/张，合每次75元；

　　小聚会10次卡，700元/张，合每次70元；

　　大团圆20次卡，1300元/张，合每次65元；

开放时间：冬季全天

地　　址：右玉县南山森林公园东

电　　话：13903429078　　15835497788

点击旅行社

旅行社是旅游业的三大重要支柱之一，在旅游业发展中起着"龙头"作用。朔州市有15家旅行社，其中，经营国际出入境业务的1家。

朔州飞马国际旅行社是朔州市成立最早、规模最大、实力最强的旅行企业之一。公司下设计调、财务、市场、导游、国内、国际六个部门，50多名员工，拥有一支经验丰富、踏实敬业、讲求效率的导游和管理队伍，为游客提供旅游观光、休闲度假、商务考察、会议展览，预订机、车票，酒店及车辆租赁等服务。

地址：朔州市朔城区马邑文化广场东二楼8号

电话：2020131　　2035767

朔州市商务旅行社 是一家集国内旅游业务、铁路、航空、汽车售票、航空货运、预订酒店业务为一体的综合性旅游企业，公司自成立以来以"商务之旅、诚信之旅"作为服务理念，采用先进的公司制管理方式，致力于建立现代旅游公司，用领先的行业标准来衡量自己，以领先的理念、先进的思想去指导实践，坚定地推行专业化分工，标准化作业，创新经营模式，确立自己在朔州旅游市场的优势和领先地位。

地址：朔州市神头电力城商业街

电话：2063962　　2063962

朔州东方旅行社 是一家集国内观光、考察、学习、航空、铁路售票、酒店预订等业务为一体的综合性旅游企业，也是目前朔州市规模较大、实力较强的旅行社之一。公司秉承"为您服务，风光好，心情更好"的人性化理念，以高素质专业人才、科学合理的分工与合作尽心工作干个济程，让每一位来朔州东方旅行社的贵客都能尽享快乐和满意。

地址：朔州市民福小区嘉美酒店对面

电话：6886161　　6886160

特别推荐：

平朔旅游公司

地址：朔州市平朔生活区

电话：2052331　　2052356

游乐 朔州

慧洁旅行社

地址：朔州日报社一楼

电话：6608018　6608277

塞上情旅行社

地址：朔州市朔城区北关路23号

电话：2089298　2089238

神舟旅行社

地址：朔州市古北东街

电话：2032320　2020548

华丽旅行社

地址：朔州市平鲁区煤源南路

电话：2182126　6051935

晨曦旅行社

地址：朔州市民福东街18号

电话：2280208　2280126

华源旅行社

地址：朔州市府西街人口大楼二楼

电话：6607111　6607148

腾飞旅行社

地址：朔州市北方宾馆一楼

电话：2085298　2085298

仁都旅行社

地址：朔州市怀仁县

电话：6622696　6622778

霞客旅行社

地址：朔州市山阴县西环路中段

电话：7079772　7079772

环宇国电旅行社

地址：朔州市应县金城镇新建南路

电话：5066881　5066881

平安旅行社

地址：朔州市右玉县北路

电话：8030109　8030109

旅游小贴士

朔州地处黄土高原，地形地貌复杂多样，属温带大陆性季风气候，年平均气温只有6.8度。春季干燥多风、夏季凉爽短暂、秋季清凉宜人、冬季寒冷漫长，因此每年的夏秋季节是到朔州的最佳旅游时间。在朔州，昼夜温差很大，记得多带一件衣服，抵御早晚的寒气。

旅游交通　朔州市为晋陕蒙交界带区域性中心城市，距首都北京400多公里，距省会太原200公里，距大同机场不足100公里，是西去陕西、北上内蒙的重要通道。境内北同蒲铁路和大运高速公路纵贯南北，神华铁路和即将兴建的荣乌高速公路横贯东西。县乡公路四通八达，公路通车里程5059公里，每万人拥有公路33.7公里，居全省第一，全市基本实现村村通油路。

旅游购物　应县木塔模型、中华门神尉迟恭塑像、怀仁陶瓷制品、应县凉粉、应县紫皮大蒜、王家窑村大葱、燕麦片、黄芪、面人、莜面、荞面、山阴乳制品、右玉土豆、右玉羊、右玉沙棘果、小杂粮产品、平鲁小杂粮、朔城粉浆、黄儿、小茴香、塞上冻兔肉等。

林间鸟语

印象朔州

购在朔州

对很多人来说，购物是一种休闲活动，可以逛不同的商店选购物品。朔州不仅有优美的环境，更有发达的经济。朔州的购物环境在逐步提高，购物场所在逐渐完善，人们的购物热情能得到很大程度的满足。

商业街

朔州市的商业街已具备一定的规模，形成了以金龙商业街为主，马邑路、开发路、鄯阳街、振华街、古北街、市府东街为辅的商业街规模。

漫步于高楼林立、商铺拥挤的金龙商业街，让人感受到现代化的城市气息。金龙商业街位于朔州市中心位置，全长700米，路幅30米。全街共有各类商家120余家，其中各种名牌、精品、专卖店占80%以上。过去的金龙商业街是一条名不见经传的小街，经过近几年的建设和发展，如今，白天游人如织，夜晚华灯璀璨，是朔州市最繁华的商业街。

亿隆电器城 坐落在金龙街中段的亿隆电器城，是一家集体验、销售、安装、装修等综合服务于一体的大型家电卖场，拥有8000多平方米的经营场所，员工200多名。创立之初，公司即以"厚德载物，客户第一，创造价值，回报社会"为宗旨，致力于做朔州乃至雁门关内外最好的家电营销企业。

劲霸男装

劲霸男装 "劲霸男装"装修考究，门牌醒目，给人一种整齐高档的感觉。占地240平方米，位于金龙商业街的黄金路段，走进店内，服务员热情的招待，店内的摆设，让你觉得自己是在享受购物，店内劲霸的各种产品、款式应有尽有。

亿隆家电

游乐朔州

特别推荐

美特斯邦威旗舰店

地　　址：金龙商业街新华林旁

电　　话：13134619889

朔州国美家电商场

地　　址：朔州金龙商业街

电　　话：13381225618

阿迪达斯专卖店

地　　址：朔州金龙商业街

电　　话：2087432

李宁专卖店

地　　址：朔州金龙商业街

电　　话：2083318

安踏专卖店

地　　址：朔州金龙商业街

电　　话：2079498

专卖店

马邑路专卖一条街作为朔州市专卖店的典范，成为人们消费购物的必去之地。马邑路全长700米，路幅30米，全街共有各类专卖店70余家，经营国内外的各种名牌、精品。

罗蒙专卖店主要经营罗蒙西服、衬衫、西裤、休闲系列、皮具系列等，专卖店经营面积100多平方米。

国人西服，独具民族文化内涵，彰显东方个性男人雅儒深沉风格的系列产品，能引起消费者的强烈购买欲望。

特别推荐

报喜鸟专卖店

地　　址：朔州市马邑路

电　　话：15110835002

百地国际

地　　址：朔州市马邑路

电　　话：6882027

红都专卖店

地　　址：朔州市马邑路

电　　话：13034566754

阿玛尼专卖店

地　　址：朔州市马邑路

电　　话：8828257

皮尔·卡丹专卖店

地　　址：朔州市马邑路

电　　话：2034266

鲍士专卖店

地　　址：朔州市马邑路

电　　话：13934851599

雅戈尔专卖店

地　　址：朔州市马邑路

电　　话：13643491751

哥弟专卖店

地　　址：朔州市马邑路

电　　话：2022217

国人西装

印 象 朔 州

百福超市

超市

宾都超市 宾都商贸有限责任公司成立于2001年5月，位于市中心休闲广场50米黄金地段，是一个立足朔州，多种经营，以品牌为主的商贸企业。宾都超市与购物广场融为一体，是现代化程度较高的大型超市。

商贸城

不管你在何地旅行，都会发现大大小小的小商品集散地。那里车水马龙，一派繁华的景象。因为那里的商品价格适中，备受广大消费者的青睐。

超市是超级市场的简称，是指以顾客自选方式经营食品、家庭日用品为主的大型综合性零售商场，是许多城市特别是经济发达城市主要的商业零售组织形式。

百福超市 朔州最大规模的超市——百福超市，不但规模大，而且购物环境好，交通方便。

百福超市成立于2000年9月，现拥有8个分店和一个配送中心，分布于市区各主要街道、平朔生活区、神头电厂、平鲁区、应县等，经营业态有便利店、标超和中型卖场。其中超市总营业面积达1.3万平方米，经营品种过万，年营业额达九千多万元，属朔州零售业之最。

朔州商贸

朔州商贸城 来到朔州你依然也会找到像义乌一样的小商品集散地。朔州最早的小商品集散地当推位于朔州市开发南路274号的朔州商贸城。它建于1997年，对面就是朔州市古城墙公园。商贸城占地13800平方米，拥有500余间营业房，经营的种类齐全，从五金交电、土产日杂、日用百货，到化妆品、文化、床上婚礼用品，应有尽有，商品质优价廉，是顾客非常理想的购物经营场所，是朔州城区及周边市、县小商品最重要的批发集散地。

最早的朔州商贸城代表的是朔州一个时期经济发展的缩影。历史永远都有褪去的时候，已投资6.5亿的朔州市30个"重点工程"之一的

宾都超市

游乐朔州

豪德光彩贸易广场将成为朔州经济发展的又一个新篇章的代表。

朔州豪德光彩贸易广场 位于朔州市朔城区大运路西侧、古北街以南，占地面积300亩，建有大卖场及商铺约1700套，成为朔州最大的商品批零大市场，是目前晋北地区规模最大的综合性国际级的商贸物流"航母"。

温馨提示：坐11路可以到朔州商贸城购物；坐6路可以到豪德广场购物。

咨询热线： 6887110

服务热线： 13097680988

朔州市双良汽车有限公司

汽车城

小汽车已不再是奢侈品，也不再是炫耀身份的象征。国内的著名汽车厂家都在朔州开有4S店，如广州本田、广州丰田、东风本田、一汽丰田、上海大众、北京现代等。相对于国内的许多城市，朔州市的私家车是较豪华的，在朔州街头出现的进口名牌靓车、到国产的中华、奇瑞，各种品牌、各种型号的汽车都可以得到朔州市民的青睐。

有了车以后，空间距离变小了，社交的范围也因此扩展了。生活因为有了汽车，才更精彩！

朔州宏志汽车销售有限公司 是上海大众汽车在朔州的特许经销商，建有集"整车销售、售后服务、配件供应、信息反馈"四位一体的4S店，公司专营上海大众系列汽车的整车销售，并办消费信贷、代办保险、代办上户等业务；公司拥有上海大众专门提供的整套专用设备和工具，主要维修人员都经过上海大众培训合格后聘用上岗，维修技术和质量在维修行业中名列前茅。

地　　址：朔州市朔城区下庄头村大运路东

电　　话： 8185998 8185999

朔州市双良汽车有限公司 是集品牌汽车经营、消费贷款、保险装潢、配件供应、救援维修、驾驶员培训为一体的综合性经营实体。是一汽——大众公司在朔州的唯一特许经销商和高标准汽车4S店。

公司地址：朔州市民福东街高速立交桥西200米

销售热线：2166698

救援维修：2056444

客服中心：2118555

驾校地址：朔州市金沙森林公园南农校往北200米

朔州市东昌汽贸有限公司

印象 朔州

朔州市东昌汽贸有限公司 是朔州市经营汽车品牌全、售后服务保障优、企业文化丰富多彩的星级企业，公司下设东昌汽贸销售部、东昌汽修厂、东昌汽车美容装潢部、远森精品藏獒养殖园四大经济实体。

地　　址：朔州市市府西街人口大横斜对面
电　　话：2086444　2086111

特别推荐：

朔州市鑫运达汽车销售有限公司
主要经营：陆风　东风小康
地　　址：朔州市原大运路车辆测试中心
电　　话：6602818

朔州市凯运汽车销售有限公司
主要经营：一汽海马
地　　址：朔州市原大运路车辆测试中心
电　　话：13593007744

朔州市铃木汽车4S店
主要经营：长安铃木　昌河铃木
地　　址：朔州市原大运路车辆测试中心
电　　话：15903498787

朔州市芦迪汽车销售有限公司
主要经营：雪佛兰
地　　址：朔州市北邢家河立交桥南100米
电　　话：13994386444

吉利系列及吉利维修服务站

朔州市海联力通服务站
主要经营：吉利及吉利维修
地　　址：朔州市下庄头村大运路西
电　　话：2105888

中冀斯巴鲁汽车朔州店
地　　址：朔州市原大运路车辆测试中心
电　　话：6602591

加油站

朔州石化加油站　在中国的市场上，做得最大的、最好的石油公司就是中国石化集团。在朔州的马邑路上，有一个建于1983年的老石化。它占地面积4600平方米，油储量达到150立方米，以"树立企业形象、创造一流业绩、争创文明岗位"为目标，为你提供你的所需。

三城天然气加气站　位于朔州市大道古北街，成立于2005年，是朔州市首个专门服务于出租车的加气站，日加气量可达到6000方，是一个管理比较严格、完善的加气站。

天然气加气站

特别推荐：

金三角加油站
地　　址：朔州铺上村南（旧大运路口）

西环路加油站
地　　址：朔州豪德光彩贸易广场旁50米处

泥河加油站
地　　址：朔州大运路

游乐朔州

汽修厂

　　朔州圆梦商贸有限公司　位于朔州民福西街5号，成立于2007年10月。投资1500万元，经营面积达到2000平方米，是一家集汽车装潢、清洁、美容、保养、汽车用品专卖（导航、电子音响）及汽车娱乐文化为一体的大型广场，唯一代理世界顶级的美国天幕安全防爆隔热膜。

电　　话：2266777

　　兴龙达汽车装饰城一站式服务中心　位于朔州市民福西街1号，与朔州市中国农业银行斜对面。该中心成立于2002年，是朔州市最早最具规模的一站式服务中心。这里可提供汽车装饰装潢、汽车精品、汽车快修、汽车保养、汽车轮胎、代办保险、上户等一站式服务。

电　　话：13934953522

特别推荐：

五虎汽车美容店

地　　址：民福西街体育广场200米处

电　　话：4066000（24小时服务）

鑫港汽车酷装美容店

地　　址：民福西街市一中家属楼西100米

电　　话：4068177

华兴文化广场

司，总占地面积700平方米，是朔州市唯一一家最早提供阅览室的书店。

总部电话：2021842

下设分部：

民福店

地　　址：朔州市民福东街百福超市负一层

电　　话：2280702

平鲁店

地　　址：胜利路天源大楼二楼

电　　话：6961276

怀仁店

地址：迎宾西街(北侧)85号

电　　话：3024899

山阴店

地　　址：青年路知青二楼

电　　话：7079287

文化城

　　一个城市的发展是否在前进，很大程度上与这个城市的文化水平有密切关系。现今社会，文化的品位内涵在不断的上升着。文化下乡、知识下乡、文化过年成为热点

　　华兴文化广场　是朔州最大的零售批发书店，位于朔州市开发南路。它建于2001年6月16日，下设山阴、朔州、平鲁、怀仁四个分公

华兴文化广场

印象朔州

葱花文化办公用品商贸有限公司　位于开发路中段，是一家集批发、零售、办公、礼品、体育、电子、家具用品等多元化经营的商贸公司。公司于1996年成立，经过13年的发展，现已成为全市文化办公用品行业的龙头企业，总营业面积5000多平方米，仓储面积8800多平方米；经营的商品品种15000多种，市内免费送货汽车8辆，随时随地给客户提供售前、售中、售后服务。

超人手机

新华书店

手机市场

超世纪通讯设备销售有限公司　创办于2005年1月1日，总建筑面积2600多平方米，集批发、专营、零售为一体，形成了以手机配件、电话机、手机美容、下载、中国移动、联通业务办理、售后中心为辅的综合性手机大卖场。

地　　址：邮电大楼北门对面

电　　话：4061877

特别推荐：

山西朔州市新华书店

地　　址：朔州市开发路

电　　话：2035253

朔州市奥林匹克体育用品销售公司

地　　址：渤海湾宾馆隔壁

电　　话：2023188

天鹰电子器材销售有限公司

数码城

朔州的电子产品市场五花八门，种类繁多，通讯、数码、家用、商用电脑、笔记本，品牌兼容，应有尽有。休闲娱乐的mp3\mp4\mp5，时尚另类的手机，造型可爱别致、配置高档的电脑，携带方便、功能强大、清晰度高的数码相机、摄像机都可以买到。

天鹰电子器材销售有限公司　位于朔州市开发南路19号（保险公司对面），成立于2004年，营业面积600平方米，公司主要经营电子产品、小家电、数码类产品。

旗舰店：民福东街市农发行一层

山阴分公司：山阴县府南街（县工行对面）

游乐 朔州

平鲁分店：井坪煤源路（同和火锅旁）
电　　话：2030388　13934920018

地　址：朔州市朔城区鄯阳街美联东侧
电　　话：2023338　2023339
　　　　　2032105（售后）
　　　　　2032518（商务）
　　　　　2034296（传真）
　　　　　2030668（经理办）

> **特别推荐**
>
> **朔州市新超人数码器材销售有限公司**
> 主要经营：批发手机、电脑、数码产品类、二手手机、数码配件及维修。
> 地　址：朔州市开发南路邮电大楼北侧新超人数码手机广场
> 电　话：2035777　2022222　2031777
>
> **三星电子售后服务**
> 主要经营：三星手机的售后服务
> 地　址：朔州市开发南路17号
> 电　话：2027788
>
> **天翼通讯**
> 地　址：朔州市开发路渤海湾对面
> 电　话：13593448886

浩翔公司

　　朔州市浩翔科贸有限公司　主要以批发方正电脑、京瓷数码复印机、漫步者音箱为主。
地址：朔州市马邑路东方正专卖店
公司电话：2037848　　2030555
公司传真：6688829
公司邮箱：szhxkj@163.com

> **特别推荐**
>
> **易天电脑**　经营范围：电脑、打印机、复印机及配件，各种耗材，维修，LED 制作。

电脑市场

　　国奥先创计算机销售有限公司　主要经营联想家用电脑、联想全系列商用电脑、全系列笔记本电脑、ThinkPad、万全服务器、网络设备、通讯设备，是多种知名办公设备、数码产品、外设、掌上电脑等产品区域指定代理经销商。

联想国奥公司

义华电脑公司

印象 朔州

点睛画廊

地　　址：朔州市开发北路民福小区四号楼

电　　话：2162584　2165511

传　　真：2162594

义华电脑

主要经营联想电脑、投影机、数码相机、摄像机、办公设备及辅助设备、网络监控设备等

地　　址：朔州市北新街2号（西关加油站西50米）

电　　话：6882144

传　　真：6882146

书画城

说起书画时尚，一定能联想到字画、文房四宝。在朔州这是一个古老而新兴的行业。随着人们生活水平的提高，大家对这些能够修养自己身心的书画时尚越来越关注。

木石缘　在朔州市文化活动中心广场西侧，主营省内外名家的书画作品、木雕根雕作品、名砚、茶具以及海内外天然奇石作品，以"木石缘"自喻，取"贵不比金玉，道法于自然"之意。它是朔州市第一家高品位的文化艺术品专卖店，是全市最大的文化艺术品总汇。上下两层，营业面积600平方米。一楼为砚品、石和雕刻艺术作品。二楼为现代省内外书画名家创作的书画作品、剪纸泥塑茶艺用品。木石缘可谓是文人雅士陶情冶性的好去处，是社会名流把玩珍品的好场所。"以字会友、以画会友、以藏会友"，与天下朋友广结善缘。来到朔州旅游，你一定到里面去看看，淘一件你喜欢的作品装饰你的卧室或送给亲朋好友吧！

地　　址：朔州市文化活动中心西侧

电　　话：2021311

特别推荐：

点睛画廊

朔州市文化活动中心北侧

电　　话：13097640688

洪艺斋

朔州市一中对面

电　　话：13934999918

木石缘

游乐 朔州

大洋水族

目前全市经营品种最全的装饰市场。主要经营品牌板材、灯饰、洁具、陶瓷、五金等等，努力打造成朔州市权威的一站式建材市场。

怡然之家 光听名字就感到了惬意，可释义为快乐的家。怡然的建材品种琳琅满目，有各种板材、油漆、五金胶类、木地板、橱柜板门、壁纸等，占地面积达1000平方米，是朔州最大的装饰材料仓储超市。

花鸟店

在清晨时分，推开窗户，你会听到动听的鸟鸣声，这欢快的叫声能让你一天的心情保持舒畅。当你在朔州老城崇福寺漫步时，你是否也听到了啾啾的鸟鸣声，给朔州老街增添了一些活力和色彩。

朔城老街——大营街的亲情宠物俱乐部，这里的鸟儿种类繁多。走到那里，让你仿佛看到了久远的老街，昔日的繁华。

当你去花卉广场漫步时，你会被座落在广场的水族馆吸引，在那里可以看到很多各色的热带鱼、观赏鱼，是众多小朋友相约玩乐的场所。

怡然之家

三虹灯饰成立于1992年，这里的灯饰以家居为主的现代灯饰与古典灯饰为一体，耀眼夺目，金碧辉煌，品种齐全，汇聚了国内知名的灯饰品牌。

金源泰精品装饰城于2008年4月建立，占地面积20000平方米，有94家商铺在金源泰落

> **特别推荐：**
> 海洋水族专卖
> 地　址：朔州市亿隆大酒店对面
> 电　话：13934900200

建材城

现代装饰材料大市场有限公司在朔州市府西街与大运路的交汇处，是朔州市成立最早的、最大的建材市场。现代装饰城2002年成立，面积约占20000平方米，经营商户100余家。也是

三虹灯饰

印象朔州

金源泰门面

诺贝尔瓷砖

地　　址：朔州市金源泰精品装饰城1楼东厅

电　　话：6663168

益高卫浴

地　　址：朔州市金源泰精品装饰城1楼115号

电　　话：6663180

尚高卫浴

地　　址：朔州市金源泰精品装饰城1楼104号

电　　话：13934906607

户。它是朔州市唯一一家全封闭、统一管理的专业大卖场。经营范围：一楼洁具、卫浴、瓷砖、墙地砖展区；二楼橱柜、地板、吊顶展区；三楼门窗、楼梯、家装展区。经营品牌包括蒙娜丽莎、大自然、世友、三峰、TATA木门等名优品牌。

家俱城

占卫家俱广场　在朔州市古北街与建设路交叉口，拥有上下四层，卖场面积为20000平方米。经营品牌齐全，款式新颖、质量可靠的家俱。

电　　话：13834406896　　2085366

特别推荐

世友地板

地　　址：朔州市金源泰精品装饰城2楼203号

电话：6663132

欧派橱柜

地　　址：朔州市金源泰精品装饰城2楼210号

电　　话：2085888

升达地板

地　　址：朔州市金源泰精品装饰城2楼201号

电话：6663102

意特陶瓷

地址：朔州市金源泰精品装饰城1楼110号

电　　话：6663888

龙鼎基业

地　　址：朔州市金源泰精品装饰城3楼305号

电　　话：2086958

占卫家具广场

炜格利亚国际家俱中心　位于朔州市民福东街，是专业销售全国各高端品牌家俱的旗舰店。该中心建立于2006年7月，上下共三层，占地6000多平方米。主要经营20多家知名品牌的家俱，这里的家俱将会带给你更优质的视觉享受。

游乐朔州

炜格利亚国际家俱中心

特别推荐

朔州市新天地家俱城

地　　址：朔州市开发北路与振华路十字向北100米

电　　话：2160111

珠宝店

朔州金店　作为朔州这个行业的老字号，成立时间久，经营范围广。主要经营黄、铂、K金，珠宝镶嵌首饰，金银纪念币，中外名表，旅游工艺品，是山西省金银珠宝玉石质量协会常务理事单位，山西省首饰行业副理事单位，朔州市黄金、铂金、珠宝定点销售单位。

金伯利钻石专营店　座落于繁华的金龙商业街，从外表装修到店里摆放处处都透着高雅、张扬的气息。处于繁华商业街的金伯利钻石店作为全国加盟连锁店，为顾客提供钻石、铂金、彩金、翡翠等各种珍贵首饰。

土特产

朔州市粮食作物有玉米、小麦、大麦、谷子、高粱、莜麦、荞麦、马铃薯、黑豆、黄豆、绿豆、胡麻、葵花、花生等多种。此处还有药材、山果等地方土特产。

荞麦　朔州平鲁所产荞麦，品质优良，无污染，属纯天然绿色食品。荞麦粉中含有蛋白质、脂肪、氨基酸，以及对人体有益的多种矿物质和多种维生素，具有增强机体免疫力的作用。

荞麦属短日期作物，适应性强，一般在光照充足、通风良好的山坡地种植。荞麦在朔州种植历史悠久，明时就有记载。亩产一般为200—250公斤。荞麦面、苦荞茶降脂降压降糖，荞麦面条、荞麦面拿糕是当地风味小吃。

荞麦花

豆类　豆类是传统作物之一，当地品种有黑豆、黄豆、小豆、绿豆、扁豆、豌豆、豇豆、莲豆、刀豆、蚕豆等。豌豆面是一种受欢迎的杂粮食品，豆茶是很好的风味食品。

胡麻　明朝就有种植记载。上世纪中期以后，陆续引进多种优良品种，主要分布在山区，胡麻油是当地特色产品。

胡萝卜　胡萝卜是当地主要的备冬菜种，有红、黄两种，俗称面萝卜。含有丰富的蔗糖、葡萄糖、淀粉及多量的胡萝卜素，营养价值很高，闻名省内外，有"小人参"的美喻，远销广东、河北等地。它生长期短，产量高，麦熟下种，秋后成熟。亩产5000公斤左右。质细、甘甜、汁多，生食鲜嫩爽口，味如水果，与羊肉炖食可去膻味，腌渍生菜是佐餐佳品。

黄花　为百合科黄花菜属的多年生草本宿根植物的花蕾，又称金针菜。黄花含有丰富的蛋白质、胡萝卜素、核黄素及磷、铁等矿物元素，自古就是席上珍品，且性甘凉，具有清淡、清热、止血、利尿、通乳、健胃等辅助疗效。

地皮菜　又称地耳。据记载，1200多年前南北朝时就食用。江苏称"地踏菜"、"地踏皮"；四川称"绿菜"；西北地区称"地软"、"地木耳"。本地称"地皮菜"。乡村潮湿之地皆生长。暗黑色，有点像泡软的黑木耳。地皮菜富含蛋白质、多种维生素和磷、锌、钙等矿物质，是一种美食，最适于做汤，别有风味，也可凉拌、炖菜或做馅。地皮菜是寒性食品，也有一定的食疗作用，如降脂明目、清热降火、补充蛋白质、钙、磷、铁等营养，具有补虚益气强肾的作用。朔州地皮菜被京津人誉为"草黄金"。

紫皮蒜　应县紫皮蒜，是蒜中上品，不仅名闻三晋，而且远销日本、东南亚，在国外享有声誉。紫皮蒜产于应县小石口村一带，当地群众在峪口肥沃的沙土地精心种植、培育，蒜皮紫红，头肥瓣大，辛辣味浓，包衣紧密，品质远胜一些外国品种。有人甚至做过这样的试验，把应县紫皮蒜放在路中央，让马车车轮轧过，蒜瓣四射开来，绝轧不烂，再把紫皮蒜捣成蒜泥，泥汁清亮，隔夜色味不变。于是，人们称道说："小石口的紫皮蒜，产在村南峪口湾，每头都是四六瓣，车辗不碎，脚踩不烂，经久色不变，香味四处散，调味又作药，堪称'金不换'"。

应县人食用紫皮蒜很广泛，烹调鱼肉，加蒜除腥；生拌冷盘，蒜泥调味；酱油米醋，加蒜防腐；把它加工制成甜、酸、咸、香等各种风味的蒜渍，增美味，提食欲。

燕麦(裸燕麦)　又称莜麦，俗称油麦、玉麦，是一种低糖、高营养、高能量食品。山阴的燕麦片是精选塞北高寒山区的裸燕麦加工制成的绿色食品。其营养素不但含量高，而且质量优，是较受现代人欢迎的食物之一。在《时代》杂志评出的十大健康食品中，燕麦名列第五。燕麦经过精细加工制成麦片，使其食用更加方便，口感也得到改善，成为深受欢迎的保健食品。其中的膳食纤维具有许多有益于健康的生物作用，可降低甘油三脂的低密度脂肪蛋白，促使胆固醇排泄，防治糖尿病，有利于减少糖尿病的血管并发症的发生；可通便导泄，对于习惯性便秘患者有很好的帮助；燕麦片属低热食品，食后易引起饱感，长期食用具有减肥功效。此外，燕麦中含有丰富的维生素B1、B2、E、叶酸等，可以改善血液循环、缓解生活工作带来的压力；含有的钙、磷、铁、锌、锰等矿物质也有预防骨质疏松、促进伤口愈合、防止贫血的功效。莜麦面可做多种

地皮菜

可口土饭。

沙棘 俗称酸溜溜，主要产区为朔州右玉县。沙棘原料每百克中含有维C860毫克，相当于桔子汁的100多倍。维生素E4.5毫克。此外还含有多种维生素、胡萝卜素、蛋白质及大量氨基酸。具有消食，健胃，清肺止咳，安神降压，解除疲劳，抑制衰老，抗癌防癌，促进新陈代谢等明显功效。

牛初乳 朔州是山西奶牛第一大市，也是全国农区"奶都"，仅山阴县一年的鲜牛奶产量达23万吨，牛初乳资源十分丰富。牛初乳是指母牛产犊后7天内（也有仅指2～3天内的）所分泌的乳汁。按中国乳制品工业协会公布的行业规范，要求是健康无乳腺炎的母牛产犊后三日内的乳汁。其特点一是所含物质丰富、全面、合理，二是含有多量各种生长因子，三是富含免疫球蛋白等物质。免疫球蛋白的含量约为一般牛乳的60倍，含铁量约高10～17倍。但会随着时间的推移而急剧下降，以前三天内的含量为最高。

尉迟恭工艺品

纪念品

精致木塔 以应县木塔为原型，采用纯手工木制作，惟妙惟肖，与真塔极为相似，具有较高的艺术价值和收藏价值，也是赠送亲朋的最佳礼品。

中华门神尉迟恭 根据唐朝大将尉迟恭的故事，制作出来的工艺品，作品充分汲取民间故事、传说中丰厚的文化底蕴，独具艺术观赏价值和旅游纪念价值。

雁鱼灯 雁鱼灯被制作成为精美工艺品，具有独特的艺术观赏价值和旅游纪念价值。

雁鱼灯工艺品

精致木塔

印象朔州

娱在朔州

随着人们生活水平的提高、休闲时间的增多，娱乐产业得到迅速发展，休闲娱乐活动更多地出现在人们的日常生活中。消费水平的提高使娱乐业成为朔州市发展较快的产业之一，市区娱乐业共有经营户35户左右，主要以KTV、酒吧、迪吧、休闲足疗吧、咖啡厅、台球俱乐部等等。歌厅成为最受民众喜欢的娱乐场所，主要有圣厚源、皇朝一都、三元、金色大帝、天伦俱乐部等；而作为新兴的娱乐场所——酒吧，则正处于发展过程之中。同批发零售业和餐饮业相似，娱乐行业也具有集中度高、"聚集"效应明显的特点。商业发达的地区成为娱乐业的经营户重点聚集的区域，以"圣厚源、皇朝一都"为代表的开发北路、开发区正成为娱乐业发展的"核心"。

开发北路以休闲、幽雅环境为背景，以现代时尚餐饮为文化，融合西式建筑和时尚生活交相辉映，以中高档休闲娱乐、住宿、餐饮为主，主题鲜明，形成商业和文化相融合的休闲娱乐地带。

娱乐街

开发北路文化娱乐街，南起民福街，北至二级路，全长1336米。

台球俱乐部 位于民福街万通源巷内的金天顺、浩天台球俱乐部，让您感受台球的美妙，更会使您有一种和丁俊辉同在的感觉。

特别推荐

浩天台球俱乐部

地址：万通源巷内

电话：15903497633

金天顺台球馆

地址：万通源巷内

电话：13934920459

演歌厅

圣厚源慢摇吧 是一家集迪吧、KTV为一体的大型娱乐场所。位于酒店地下层，能容纳近400人的迪吧和26个包房的KTV，引领潮流设计、绝妙的音响、豪华的装修、贵族式的服务配以青春少女的领舞，带您走进人间娱乐的天堂。

地址：朔州市开发北路安泰街2号

电话：15343532222

圣厚源迪吧

游乐 朔州

皇朝一都 位于经济开发区的皇朝一都KTV，内设豪华包间40余间，别具一格的夜总会装修，采用世界名牌BMB音响，触摸式点歌系统，让您感受到尊宠、奢华与品位，也会让您感受到宾至如归的感觉。

地址：朔州市开发区

电话：13643495555

热情推荐

天伦俱乐部

地址：朔州市开发北路

电话：15903490612

酷啦啦迪吧

地址：朔州市市府西街

电话：13593452225

健身房

平朔健身中心 是四星级平朔宾馆的配套设施，座落在朔州市平朔生活区平朔宾馆主楼后，交通便利，环境怡人，绿树成荫。是您理想健身、休闲的世外桃源。

地址：朔州平朔生活区

电话：2059277

朔州恒美体育运动中心 占地面积2000平方米，体育设施齐全，有室内篮球馆、羽毛球馆、乒乓球场、大型会议室等，主要为朔州供电公司员工活动，同时为社会提供部分体育活动服务。

地址：古北西街23号

电话：2152642

洗浴城

金龙池SPA会馆 是朔州唯一的生态花园式商务会馆。小桥流水，绿树成荫，皇室风格，气度雍容。会馆内设桑拿、美食、客房、商务、茶道等服务项目。

地址：朔州市马邑路中段

电话：2022666

渤海湾桑拿中心 布局实用，设计新颖；商务中心、棋牌室、健身房、美容美发等配套设施齐全，是一家集桑拿、住宿、餐饮、休闲、商务活动为一体的综合型宾馆。

地址：朔城区开发南路

电话：8181666

足疗吧

天园休闲会馆 集专业足疗、保健为一体

平朔健身中心健身馆

足疗

印象朔州

的足道会所，整体环境装饰以中式古典风格为基调，又不乏现代气息，为朔州尊贵一族开辟了一片休闲养身的新天地。位于平朔路南端，档次较高的足疗休闲保健中心，有独立的停车场，同时可免费品尝各种时令水果。

良子健康生活馆 是良子浴足在国内开设的第46所连锁店。代表当今保健消费新潮的浴足，源于台湾高山族民间，后流传至大陆闽南地区，近几年又在一些省市悄然兴起。良子足疗意在挖掘中国古代这一历史遗产，为终日忙碌快节奏生活的社会各界人士提供一方调节精神与身体的绿洲。

地址：平朔北路中段

电话：13593447909

特别推荐

家富富乔足疗吧

地址：市府西街消防队北

电话：13734173171

天园休闲足疗吧

地址：平朔北路3号

电话：13934830777

美发厅

新新郎美容美发中心 位于朔州市古北街，营业面积400多平方米。2005年4月，加盟台湾"聚星"美容美发连锁，全体员工在上海接受正规训练。是市区较大规模的美容美发中心。

地址：古北街

电话：13934981658

审美艺场美容美发机构 占地面积200平方米，员工15人，高级发型师5人，染烫精英10人，公司本着为顾客做时尚、另类发型为主，去打造每位亮丽的顾客，给朔州人增添光彩。

地址：万通源巷内

电话：13044448181

特别推荐

扬起帆

地址：古北街

电话：13111029788

平朔健身中心·游泳馆

游泳馆

平朔游泳馆 是一家高标准游泳场所，自开放以来受到各界游泳者的欢迎。馆内设备齐全，环境良好。室内温度适中，泳池水温良好，水质清澈。设有游泳、台球、乒乓球、健身等运动项目。常年对外开放，同时可容纳400—500人游泳。

地址：朔州市平朔宾馆内

电话：2059276 2059277

新新郎美容美发中心

游乐朔州

游乐链接

苦菜

在朔州,有许多我叫上名或叫不上名的花草!那绽蕾吐艳的月季花,那烂漫盛开的紫丁香,那风姿绚丽的芍药,那雍容华贵的牡丹……然而,我却要赞美扎根在田间地畔的苦菜,它仿佛是在黑暗中燃烧的一团火,使我思索,给我启迪,深沉而又亲切。

苦菜虽不显眼,但在朔州的田间、地角、路旁,到处都可以看到它。它有一股灵秀之气。早晨,出去晨练时,可看到它绿茵茵的叶片上,挂着一颗颗晶莹透明的露珠,就象许多纤小而又健壮的小手臂,托着一颗颗闪闪发光的珍珠。它的花色呈金黄,虽没有兰花的芬芳,却自有一股淡淡的清香,常引得蜜蜂花头落……

记得一年夏季,特热,紧张的劳动之余,带队的老工人师傅看到我们几个大汗淋漓,心中过意不去,说:家里没啥好吃的,去年沤下些苦菜,一人吃上一碗吧。当给每人端上一碗墨绿的沤苦菜后,味道并不怎么好,人家的好意又不能不领,便屏住气硬着头皮吃上第一口,谁知愈吃愈想吃,几大口就见了碗底。老同志的爱人还颇有经验地介绍了沤制的方法和吃沤苦菜的许多益处。从此,苦菜在我心中更有了它不可更移的特殊地位。每天,从田里劳动归来,我总要采集几株插进瓶子里,放在窗台上,装点着我那简陋的屋子,丰富着那寂寞无味的生活。

某个星期天和一位朋友外出闲逛,一直走进一条满是沙砾石子的深沟。那条沟里的石子美极了,不知多少年山洪的冲击磨砺,各种颜色的石子都是光滑滚圆,我们只顾拣石子,没想到,在这布满石子的沟里,竟见到了绿叶中闪动

苦菜

的金黄色的小花。我俩几乎异口同声:你看,苦菜。简直难以想象,这么弱小的花草竟然没有折服于这么恶劣的环境。

这真是奇迹,是谁播下的种子呢?是风?是雨?我不知道,反正绝不是人们有意识地播下的。更使我惊奇的是苦菜的生命力,实在是少有的坚韧,少有的顽强。那贫瘠的沙沟,苦菜却在里面扎下根,活下来,就凭着几场天赐的雨露,生活得竟如此乐观,如此蓬勃!

我赞赏苦菜在干旱贫瘠中昂首挺胸的英姿,更敬佩它在百草丛中隐姓埋名的精神。哦,苦菜,只是凭着自身的毅力活下来,却还努力地造福于人类,装点大地,给人增添一道美味……

荞麦

我从小就爱荞麦。

荞麦的一生是短暂的。然而,它的一生却富有诗情画意。伏末,大地渐渐显现苍老。各种花草树木都将临"袅袅秋起,萧萧败叶声"的时节,

印象朔州

收割荞麦

你看，那满野白皑皑、银灿灿、涟漪荡漾的，是花海，是雪原？说不清；是图画中的冰雪，还是冰雪造就的图画？也很难断定。任凭你是旷古绝代的丹青妙手，也描绘不出这大自然赋予的"北国风光"。我想，如果唐朝诗人岑参在天有灵，那他一定为自己当年咏雪的诗句："忽如一夜春风来，千树万树梨花开"而惋叹；这荞麦花海，也一定会因博得诗人赐给的厚遇殊荣，而惹起"千树万树梨花开"的嫉妒呢。

一阵阵轻风吹过，一缕缕清香扑鼻而来，沁人心脾，令人陶醉。难怪江浙的蜜蜂，飞越千山万水，遮天盖地地争相来这里采花酿蜜呢。当你看着这些不辞辛苦的小生灵，嗡嗡嘤嘤、沸沸扬扬的情景而发愣时，那些养蜂的行家们会兴奋地告诉你：荞麦花蜜，分外味美色纯。

啧……禁不住唾津潜溢了。

过了秋分，各种庄稼赶趟儿似的展示自己的果实。玉米怀中的胖娃娃，看着黑苍苍、重甸甸、三棱四角的荞麦籽实，忍俊不禁地开口大笑。这时，荞麦庄严地宣告：我奉献给人间的，是一曲凝结着乡情民俗的质朴而醇美的《农家乐》。

可不是嘛！且不说那晶亮亮、颤巍巍的荞麦粉，是敦厚善良的农家主人那纯洁无瑕、朴实无华的晶莹透亮的心地；也不说那热腾腾、香喷喷的荞面圪套儿猪尾巴，是他们那一腔火蓬蓬、滚烫烫的慈肠醇情！就说一把荞麦皮吧，不也恰恰是一串串充满激情的欢笑声，是一席席牵肠挂肚的知心话，是一个个内容感人而哲理深邃的故事吗？

你听，在塞北高原上，无论是城里还是乡下，凡是娶媳妇或生孩子，人们总是千里百里地捎书寄话、托亲动友从我们家乡打闹些荞麦皮

或是偶遇大灾之年，而荞麦却是风华正茂，给大地新添了一片葱郁，为大自然注入了无限的生机和活力。

荞麦有紫红色而滑润光洁的茎干，碧绿而呈三角状心脏形的叶片。初出土，娇滴滴、嫩胖胖的，宛若天生丽质的少女。那肌肤细腻而光滑，色泽红润而晶亮。这风采洋溢着蓬勃的生气，充满了青春的魅力。

这不是秋天的"春色"吗？

最可爱的是它的花，一朵就是一首隽永而飘逸的诗，单就那雪白雪白的色泽，清新而不嫌单调，纯朴而不失淡雅。比雪花还要明净，还要圣洁。自然界还有什么花敢与它比美呢？槐花，没有它那剔透玲珑；梨花，不具备它那玉骨冰心。你就是游遍词汇的海洋，也打捞不出一个合适的词，来形容它那超群脱俗的美。

荞麦花简直是大自然的杰作！

游乐朔州

回来。甚至有些人，哪怕掏大价钱买些回来也心甘情愿。

在洞房花烛的良宵佳期，一对新人含情脉脉地将凉生生、滑楚楚的荞麦皮一递一把地装进鸳鸯枕里，谁能说这装进去的光是羞涩、欢愉和悄悄话，难道不是幸福、美满和忠贞不渝！婴儿一落地，妈妈把一个精制而崭新的荞麦皮布袋，小心翼翼地铺在他那娇嫩的血肉之躯下面，又有谁能说，这慈母铺下的仅仅是柔软、凉爽和舒适的母爱，难道没有殷切的期望和美好的憧憬吗？你想，在这人生最美好的时刻，亲朋好友送上一把荞麦皮，不正是送上了一个良好的心愿和祝福，难道世界上还有比这更珍贵的礼物吗？

荞瓜瓜

荞瓜瓜其貌不扬，不惹人注目。

当知青插场第二年的夏天，有一天老知青带我去苗圃地拔一些死苗子。他交待：细心点，别把活的也拔掉，我点头应承。他走后，我就呆呆地躺在地埂上，看碧空云卷云舒。躺了一会儿，便逐行寻找死树苗，有一株拔不动，便使锹狠劲挖。

"别挖！"突然，耳边响起一个炸雷般的声音，吓得我手一抖。看见一个年在50开外身穿破旧工作衣的中等个子的人，正怒眼圆睁地盯着我。我一下子也恼了，说："您看看嘛，这是株死树。"

他弯腰看了看树皮，又折了折树身，尴尬的表情爬上了他的脸。不一会儿，他跃入一处灌木丛中，过了一会，他又走过来，向我伸出手。

"对不起，我以为你……来，吃吧……"，他手掌里是些圆圆的绿绿的如手指般粗细的东西。

我惊诧，这东西也能吃？

"这叫荞瓜瓜。"他说。

我尝了尝，味道甜丝丝，挺不错，便一下子又喜欢上他了。

他自我介绍，是林场的护林员。

自那之后，我渐渐地对荞瓜瓜多了一些心思。荞瓜瓜是一种野外的小草，四、五月开花，花是白色的，远远望去，倒也不失灿烂或妩媚。到了盛夏时节成熟，对在野外工作喝不上水的我们倒是难得的美味。更难得的是这种草不择土质环境，也不争阳光水分，随遇而安，土埂上长，荒滩里也有。同样是草，它没有顾长壮实的茎干可以炫耀于自然，也没有妖艳的花朵博得人们喜爱。它默默地生长，默默地开花，默默地奉献。

它也许和这位护林员有点相似，他每天凌晨就出发，对所辖的林区作一次认真的巡视。不论刮风下雨，还是酷暑烈日，他都不间断，总是那样认真，那样执着，那样尽职尽责，和他住一排的邻居也说一年见不到他几次。

我原以为他是因为家境贫穷才干这份苦差的，长年不见人，常年独自在林子里，没有欢乐，没有笑声。某夜浇地，我有幸见到了他，他把我领进他的屋里，原来他是孤身一人，我不解地问：您自己养活自己，为什么还要干这种苦差？场里那么多人，和他们在一起多快乐？他定定地

荞瓜瓜

305

盯着我：你以为我不快乐？

他真快乐么？我摘了满手掌荞瓜瓜，吃着吃着似乎突然明白了什么。平凡而又不平凡的荞瓜瓜，一次一次，一年一年地向自然界奉献鲜花和果实，可从未要过什么报酬，没有谁去专门侍弄，可也一直默默生长，装扮着大自然……

护林员，不就像一株荞瓜瓜么？

地皮菜

安祥寺村东有大片的滩地，夏天，滩地里便长出一片片的地皮菜。它们也确实卑微渺小，人走、羊踩、牛踏，谁都不会对它们怜惜。

长大后的地皮菜经雨水浸泡，和黑木耳相似。从来没有人为它播种、浇水、培育。它以滚落的露珠、飘洒的细雨作为滋润身体的乳汁。它从不选择好地，只在荒滩繁衍生长。当遍野的杂草旺盛地生长时，它也悄悄地生长，当一场又一场的雨水洒过，它已经密密麻麻地爬满了地皮。

地皮菜只在荒滩生长，千朵一律，显得平凡素淡。她比不上花的妩媚，比不上柳的潇洒，更比不上松柏的四季长青。它像一个未加任何修饰的村姑，以奉献为荣，对身下的土地充满着钟爱，在荒滩上不停编织着墨色图案，栉风沐雨，夜以继日。故乡的人们，大多会在雨后拎一筐子去拾地皮菜，以前是无奈而吃，而今是想吃而吃。

难为它这娇嫩的身躯，一场夏雨过后，迅速长大，远远看去，如同墨色的地毯。暴雨突冲，能把那些平时显的高大的树木连根拔起，但无法摧毁地皮菜。呵，它是何等之伟大、坚强！风吹、雨打、日晒、牲畜践踏，都不能阻止它繁衍，只要它身上沾到点雨露就照样生长，她有着极强的生命力。每当我看到地皮菜，就不禁联想到千千万万个在平凡的岗位上默默奉献的人。

我爱你，不想争位显荣的地皮菜。世界在你们的奉献中，才显得更加完美。

羊拐弯·凉莜面

一个地方最有特色的餐馆当然应该是经营该地特色菜的餐馆，放之于朔州，便就是所谓的"土饭馆"了。"土饭"是朔州人对家乡饭的称呼。

依照塞北人粗犷憨实的性格，"土"字也委实用得贴切。这样的饭馆里通常提供的食谱包括"块垒"、糕（也有叫做"黄糕"的，是用黄米面做的一种主食，可以素吃或装馅油炸）和莜面，菜则以骨头为主，所以有好多的"土饭馆"并无字号，直接就用"骨头馆"来命名。

朔州市内比较受欢迎的"土饭馆"字号有

羊拐弯

"平鲁人家"、"大骨头馆"等等，这些小饭店的店面并不是很大，门面装潢也十分普通，再加上中等偏差的地段，从硬件角度看来实在没有什么火起来的理由；而就是这么一些不起眼的馆子就是大火特火了，一年四季宾客盈门，赶上忙得时候还得为个位子排队，可见饭菜的确不一般。在这样的地方吃饭，不但等待上菜得有些耐心，对用餐环境也最好不要太挑剔：当地人性子火爆，吆喝服务小姐的冲劲儿很可能会让初来

游乐 朔州

乍到的外地人受不了,而其实小姐们早已经是忙得脚不沾地了。

在骨头馆最应景的自然是吃骨头,其中最有特色的一种叫做"羊拐弯",其实就是羊腿关节的那一段。"羊拐弯"吃完了会有一个膑骨留下来,我记得小的时候孩子们都管它叫"骨头子儿",像攒洋画和弹球一样当宝贝攒着,用作玩"抓子儿"游戏的工具。骨头通常是就着素糕吃,味道都很不错。如果怕腻,还有一种叫做"稠粥"的吃食。严格地说,这种食物其实并不是粥,"粥"毕竟还是流食,"稠粥"却是论块取用;而由于稠粥本身内含较多水分,小米的脂肪含量又比较低,就算和骨头的配搭并不算正宗,对于现在既想吃大肉又怕发胖的人来说也是不错的选择。

现在可以吃到骨头的大饭店太多,而骨头馆当然是首屈一指的好去处;不过如果另有闲情逸致和一点空余的时间,倒可以尝试一下去一种家庭开的小吃店,每家都有自己独特的风味。这种小店没有明显的标志,也并无一座正经供食客用餐的厅堂,显然不是能够轻易找到的,须得有本地的老饕引路。我的运气应该算是不错,一次和姑姑出门的时候恰好赶上和她顺路的同事就是这样的美食家,于是便得来全不费工夫地免费体验了一回。那是一个盛夏的中午,我们三个坐在主人的后院里,头顶上是一蓬茂密的葡萄藤遮阳,耳边偶尔传来鸟儿飞过扇动翅膀的声音,光是这闲适平和的气氛,已经足够让人印象深刻的了;况且我还吃到了这辈子最好吃的"羊拐弯"呢。

莜面是朔州人除了白面以外最经常食用的谷类食物了,地处黄土高原,正是最适合燕麦(我也是最近几年才知道它们其实是一种东西的,不过直到现在,让我把麦片粥和莜面卷联系在一起还是很别扭)生长的寒凉气候。人吃莜面的方法很多,家里一般是煮了肉臊子就着吃,和烩菜就馒头是一个道理;饭馆里却很少把它当作一道主菜,最常见的做法是将莜面做成挂面和青椒丝凉拌起来当作先上的冷盘。这道小菜放在朔州是平常得不能再平常;可在外地的晋菜馆就不大能经常见到了。莜面的口感毕竟比较厚实,如果不是深谙此道的当地厨师,很难想得到这样处理。因此,到朔州来下馆子必定要试试凉拌莜面,你会发现它居然能够有一种如此陌生的味道,而这种味道,必定会是一个惊喜。

打猎的故事

去的路上,我在小货车的后排座位上挤成一团,身体随着颠簸而晃动,但我的眼光始终没离开那把枪的左右。那是一支能连发的双管猎枪,现在

打猎

307

印象朔州

枪支管制已很难轻易买到了。我知道，这种猎枪的杀伤力也很大，幸好的是，枪现在正安静的被夹于坐在副驾驶位二哥双腿之间，更让我放心的是，那压了子弹的弹带也在二哥上衣口袋里，我也就不用考虑那枪会不会走火的问题了。

二哥叫什么名字我不知道，我跟着其他人的叫法也唤他为二哥，我只知道他是朔州人，在城里开着一家生意不错的饭店，另在利民山的一个小村子里有个养羊场，我是在饭店和他认识的。

由于路况不好又是冬天，小货车要开近一个小时。一路上二哥就没放下过酒瓶子，时不时地回过头跟我讲一些打猎的故事，说到眉飞色舞之时还作眯眼瞄准手扣扳机状。我不禁心存敬畏。

刚到羊场的所在地让我觉得颇为失望，看上去就是一个普通的北方山区村庄，几排窑洞，一个学校，由于是冬天，到处灰白一片，风光乏善可陈。幸好朔州人是好客的，坐进窑洞还未入夜就围着火炉开始照例的酒杯你来我往，竟让我联想到梁山水浒好汉们的生活。喝下第三碗梨花春的时候，我感觉到自己说话舌头开始发硬，酒劲直往头上涌。我赶紧挣扎着跑出窑洞，冷风一阵吹过，顿时胃里翻江倒海一泻千里。在呕吐的间隙，醉眼惺忪中看见有一轮金黄色的圆月从山后升起，使得雪地里泛着暖暖的光，肃穆的站立着，梦幻般的不真实。待再回到窑洞，倒下就睡，一夜无梦。

许是我昨晚喝酒表现甚为勇猛，二哥对我这个城市人开始刮目相看，吃早餐的时候，二哥说，吃完饭带着你去山里转转，看能不能打个野鸡回来。我听了大喜，吃面的速度加快了几分。二哥吃饱后，从炕铺旁边又翻出一把单管猎枪自己背上，然后把那把双管的递给我说："挎上，里面压了四发子弹，走，我们玩玩去！"自从学生时代的那次军训后，十年间我还没这么确切地摸过枪，更何况现在荷枪实弹，从二哥手上接过枪后，我心跳不已，甚至感到自己有一种责任重大的压力。

二哥说先下山，去沟边看看他下的兔子套套到活物了没有。我跟在后面屁颠屁颠，路上问道："二哥，您看，今天我们能打到什么猎物吗？""打猎是要讲运气的，运气好的话，能碰见东西，运气不好的话，连个鸟都打不到。而且吧，现在也不如以前山里的动物多，现在连狍子都变的精怪聪明了，以前俗语流传的'野鸡掉在饭锅里'的日子是一去不复返罗。"

我们就开始沿着山沟往里走，沟里地面上铺着一层厚厚的浮雪，人踩上去一脚高一脚低，走起来很累。我肩上斜挎着猎枪，觉得自己不是来打猎，而是守卫边疆的战士在巡逻边境线。我

狩猎场

游乐 朔州

觉察到,二哥决定走在沟里是有道理的,就是那层浮雪能清楚地显示出每一个动物经过的痕迹。二哥像指导员似的边走边给讲解雪上的痕迹是什么动物留下的,最好认的就是野鸡,这玩意在雪地上走过后,会留下两道长长的深沟。雪上乱七八糟的痕迹确实有不少,可惜二哥说没一个是新鲜刚留下的。

捕获猎物

走到二哥下了套子的地方,没有兔子上套,因为我发现这种套子制作很简单,无非就是一根有活扣钢丝绳,一头固定好后,假如有个眼神不好的兔子凑巧经过,钻进绳里的话就逃脱不了了。二哥把套子整理了一下继续沿着沟走,中途停下来休息,消灭了三四根烟,喝了几口酒,仍然没见猎物的影踪。二哥的话越来越少,只有我们俩踩在雪上的嘎吱声才算带来点生气。我的鞋和裤子下摆开始被化的雪水打湿,感到丝丝刺骨的凉意,心情也开始沮丧起来,肩膀上那把枪觉得越来越沉。原来这打猎并不是想象中的惊险刺激,在某种意义上竟然和钓鱼有点像,寻找猎物需要漫长的过程和沉稳的耐心,而钓鱼是我最不喜欢的活动。

忽然,走在前面的二哥把身体蹲了下来,挥手示意我停下,并从嘴里轻轻吐出瞬息之间能让我血脉喷胀精神亢奋的话语:"看印子,就在附近!"

"啊,真的?!"果然我看见雪地上有非常清晰新鲜的野鸡足迹,而且我似乎听见一阵翅膀拍动的声音。

"有四五个已经飞到旁边的树林子里了,走,跟着我!"二哥如何得出野鸡数量及逃走方向的结论,我不得而知,但我坚信他是正确的。我们一头钻进了树林里,二哥边走眼睛边警惕地张望着周围,有时还停下来侧耳倾听一番,而

我走在树林里更是狼狈,时不时被雪窝子拌一跤,啃一嘴的雪。二哥又停了下来朝着一个方向的树丛凝视,等我走近时,他用手指着前方小声说:"第一枪你来打,看见那边没有,树丛中站着黑黑的野鸡,就对着那开枪!"我顺着他手指的方向,大约在三十米开外的树丛中,像是有团黑色的影子,树林茂盛,树干又斑驳不清,其实我没看出那是个什么东西来。不过二哥指示一下,我立刻进入战斗状态,端枪蹲下,打开保险,子弹上膛,三点成一线,屏息瞄准,轻扣扳机。"砰!!!"枪声划过寂静的树林,回荡在上空……

行文至此,我必须要坦白,我曾经卑劣地想过要编个这样的打猎故事结局:我肩上扛着枪,枪管上绑着一两个野鸡,脸上得意洋洋,一副大获丰收得胜班师回朝的模样。

实际上,那天真实的结局是,最后我和二哥连根鸟毛都没打到,拖着疲惫的身躯,又冷又饿地回到村里。至于我开的那一枪没有结果,不能怪我的枪法不好,也许那块黑影只是一块树斑,也许那把猎枪的准星有问题,也许是我心地善良,不愿意猎杀小动物把自己陷入不法不义的境地。

那天,我打了猎,没有打到猎物,这样的结局没什么不好,我很满意。

印象朔州

朔州市常用便民服务电话

常用类

市长公开电话　2022239

火警电话　119

匪警电话　110

急救中心　120

交通肇事　122

市话维修　112

市话投诉　10060

知识产权投诉举报电话　12312

城管执法　2023762

市消费者协会　2090207

工商举报　12315

市旅游咨询投诉　2022693

天然气抢修　2197667

物价监督　2023926

出租车管理　2183456

列车类

列车查询　4057962

客运类

客运总站　2076600

客运北站　8185422

客运南站　2076738

客运高速站　7034165　95565

供热类

市供热公司　2021030

供电类

供电公司　95598

电业局　2152349

电业局保修　2034600

供水类

供水抢修　2094291

朔州市招商引资电话

朔州市招商引资局　2160193

朔城区招商引资局　2020691

平鲁区招商引资局　6690168

山阴县招商引资局　7027666

怀仁县招商引资局　3024715

应　县招商引资局　5028991

右玉县招商引资局　8022101

后 记

后　记

　　《印象朔州》是我们献给朔州建市二十年的贺礼。

　　本书以朔州的历史文化为视角，以社会发展为线索，以沧桑巨变为背景，以风情形胜为亮点，力求客观地凸显出古老而发展着的朔州的人文脉络。我们和全体编撰人员，在今年前半年的几个月里，用一种历史的观点，去梳理朔州；用一种发现的勇气，去量测朔州；用一种研究的心态，去挖掘朔州；用一种独特的思维，去剪辑朔州。如果这本书能够让人引起兴致，有所回味，我们就很知足了；如果这本书还能引起人们的思考，之后有所感悟，那就更是一种意外的收获了。

　　朔州是古老而又青春的，朔州又是深沉而富丽的。我们确信，"人文朔州"是朔州印象的一个永恒主题。朔州的印象在于源远流长的历史，而历史是朔州人的集体创造，朔州的印象在于灿烂广博的边塞文化底蕴，而文化已融进无数朔州人的生命历程；朔州的印象在于使人魂牵梦绕的雄关古城，而雄关古城已被凝铸成一种朔州人的气质精神，朔州的印象还在于一批先知先觉的文化精英，一批舍生取义的民族英雄，是他们将历史谱写得如此惊心动魄，是他们将朔州妆点得如此神秘灿烂。在我们看来，许多印象如同"非物质文化遗产"一样，是难以用文字描述和呈现的，对于研究和发现者而言，更是一个难免挂一漏万的课题。如此，本书中的种种瑕疵，大概是可以得到读者的谅解和不吝赐教了。

　　谢谢阅读。

赵向东　蔚文彩
二〇〇九年六月

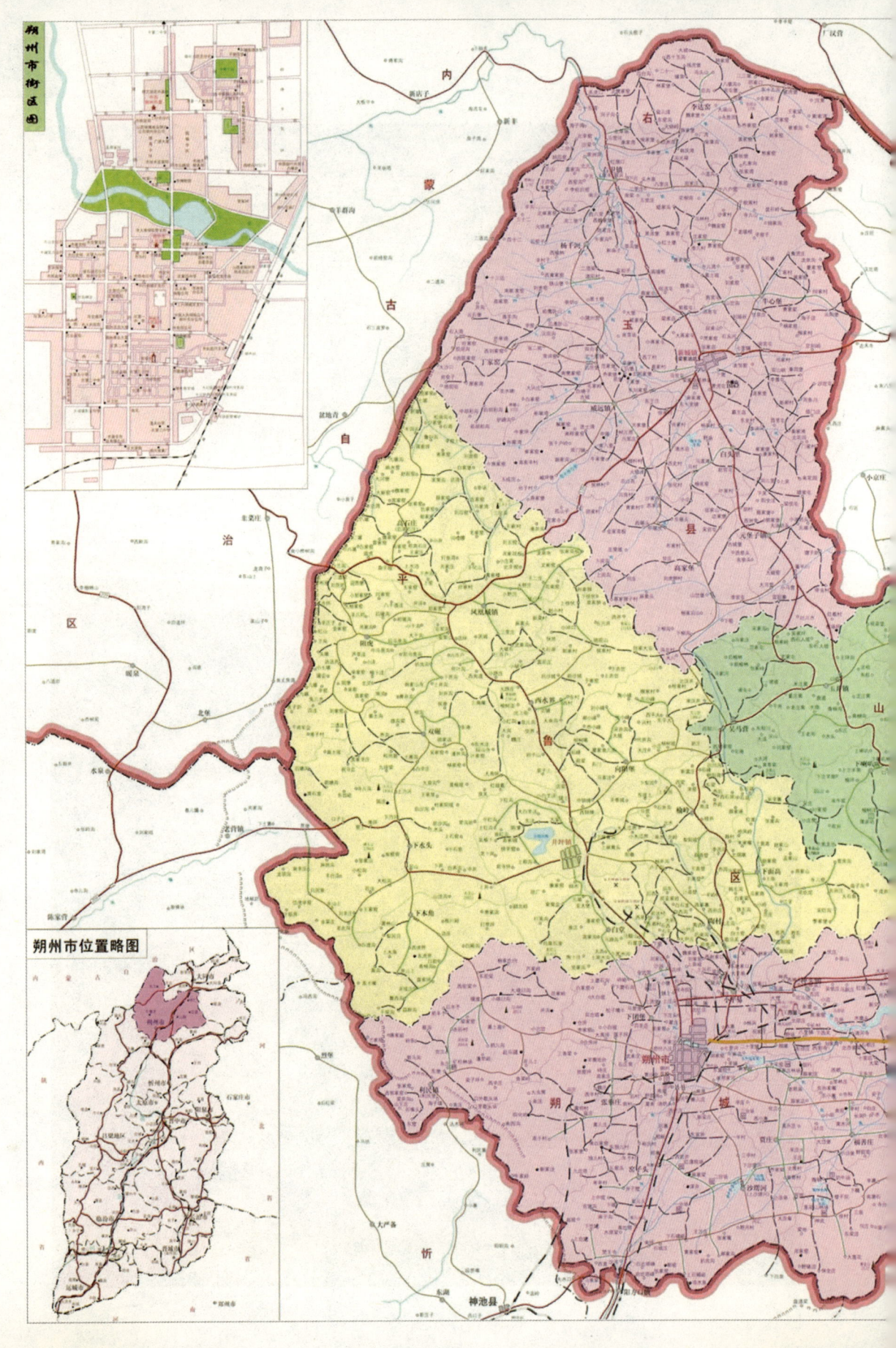

朔州市政区图

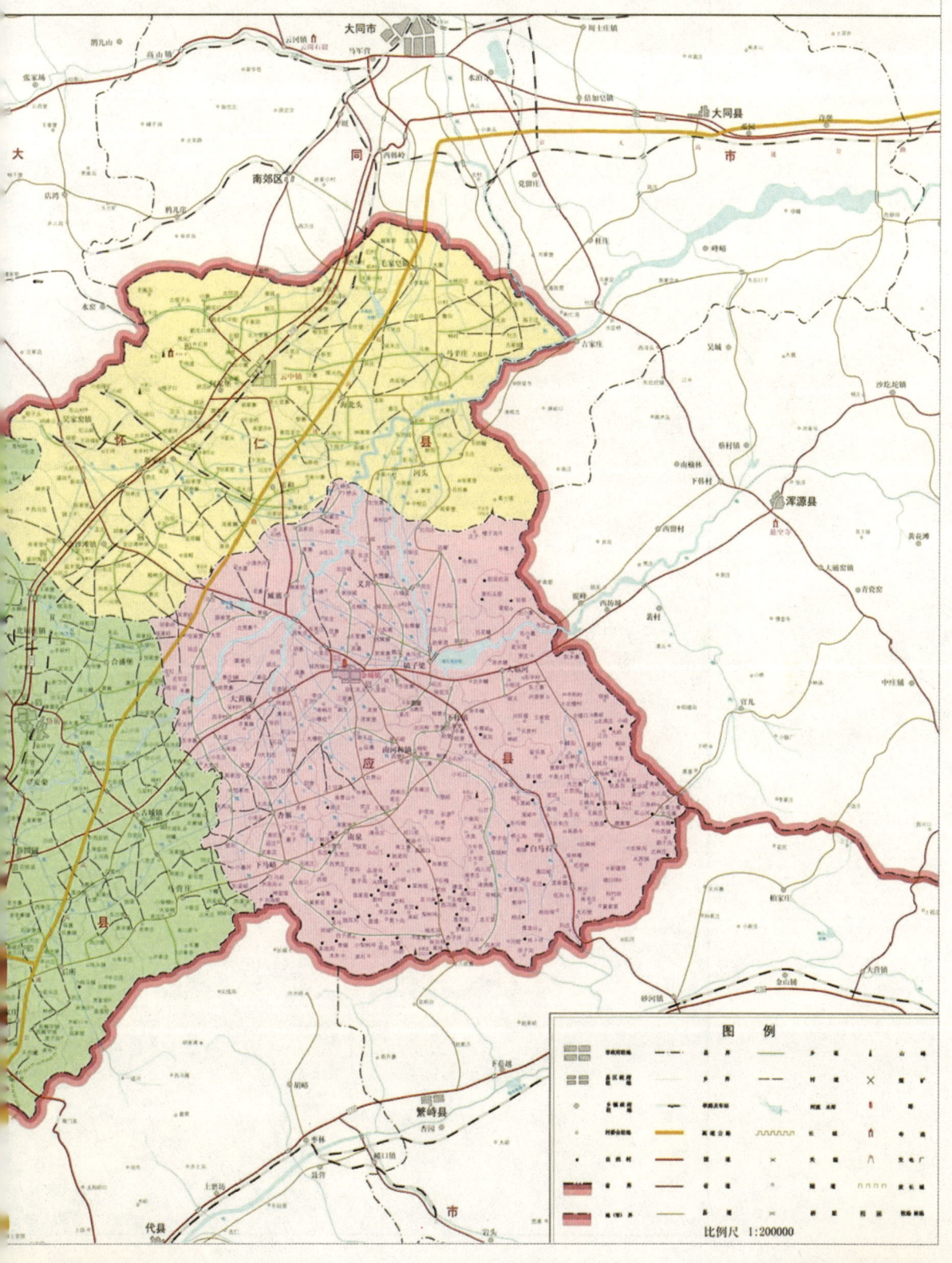

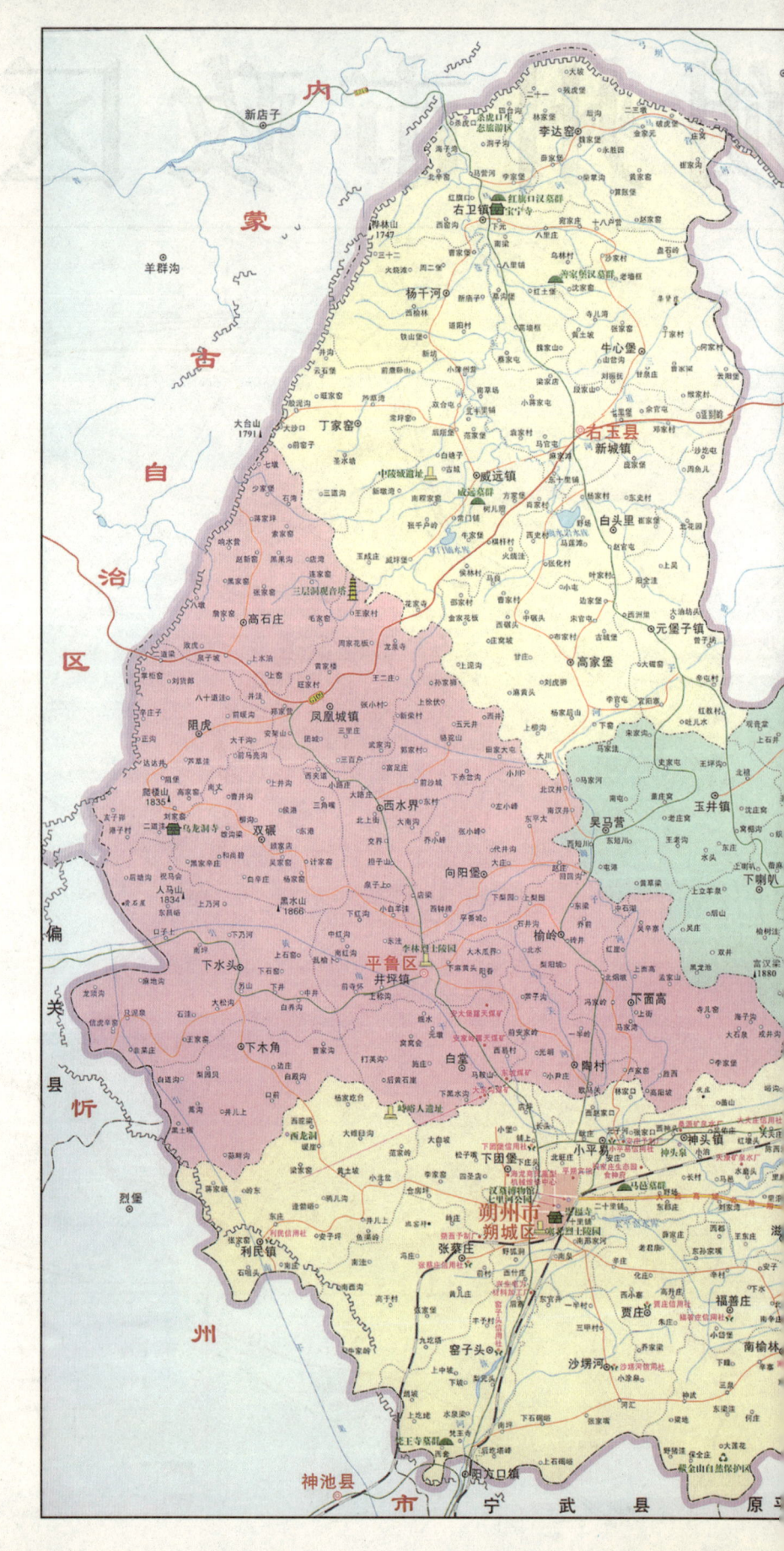

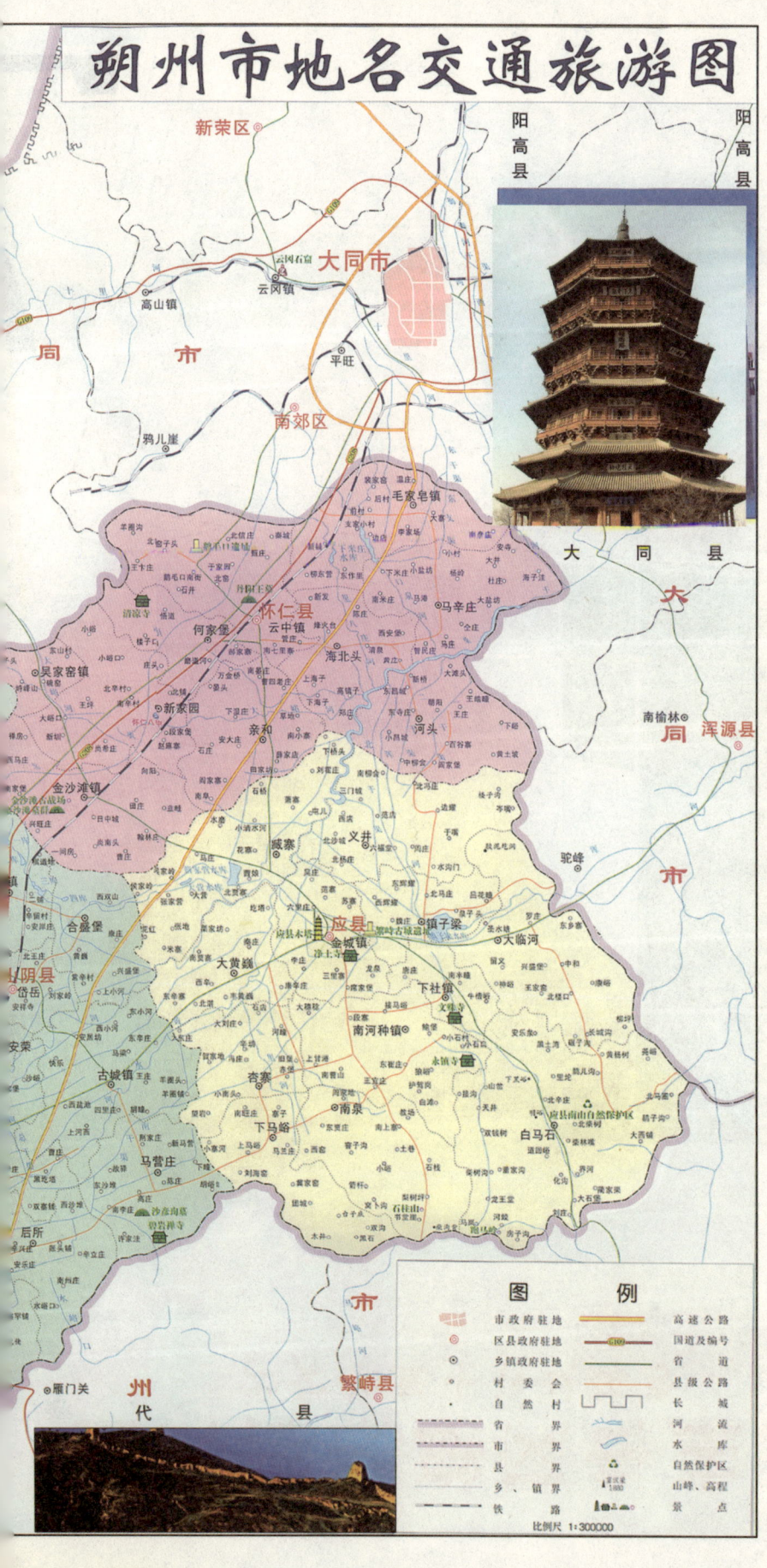

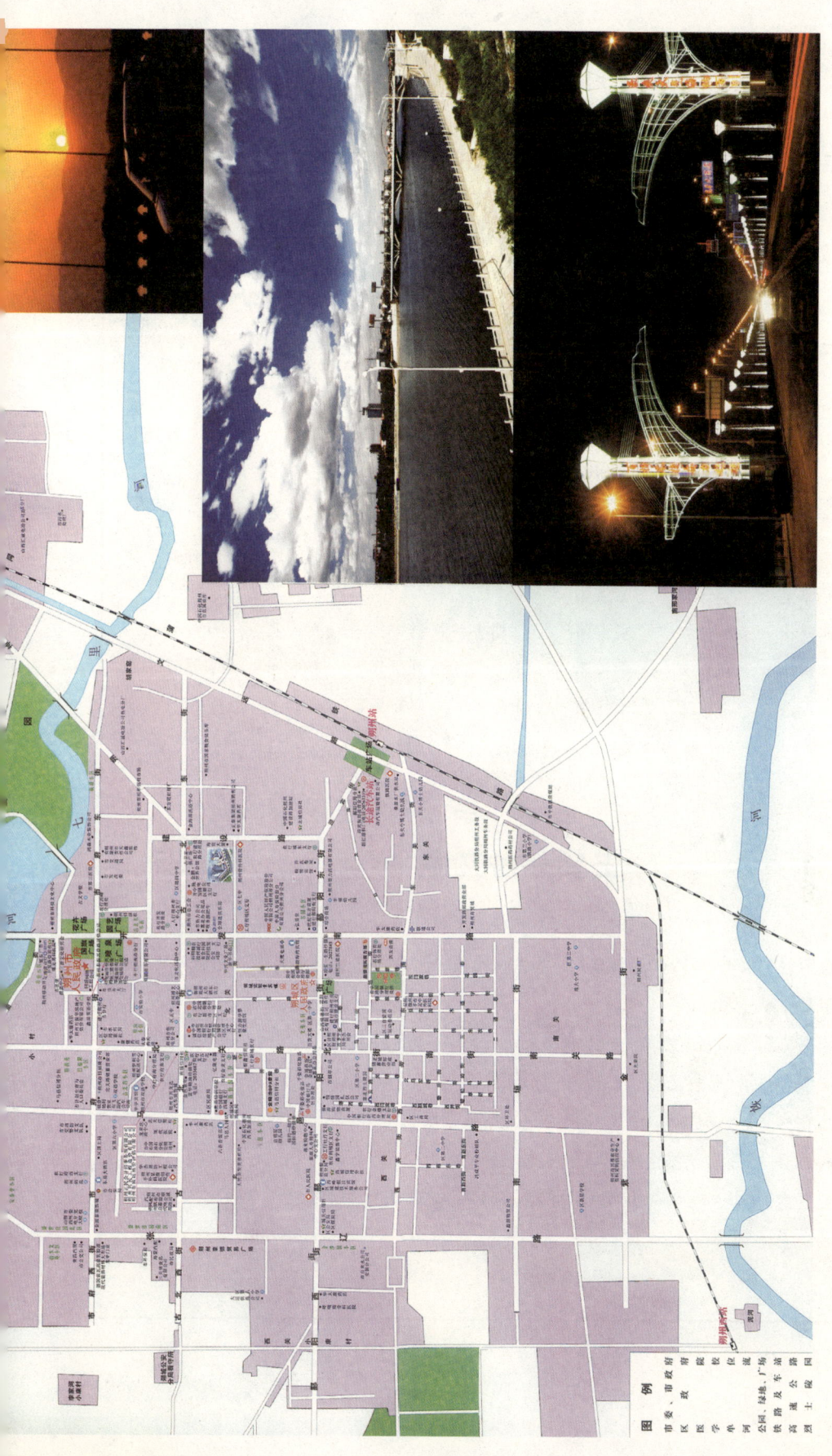

印象朔州

特别鸣谢

图文总纂：李志斌　黄　冀

以下同志为本书提供了详实的文字和图片资料，在此深表谢忱。

文字：刘进智　姜日友　卢永红　丁学理　李晋文　安文义　蔚　铭
　　　王玉峰　郝建平　孙瑞生　边云芳　王晓东　邱世文　孙雁华
　　　周　芳　李江波　马　鸿　李志胜　杨瑞祥　金　磊　侯　焱
　　　李　雨　王海生　赵文斌　张珺花　王永贞　郝紫珺　柴沛霖
　　　毛嘉晨　李　柱　张宝国

图片：池茂华　高恒如　左中伟　贺朝善　杨中桢　蔡大庆　计峥嵘
　　　季保全　郑　文　李　东　牛　荣　许卫东　郭虎平　高玉锋
　　　何海涛　于树文　王建岗　徐春平　赵志国

主要参考文献

1.《山西旅游宝典·朔州》，田喜荣、冯改朵主编，王贵平副主编，香港商务旅游出版社2008年8月第一版。

2.《朔县志》，田雨润主编，山西古籍出版社1999年8月第一版。

3.《平鲁县志》，张权主编，山西人民出版社1992年12月第一版。

4.《山阴县志》，李志斌、黄冀主编，中国华侨出版社1999年9月第一版。

5.《怀仁县志》，周子君主编，中国工人出版社1992年7月第一版。

6.《应县志》，马良主编，山西人民出版社1992年12月第一版。

7.《右玉县志》，胡永祯主编，中华书局出版。